U0079833

壓力管理

提升生活的品質

藍采風 *Phylis Lan Lin, Ph.D.* 著

＊自序與感謝＊

這本書是我給自己72歲生日的禮物。我學習壓力管理，努力改善生活習慣、態度、對自我的認知，也學習如何與人相處。我每天在努力成為更有品質的人，追求個人的理想，也希望帶給周圍的人福祉。我祈禱每日有充實的生活及健康的身心。

我很幸運的在印第安那波里斯大學工作了40年。我熱愛我的工作。工作上其實有很多壓力，所幸，學習壓力管理使我能控制工作壓力來源，將工作壓力成為完成任務的動力。壓力學大師塞勒（Hans Seyle）曾說：「壓力是生活的調味品。」壓力管理也是學習如何將調味品（生活上壓力來源）調到恰到好處，以達味美可口。我們在經驗壓力中成長。

壓力管理就是管理自我的生活模式，改變也改善個人與環境的互動。世界上沒有「沒有壓力的人」。感到壓力並不代表個人的弱點。不知如何去應對壓力而成了壓力的「受害者」，這才是個人的弱點。活著就是在經驗壓力。學習如何去管理、控制、與應對壓力，就是要活得更好、更快樂、更健康、更有品質。

1976年拜讀了塞勒醫師的書《沒有懊惱的壓力》（Stress without Distress），我開始對壓力的本質有了初步的了解。過去三十餘年，不斷的研習有關壓力的文獻，也從自身的生活經驗中，逐漸的領會到壓力管理與提升生活本質的關係。雖然自1978年以來，我曾經出版了有關壓力與生活適應的書籍4本，這些都是我的學習心得的累積。本書也是自2003年以來的學習心得的再累積。

我很幸運也很幸福。感謝上天與父母賜我生命、智慧、剛毅、信心與善心。觀音菩薩與父母引導我去追求生命的意義，去學習好好做人，以良知為座右銘。

我也很感謝丈夫、女兒、女婿、弟弟和妹妹們、同輩團體、工作夥伴的鼓勵與支持。他們都是我的良師益友，也是我生命力的泉源。

幼獅文化公司曾為我出版許多書。我要特別感謝策劃者劉淑華總編輯，以及編輯朱燕翔、美編游巧鈴小姐的協助，使本書能如期付梓。撰稿期間曾拜託幾位中國學生——周笠、朱玥、徐資涵等人打字，在臺灣的研究助理鄭宇展協助整理各章的PPT，以及妹妹藍采如協助校對，非常感謝。

最後，感謝忠實的讀者群的愛護和啟發，讓我們有機會再一次共同學習壓力管理的技巧，讓我們都能提升自我與團隊的生活品質。

Phylis Lan Lin

於印第安那波里斯大學
University of Indianapolis
2014年春天

目　錄

第二篇　改變思維、行為與生活模式

第三篇　家庭與工作

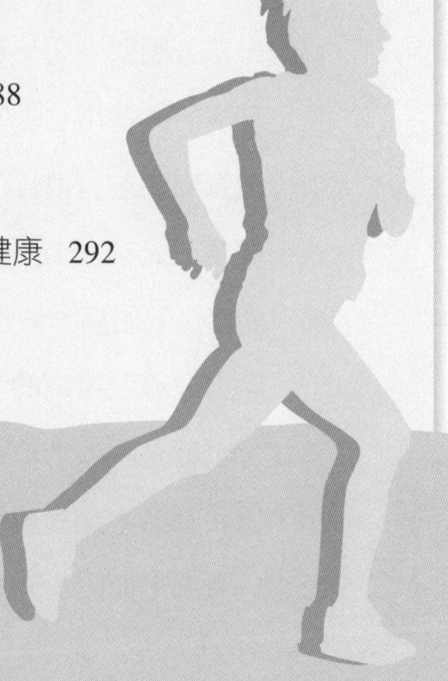

導　論

壓力適應的根本概念是你的態度。只有你才能夠決定自己的生活品質。

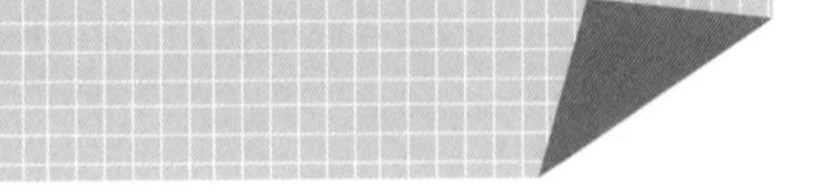

壓力管理＝提升生活的品質

人類的祖先依靠對壓力的反應以維護性命的安全。那些能夠成功的應對威脅生命安全（例如：毒蛇猛獸、天災地變、敵人侵襲等）的族群，便是生還者；不能應對者則消失、滅亡。為了保護生命的安全，人類用本能的條件反射以反應突來的外在危險，但是人類卻無法控制外界長期對人類的威脅。

從出生的片刻，我們便成了具有習慣性的生物體。我們用相同或類似的方法去應對一切，有些應對的方法是有效的，有些是無效的，但人們還是習慣的去運用它。它也變成我們生活的模式，包括飲食起居等。我們很少注意到某些習慣性的生活模式（或說這些用來應對外界需求的生活模式）其實是造成長期、慢性疾病的根源，例如：高血壓、腎臟病、胃潰瘍、癌症、偏頭痛、慢性的腸胃炎等等。

壓力會導致疾病的發生，這是因為壓力反應的方式能影響人體的免疫系統。也就是說壓力愈高的人，愈容易傷風感冒或局部發炎。根據研究指出，冠狀動脈心臟病與膽固醇含量有關。膽固醇愈高者，其心臟病發生的機率也愈高，而壓力正是造成高膽固醇的原因之一。其他原因包括飲食與運動。

醫學上已證實壓力能導致皮膚症，例如：溼疹、乾癬及帶狀疱疹，但除了採取藥物治療之外，也可用減低壓力的方式來控制疾病，防止惡化。

2012年美國總統競選人羅姆尼（Mitt Romney）的夫人患有多發性硬化症，她公開的說當競選活動太勞累、壓力太大時，她必須休息，否則將導致她的病症惡化。

由於壓力會影響身心健康，造成某些疾病的惡化，因此，壓力管理必須保證防禦系統的運作，例如：改變飲食、生活起居習慣、減少操勞等等。

壓力源自外在情境對個人、對團體，或整個社會的要求。當個人、團體或社會無法應對這些要求，而感到身心的不適時，這便是壓力。壓力能帶來身體、心理，及認知上的不平衡與不健康。它影響生產力，影響人際關係，也影響個人的成長。所以，如何以多管齊下的方式來應對壓力，設法將負面的後果變成可以控制、正面的結果，就是壓力管理。做好良好的壓力管理，才能提升生活的品質。

在現代社會，威脅人類的並非毒蛇猛獸，而是高科技的生涯、急速的商業交易、汙染的環境、離婚或一些社會問題。壓力環繞著我們。有生命的地方便有壓力。社會的每一個生活層面都可體會到壓力——學生面臨期末考、夫妻爭吵、家庭收支不平衡、公司改組、勞工被解雇、年邁雙親過世、世界能源危機、經濟衰落、颱風來襲、恐怖分子攻擊等，這些都是我們很熟悉的壓力來源。

根據估計，我們這一代比祖父母一代要面對百倍以上的壓力來源。我們所面對的壓力其實絕大多數不是我們個人能控制的，例如：世界金融危機、公司改組、通貨膨脹、天災等等。有些壓力來源是我們可以控制與避免的，例如：學習如何用功應對考試、學習如何開源節流等等。無論我們面對何種壓力，很多時候人們並未真正察覺到，也不知道壓力所造成身體、心理與情緒上的反應。壓力雖時時與我們同在，但我們應避免使自己成為壓力的受害者，導致身心不健康、人際關係不理想。

如果我們能夠對壓力有所了解，以及學習如何去適應於挑戰壓力，便能提升生活的品質。壓力是現代社會生活的副產品。我們有太少的時間、太少的資源，以及對大部分事情掌控的能力。有些壓力事件可以很快就解決，有些則無法在短期內消失。這些事情可能與成長、擴張、減縮等過程有關。有些是人際關係方面，有些是環境方面；它可能很嚴重，也可能很輕微。同樣的人生經驗可能引發不同的壓力反應，例如一位母親很有自信的撫養了兩個孩子，但是同樣的教養方式用在第三個孩子上卻可能遭致失敗，感到束手無策、疲憊不堪。

認識自我與壓力適應

我們如何看自己，影響了我們處世之道。一個有自信心的人，會覺得自己能夠控制行動與命運，因此也不會輕易被壓力擊敗；相反的，則將生活在不安與恐懼中，成為壓力的受害者。當生活在難以忍受的壓力下，人們很容易去埋怨外界的事物，諸如人際關係或工作場合。實際上，真正困擾我們的並不是外在事物，而是我們內在的心念——我們對自己的期待，以及我們對外在事物的評估。

個人對自我的認識才是關鍵，自我無法滿足與平衡，也就無法與別人維持滿足、平衡的關係。所以，我們必須先了解自己的本質與價值觀，也就是擁有自知之明。自知（自我認知）包括了解自己的生命必須做何種程度及範圍的改變與發展。我們常以為沒有選擇，只有一條路可走。但是正如俗話說「條條道路通羅馬」，同樣的，不論是人際關係或生涯發展，都是可選擇的。

人生的問題不在於沒有選擇，而在於選擇哪一條路。有時候我們可以在三分鐘內就做決定，有時候必須花費時日才能做決策。我們所要學習的是哪一個決策適合我們的需求。在做決策的時候，改變是不可避免的。對個人來說，改變一個髮型看似很簡單，但它可是一個大決策呀，要思考這個髮型適合自己的臉型嗎？適合搭配衣著嗎？適合平日生活的型態嗎？改變髮型雖然不是什麼人生大事，卻也能成為個人的一件大事。基本上，個人必須先了解自我，知道自己所需求、所適合、所喜愛的類型，才能與理髮師達成良好的溝通。從小小的理髮經驗，說明了認識自我是多麼重要的事。

人人都能控制壓力

一旦察覺壓力已造成自己的身體健康發出警訊時，即應該決定要如何處理。良好的壓力管理與控制，並非排除所有的壓力，而是透過思考與選擇，分析哪種壓力應排除，哪種壓力應保留。如果因負荷過度的壓力而深感受苦，那麼就應選擇減少壓力；然而，也可能是需要更多的刺激及挑戰。我們都不希望自己因壓力過度而生病，但是，有時會因為自己的選擇，而使身體不適。有人為了準備婚禮而忙碌興奮；有人要準備公務員考試而廢寢忘食；有人期待新生兒的來臨又高興又緊張；像這類的壓力，很多人寧願保有它，因為這些正面的壓力反能使生活更多彩多姿。

並非每個經歷上述經驗者均以為它是正面的。一個人感覺快樂之事，可能是另一個人痛苦的經驗。個人若能對壓力有認識時，便能學習如何應付壓力。當我們能察覺個人的壓力信號，及時採取有效的壓力適應方式來紓解壓力時，就能提高生活的品質。

本書將提供讀者應對壓力時，多種有效的方法與技巧。大部分的壓力並非來自人生大悲劇，而是來自於干擾我們每日生活瑣事的積累，往往那些瑣事持續而經年累月的折磨我們。但是，個人的看法、態度及選擇，卻可決定是否要如此面對壓力。

我們能控制，也能管理壓力。研究壓力的開山祖塞勒（Han Selye）醫生曾說：「控制壓力最好的方法，是在你能控制的速度下做你自己喜歡的事。」有人會藉由藥物來控制壓力，但是如何適應壓力與對壓力的認識一樣，是客觀而相對的。最重要的是，選擇最適合自己的方法。例如有人建議以生理回饋的方式（biofeedback），透過電子儀器，判讀心臟跳動次數、血壓、體溫、肌肉活動等身體（生理）變化的資料，以便測知身體發出的警訊。但此儀器對一般人來說價格較昂貴，而且須賴專業的醫療人員方能操作。

每日20～30分鐘兩次靜坐或瑜伽術，對身心鬆弛是極有助益的。但此法對有精神或神經症者不適當，對有頭痛的人也不理想，對柔軟度不夠的人也比較吃力。此外，有時要找一個寧靜的地方來靜坐也未必方便。目前國內流行的慢跑、晨走、跳舞、打太極拳等已證實對鬆弛筋骨及怡悅身心有相當大的助益。其他飲食起居的平衡，亦是紓解壓力的良方。這些在以下各章節都會再進一步討論。

壓力無所不在。本書將歸納一些相關的學術研究，以提供讀者認識壓力的本質與來源，以及壓力造成的影響，並介紹一些適用於不同的個人背景、環境、生活事件，而可採行的壓力管理方法。

壓力管理共有四個要素：

一、自我認知

其中包括自我洞察壓力程度、壓力來源、壓力反應，及個人對壓力的反應模式。

二、抱持「壓力能控制」的信念

無論壓力有多大或來自何方，只要我們能掌控壓力源，便能挑戰壓力。

三、察覺變化與改變

靜態的事物通常不會帶來壓力，但當事務或人際關係發生變化時，壓力往往接踵而至。應強化個人的應變能力，並學習去接受不可改變的結果。

四、學習生活技能以應對外來的壓力

簡而言之，壓力管理就是生活管理，管理壓力的目的是要提升生活的品質，使我們活得更健康、更快樂、更自在。這正是本書的宗旨。

第一篇

壓力概念、壓力適應與人格特質

1 壓力信號與壓力來源

2 壓力適應與管理的概念

3 壓力與A型人格

1 壓力信號與壓力來源

「壓力」與「成功」、「失敗」、「幸福」等概念一樣，對每個人的意義不盡相同。

壓力來自不同的方向，但造成的生理反應卻往往非常相似。

壓力的定義

壓力是什麼？壓力是指個人對外界的一種反應（藍采風，1978，1987，2000，2003）。壓力是一種刺激，是個人與環境互動的結果。當一個生物體遭遇很大的變化，感到承受某種程度或種類的威脅，而必須用額外的精力去應付時，這個過程使個體的整個系統（生理與心理）發生了作用，就稱為壓力。

壓力會對個人的身心造成正面或負面的效應。正面的效應是能刺激我們採取行動，或有助於帶來新的觀念、認知與對事物的看法。壓力帶來的負面效果，則會使我們對別人產生不信任感，或引發拒絕、憤怒、憂鬱的情緒，這些情緒上的負面反應往往會引起健康問題，例如：頭痛、胃腸不適、皮膚發炎、失眠、潰瘍、高血壓、心臟病及中風等。當面臨搬家、轉職、生育、離婚、重大傷病、親人去世等情形的時候，都會帶給我們不同程度的壓力，然而我們對壓力的反應，才是真正造成種種不同輕重的後果。

壓力無所不在

外界的人、事、物都能引發個人生理與心理的反應。壓力不限於來自重大事件，也存在於日常生活中，如上班遲到、汽車拋錨、電腦壞了、手機弄丟等，均會構成壓力。

現代人面對各式各樣的壓力，我們一生中會經歷的壓力來源不勝枚舉，甚至可以說——活著就是要經驗壓力。壓力的確是現代人生活的副產品，外在事件是壓力的來源，然而外在事件是靜態的，而人們如何反應外在的刺激，則是動態的，形成我們的壓力或壓力經驗。

我們生活在21世紀高度工業化及都市化的社會中，不斷面對種種不同形式及來源的壓力。社會急速的變遷，改變了我們的生活技能，也帶給我們新的壓力經驗。壓力是對生活的一種考驗，它可以帶給我們一份力量，也可能成為摧毀我們的力量。壓力的程度、種類、持續性不同，每一個人對壓力的反應與適應方式亦不同。

壓力使人感到必須付出更多的精力，以保持身心的平衡，因此，它往往造成身心的不適。而身心不適的程度，會因個人的體質與平日健康狀況、文化、社會價值觀與規範而有差異。

產生壓力的因素

一般人常以為壓力來自內部，但其實外在的壓力來源對個人所造成的反應，才是產生壓力的因素。這個區分是很重要的概念。因為壓力的來源成千上萬、不斷發生，需要我們去適應。壓力正是自己在調適時所產生的反應。

壓力的產生包括許多相關因素，這些相關因素的互動情況請參見圖1。

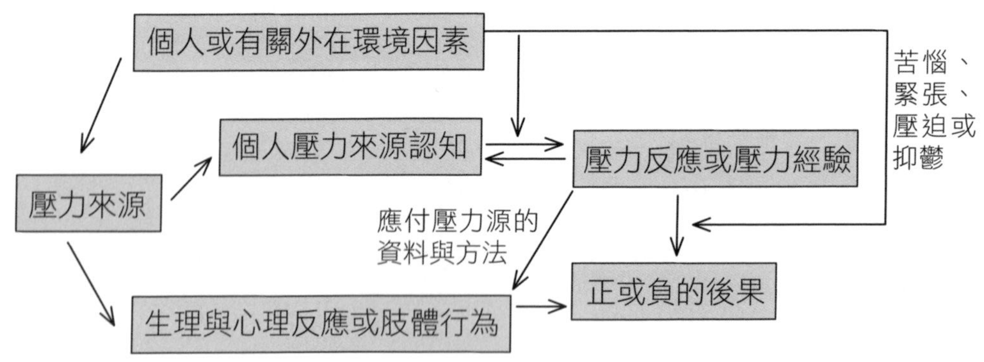

圖1　壓力因素的相關性

圖1說明：

1.個人或有關外在環境因素——例如：個人對工作的挑戰程度、職業婦女兼顧家務及育兒責任的負荷情況等。

2.壓力來源——指客觀的外在環境因素，例如：工作上的需求與工作負荷量、個人的能力（個人是否有完成某種工作需求或家庭角色的能力）等。

3.個人壓力來源認知——指個人主觀對壓力及壓力來源的了解與認知。當個人對壓力來源的認知與個人能夠克服壓力的能力之間有不平衡的情況時，便會產生壓力感。

4.壓力反應或壓力經驗——指個人主觀對外界刺激所做的適應，或所引起的緊張壓迫感。包括認知上的影響（如：對某事的否認）、生理上的影響（如：血糖含量增高）、情緒上的影響（如：憤怒），及行為上的影響（如：因緊張而不斷的抽菸）等。

5.正或負的後果——包含生理上（如：造成冠狀動脈心臟病）、情緒上（如：神經質）、行為上（如： 以偷工減料來趕期限及省費用）等的不良後果。若長期對壓力無法適應，將對個人生命造成不同程度的威脅。

認識壓力，首先要了解在我們的社會文化背景中，哪些情境會使一般人有壓力感？為什麼會產生壓力？如何對壓力情境下定義？下定義時必須考慮哪些因素或條件？為什麼一種環境在相同的社會環境下，某些人會感受到壓力，而某些人則無壓力感？

「壓力情境」不同於「壓力反應」（壓力經驗）。「壓力情境」是指產生壓力的外在、客觀環境或事件，它屬於一種（或數種）的刺激（導因）；而「壓力反應」或「壓力經驗」，是指個人主觀對外界刺激所做的適應，或所引起的緊張和壓迫感。

以下幾個名詞均與壓力有密切的關係：

一、**壓迫感**：指個人受壓力影響而引起的心理緊張、強迫感，例如因緊張導致肌肉緊繃的反應。因此，「壓迫感」一詞多用來指對壓力情境或壓力來源的一種心理與生理反應。

二、**懊惱**：常用來說明個人對壓力的反應，是指當個人在適應或面對壓力時，因緊張與強迫症而帶來的生理與心理反應，它亦以生理反應呈現，例如：喘不過氣、極度疲勞、血壓升高、冒冷汗、失眠等現象。總之，懊惱是指當身體對壓力來源有所反應時，認為這個壓力對自己造成威脅或產生問題。

三、**憂鬱**：是指情緒狀況，其特質包括高度的悲傷、無力感。

良好的壓力適應，是改善或改變壓力對日常生活影響的範圍，促進其最高效度（工作效率、恢復或維持健康、個人對生活的滿足與成長）。當個人無法控制自己的生命（生活）時，是壓力產生的最大因素。壓力是一種很特殊的管理問題，對人、對事、對時間管理不當，常徒增壓力；因此，我們必須強調不要被壓力控制，而要學習控制（管理）壓力。

壓力情境不一定造成個人不適的反應，有些壓力情境反而可使個人產生正面的反應，例如：當個人知曉升學的競爭程度後，便更加用功以克服此壓力；或當個人知曉家庭經濟狀況不是十分寬裕時，便減少開支，或找第二份工作以維持生計，而家庭成員也因此更感念父母的辛苦。

情境改變（或新的人生經驗）所帶給個人的壓力反應，可分為三種：

一、**正面的壓力情境**：如結婚、度假、升遷、懷孕、破鏡重圓等。

二、**負面的壓力情境**：如職場問題（與同事不合、工作量過重等）、婚姻問題、親子衝突、考試落第、投資失敗等。

三、**其他正、負面兼具的情況**：有些專案依個人狀況而有別（即使上述兩項亦可能成為正或負的情境），例如飲食習慣改變、健康狀況或家庭成員行為的變化、經濟狀況的巨變、更年期、調職、搬家、大手術成功等。

當個人面對壓力時，它不僅是單方面的反應，也牽涉到許多不同層面與層次，產生連鎖反應。若以方程式來說明，則是：

壓力來源＋個人（人格、資源、技能、價值觀、認知等）＋個人應對壓力的方式＝壓力

壓力與「一般適應症候群」

當我們面臨壓力的情境時，例如考試前、去醫院體檢或手術、去生疏的地方、約會等，常會帶來心理不安，這就是壓力效應。此時，一系列的生物化學與生理在體內發生變化，提供我們對應壓力源，於是產生所謂「戰」或「逃」的反應。這個概念是美國生理學家坎農（Walter Cannon）在1935年首先提出，後來壓力學大師塞勒在1956年經過動物實驗後發展出

「一般適應症候群」（General Adaptation Syndrome，簡稱GAS）的概念。

塞勒的研究指出，個人的內在器官（尤其是內分泌腺與中央自主神經系統）將自動協助個人對外界刺激做隨時應變，以保持身心平衡。壓力適應包括了生理面、認知面，以及生活技巧面。本章將針對生理面（生物體）加以闡述，至於認知面及生活技巧面則會在後面的章節再詳細討論。

根據「一般適應症候群」的理論，壓力適應分為三個步驟：

一、**警告期**：當一個人對外界刺激產生變化（反應）時，個人對外界的抗拒力亦降低。當抗拒力降低到某種程度後，就會造成個人崩潰甚至死亡。

二、**拒絕期**：是指對壓力的一種相對反應，它代表身體對壓力的有效應變，而使壓力降低或至少使個人有能力與壓力相抗衡。

三、**崩潰期**：當個人長期與壓力相抗衡，到了某個階段會逐漸感到精力耗盡，而對壓力的抗拒力低於正常程度，轉為向壓力投降，或進入崩潰期。崩潰期的徵候包括衰老現象，或受疾病打擊，嚴重者甚至會導致死亡。

塞勒認為「一般適應症候群」是一種世界性的通論，它不僅適用於不同文化背景對應壓力的反應，也可以用來說明動物界對壓力的反應。根據塞勒的研究顯示，包括人類在內的所有哺乳類動物，在面對壓力時的生理反應皆相同。遇到外來刺激時，分泌腺（如：腦下垂體腺）會產生兒茶酚胺（catecholamine），包括腎上腺素（adrenalin）與正腎上腺（noradrenalin）。當人體受到外界刺激時，腎上腺素的分泌會增加，以刺激心臟血管系統（如：心跳速度、白血球數、氧氣度及血凝固等），而新陳代謝也會加快。過量的兒茶酚胺會造成一些疾病，例如：心悸、心臟病發作、糖尿病、局部肌肉抽搐及潰瘍等。

慢性和長期的壓力，會讓體內的可體松（cortisone）荷爾蒙分泌增加。當身體有過量的可體松時，將造成一些疾病，例如：動脈硬化、血壓升高、骨骼易碎症、免疫力降低、糖尿病及潰瘍等。其他與壓力有關的疾病還有高血壓、心臟血管相關疾病、酗酒問題及失眠等。由於這些病可能與高度工業化及都市化有關，因此，有人稱壓力為當代的「特殊病菌」。此外，性別與年齡也是影響壓力的因素；如女性在更年期之後，由於女性荷爾蒙降低，對壓力的反應或適應度亦降低；而老年人則較易受到外界環境（如噪音、汙染、擁擠、溫度變化等）的影響，這是與其生理變化有關，因此「壓力」也可說是人體在適應外界的刺激時，所產生的一種生物化學變化過程（藍采風，1987；藍采風、廖榮利，1994；藍采風，2000）。

壓力信號

壓力會對個人的身心健康造成極大的打擊，那麼我們是否可以透過一些徵候或信號，來及早應對，避免惡化呢？塞勒在他所著的《壓力與生活》（The Stress & Life）一書中表示，壓力對個人的影響，會反應在生理、健康、行為、情緒與心理、認知與思維，及工作等6個面向。從表1可看出在各個面向所透露的壓力信號。

表1　壓力信號

<table>
<tr><th>生理面</th><th>行為面</th><th>情緒與心理面</th></tr>
<tr><td rowspan="5">心跳加強
高血壓
呼吸困難
吞嚥困難
噁心
頭暈
呼吸急促
肌肉緊縮
背痛
發冷汗
發熱汗
臉紅
皮膚乾燥
紅疹
麻痹冷凍之感
刺痛
血糖提高
口乾
瞳孔放大
小便次數頻繁
血糖含量提高
喉嚨梗塞之感
四肢無力
（注：肢體面亦可併入健康面）</td><td>難入眠
早醒
發脾氣
侵略性行為
暴飲暴食
失去食欲
過度飲酒
過度抽菸
藥物濫用
容易發生意外事故
發抖、不停息狀
逃避某些情境
不願參加任何活動
強迫症行為
過度興奮</td><td>緊張、憂慮
害怕、驚慌
憂鬱
悲傷
低自尊心
對凡事無興趣
疲倦
情緒多變化
孤單感
嫉妒
不安
易怒、壞脾氣
羞愧感
喜怒無常
悶悶不樂</td></tr>
<tr><th>健康面</th><th>工作面</th></tr>
<tr><td rowspan="3">冠狀動脈心臟病
中風
胃潰瘍
嘔吐
便祕
偏頭痛
頭痛
皮膚紅疹
皮膚敏感
瀉吐
癌症
氣喘
胃腸炎
胸痛、背痛
無月經
頭暈眼花
神經質
噩夢
失眠
身心疾病
糖尿病
性無能及性冷感</td><td>缺席
人際關係不良
高轉業率
工作率低
士氣低落
意外事件多
工作不滿</td></tr>
<tr><th>認知與思維面</th></tr>
<tr><td>難以集中思維
難下決定
健忘
對受批評敏感
自責與批評
胡思亂想
變得較頑固
忽然忘卻一切</td></tr>
</table>

藉由觀察壓力信號（或稱壓力反應），可以及早採取適當的壓力適應及管理。不同的壓力源，可能帶來相同的壓力反應；而同樣的壓力源，可能帶來不同的壓力反應。壓力反應是很個別化的。我們必須警敏的去洞察自己在什麼壓力的情況下，會有何種反應。

對壓力信號的確認，便是壓力適應的第一步。壓力是「無聲的凶手」，當發現自己有任何表1的徵候時，應注意是否正受到壓力的困擾，以免日久導致嚴重的後果。

壓力程度評量

你到底面臨了多大的壓力？塞勒在前述的壓力信號中，並未告訴我們壓力的程度。加州史丹佛大學醫學院心臟病預防計畫主任法夸爾（John Farquhar）醫師則在其所著《美國人的生活方式，不需要對你的健康有害》（The American Way of Life Need Not Be Hazardous to Your Health）一書中，設計了一組問題來測量壓力程度（National Enquirer, Conquering Stress, 1985, pp.18-20, New York: The Pocket Books），讀者可依此來檢視自己面臨的壓力程度。

請在下列各題將符合的選項以數字填入空格中。

計分法：經常=2分；一週數次=1分；很少發生=0

（　）1.我覺得很緊張、不安或緊張到無法消化食物。

（　）2.人們在我的工作場合或家中，刺激或干擾我，使我緊張。

（　）3.我以吃、喝或抽菸來反應我的緊張。

（　）4.我感到緊張、偏頭痛、頸肩痠痛或失眠。

（　）5.我晚上或週末無法輕鬆愉快，腦子內總是想東想西的。

（　）6.我因為擔心其他的事情而無法集中我正在做的事情。

（　）7.我必須用安眠藥或其他藥物使我放鬆。

（　）8.我很難找到可以放鬆的時間。

下面題目請以「是」或「不是」回答。計分法：是=1分；不是=0分。

（　）9.即使我有空閒，我也無法放鬆。

（　）10.我的工作排滿了各種必須完成的期限。

解說

分數位於14～18分，表示你的壓力程度是遠高於常人；10～13分，是高於常人；6～9分，表示位於平均數；3～5分，低於平均數；0～2分，遠低於常人平均數。

從以上的問答題，可以大致了解自己的壓力程度。另在本書第4章「接受與挑戰改變」，將介紹較複雜的日常事件改變與壓力程度的測驗。因此，我們不僅要洞察個人的壓力信號，也需要知覺個人的壓力程度。假如你的壓力程度是高於平均數的話，就應該開始學習壓力管理了。

除了上述的壓力信號之外，在史丹佛大學教授壓力管理課程的馬丁尼茲（Alejandro Martinez）更進一步指出五種「隱藏」的壓力信號：

一、容易患感冒或傷風，而且久久不癒。

二、經常筋骨痠痛，可是又查不出身上的問題。

三、覺得所做的事都徒勞無功，對原本感興趣或關心的事情，也失去了興致。

四、與朋友之間或親愛的人之間關係緊張，而且經常發脾氣。

五、對自己的狀況感到憂慮不安。

這五種「隱藏」的信號，個別來看可能是身體或情緒上出了問題，但是，若同時有二、三種以上的徵候時，很可能就表示已承受了長期的壓力。

壓力反應與自主神經系統

壓力反應與人體的自主神經系統具有相關性。自主神經系統通常能控制，並維持新陳代謝與生長速率。自主神經系統的功能包含兩方面：

一、促進或減緩各主要內臟功能：例如心臟、肝臟、胃、脾臟及大小腸功能的加速或減緩。一般而言，在壓力情況下，心臟功能會加速，而胃腸等消化系統則減緩。

二、刺激某些分泌腺：尤其是腦下垂體、甲狀腺、腎上腺，使其分泌荷爾蒙。

當個人面對危機情境時，其生理上的反應大致可分為五個步驟：

一、腦之下視丘（hypothalamus）刺激自主神經系統，它能促進心臟跳動速度，降低（減緩）消化系統，同時刺激腦下垂體（pituitary gland）。

二、腦下垂體後葉（pasterior pituitary）分泌垂體後葉增壓素（vasopressin），會壓縮動脈壁（artery walls）、使血壓升高。腦下垂體前葉（anterior pituitary）分泌腎上腺皮質促進素（ACTH, adrenocorticotrophic hormone)，會刺激腦下垂體的外層，促甲狀腺素（TSH, thyroid-stimulating hormone）能刺激甲狀腺分泌。

三、當甲狀腺受到促甲狀腺素的刺激時，它會分泌甲狀腺素（thyroxine），以促進新陳代謝作用。

四、腎上腺皮質促進素可促使腎上腺皮質（adrenal cortex）分泌抗炎糖（腎上腺）皮質激素（anti-inflammatory gluco-corticoids），會刺激胰臟（pancreas）分泌升糖素（glucagon），使血液的血糖度增高。

五、當腎上腺的髓質（adrenal medulla）為自主神經系統刺激時，會分泌腎上腺素與正腎上腺素，這些激素可刺激心臟血管系統，如心跳速度、血壓上升，並使血液流向肌肉，讓身體做好運動的準備。因此，新陳代謝速度也就增加。

上述的生理反應是對外來壓力所做的反應，它能促使身體機能面對或逃避外界刺激（壓力）。一般來說，自主神經的反應是短暫的，而內分泌腺的反應較緩慢亦為時較久。當人體經過長時間一再的反應過程，往往會感到疲倦不堪，從而對疾病的抵抗力降低。當人體荷爾蒙分泌不平衡時再加上緊張，就會影響個人的心理狀態，經過一段時間的連鎖反映，會造成憂鬱、沮喪、失眠（或其他睡眠上的困擾），以及改變個人的飲食起居習慣（藍采風，2000，頁47-48）。

持續的壓力與身體的反應

如前所述，適度的壓力可以化為達到目標的衝動，但是過與不及均會造成身心不適。從內分泌學的研究顯示，當壓力太大時，體內腎上腺素分泌量會增高；而當壓力太小時，腎上腺素的分泌也會增高。唯有在適度的壓力刺激下，腎上腺素分泌才會稍降。

在短期內，壓力能帶給身體生命力；但當壓力持續增強時，則會破壞身體的功能。研究上一再證實，長期性壓力會多方面破壞身體的功能及抗體。由此可見，壓力已經成了疾病的前導車（Newsweek, 1999.6.14）。

1998年，心理學家塞頓．柯恩（Sheldon Cohen）接續其早期的研究指出：雖然一年前的某項單獨情境帶給個人高壓力的經驗並未證實會影響個人生病的可能性，但長期的壓力，例如與同事或家人的持續衝突，則會使個人的患病率提高3～5倍。內分泌學家羅那德．格萊瑟（Ronald Glaser）也發現，必須長期照顧失智症的配偶，其疾病抗體也比控制組（不必長期照顧配偶的人）低許多。由此可見，人體能夠接受短期壓力，但任何長期的壓力對記憶力、身心健康、對疾病的抵抗力等都會造成不良的影響。

遭受壓力時，生理上會有種種明顯的反應，以下分析從初期的即時反應、短時間的壓力，以及長期的壓力下，身體各部位所表現的反應。

一、對壓力的即時反應

當人們察覺到有外來威脅時，身體功能會馬上動員與加速，以應付需求。以下是人體各部位對壓力所表現出的即刻反應：

(一)腦：壓力保護身體的疼痛感，提升思考效率與記憶力。

(二)眼：瞳孔放大（即張大了眼睛），使視覺變得更好。

(三)口：口乾（因口水減少）。

(四)肺：肺部吸入更多的氧氣。

(五)肝：儲藏的糖質由肝糖（glycogen）轉變成葡萄糖（glucose），以供急需的能量。

(六)心臟：血液內的氧氣及葡萄糖增加成為能量（心臟與血壓增加）。

(七)腎上腺：腎上腺素的髓質會分泌可對抗壓力或逃避壓力的腎上腺素。

(八)脾：排除更多的紅血球，使血液輸送更多的氧氣到肌肉。

(九)腸：消化暫停，使身體能夠將體力轉入肌肉（血液轉出胃腸）。

(十)髮：怒髮衝冠，使體積看起來比較大，且較具危險性。

(十一)頸：肌肉緊張。

二、壓力持續幾分鐘後的反應

當身體做出「抗衡—逃避」反應後的幾分鐘，會出現一些變化以求穩定，以及準備再出發。以下是人體出現的反應：

(一)腦：大腦中與記憶有關的海馬區（hippocampus）受到刺激，促使人增強記憶力。

(二)免疫系統：對疾病的防禦力降低。

(三)肝：肝脂肪儲存能量，轉為可用的「燃料」。

(四)腎上腺：腎上腺皮質分泌可體松，它負責調節新陳代謝及免疫系統，但長期下來可能成為毒害。

三、長期處在壓力下所造成的生理現象

若身體經常處於壓力刺激下，則壓力反應可能會傷害免疫系統、腦及心臟等。分述如下：

(一)腦：可體松成為對腦有害的毒害，具有傷害認知能力的潛在可能性，引起疲勞、憤怒及憂鬱等情形增加。

(二)免疫系統：重複對「疾病—抗衡」的細胞壓制時，最後會使身體失去對疾病免疫的能力。

(三)腸：減少血液流出粘液層，增加罹患腸潰瘍的機率。

(四)呼吸系統：血壓增高、心跳加快，血管的彈性降低。

壓力與疾病的關係，最大的關鍵在於：並非壓力造成疾病，而是視身

體對壓力反應的情形，以及個人能否長期承受壓力，使身體機能中包括免疫系統無法運作，而導致疾病，如癌症。並非所有的癌症均源自壓力，但當個人長期面對高壓力，導致體內的自然殺手細胞（natural killer cells，簡稱NK）降低，減弱身體對外來（細胞突變或癌細胞）細胞的抗衡。運動及鬆弛訓練可增加自然殺手細胞的活動，加強人體的免疫系統（藍采風，2000，頁50-51）。

關於壓力反應的生理、心理與社會面，請參見圖2的流程。

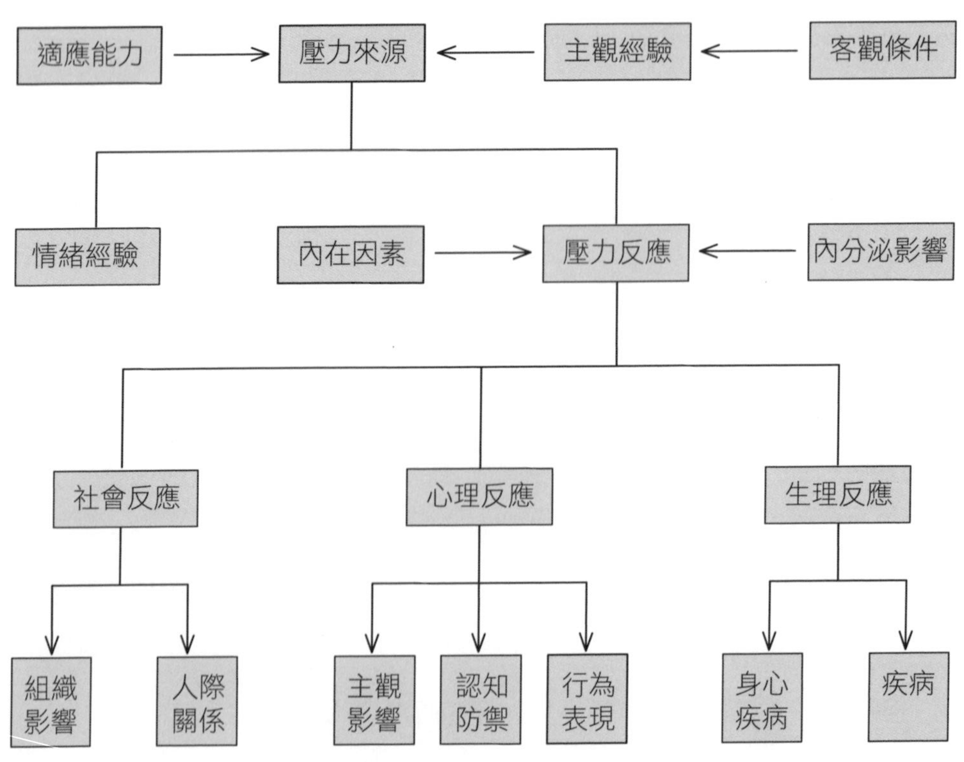

圖2　壓力反應之生理、心理與社會面

如何知道壓力已超出負荷？

調適壓力的第一步，是洞悉自己的壓力信號。每個人的壓力信號不同，因此當身體健康發生變化時，必須去查明究竟是因為壓力還是其他病菌感染，而帶來不適。透過醫療專業者的協助，可測量體內生物化學及神經活動的變化情形（例如：測量血壓、荷爾蒙含量分析、腦的活動情況等）。但一般人亦可藉由前述的壓力信號自行洞察。大體而言，壓力會促進脈搏加速跳動，且有流汗現象，有時情緒上顯得不耐，或較易受刺激。這些都是明顯易察的外在變化。

若經常頭痛，很有可能是精神上過度負荷的信號。如果發現自己容易疲倦、憂鬱、不安，經常與人有衝突，睡眠模式突然改變，或是體重突然大增、大降等，這些都是與壓力有關的信號。生物體的結構與功能是很奧妙的，它對外界的反應，帶給我們能加以洞察的信號及警訊。

壓力成了日常生活的「原料」。它也有「過猶不及」的情境。當人們受太高或太多壓力時，稱為「壓力過高症」；當壓力不足時，則稱「壓力不足症」。這兩種情況是相對的，對甲來說，可能完全不構成壓力的情況；但對於乙，卻可能壓力過大，無法承受。有些人會自己製造壓力，如工作狂；有些人則需要他人強制施加壓力，才會努力、成長（藍采風，2003，頁59-71）。

壓力的正面後果

壓力對每個人的影響不同。適度的壓力是好的，它能刺激我們有更好的表現，但是太多的壓力則反而會有不良影響。

壓力可以成為一種正面的力量，協助我們的生存。例如穿越馬路時，看到急速駛近的車輛，我們頓生壓力感，於是提高警覺，確認安全後才快速穿越馬路。壓力就像電流一般，危機時它刺激我們。當我們必須在期限內完成一項任務時，它帶來刺激，讓我們有活力，有較高的表現。壓力過猶不及均不理想，我們要管理壓力，使它維持在最適合我們的程度。

能帶給我們正面後果的壓力，稱為「優壓」。「優壓」（Eustress）這個名詞是塞勒醫生以老鼠進行實驗後，所提出的壓力概念。「Eustress」這個字包含兩部分：「eu」+「stress」。「eu」在希臘文為「好的」（good）之意，因此，「eustress」即是「好的stress（壓力）」。研究壓力適應的大師拉札勒斯（Richard Lazarus）也提出「優壓」是一種個人對壓力源做出正面或健康的認知上的反應（1966，1991）。

認識「優壓」，需有一個很重要的概念，亦即「優壓」並非是壓力的一種，它是指個人對壓力源的反應，「優壓」會使人看待壓力源時並非一種負面的威脅，而是正面的挑戰。這種正面的反應使人感到有控制感、有意義、有希望，或呈現出令人精神振奮的情形。換句話說，「優壓」愈高，生活滿足度及福祉感也愈高。

壓力的來源與種類

對壓力有了初步的了解之後，接著就要進一步去探討壓力從何而來——壓力源在哪兒？當個人感到任何外來的刺激時，這些刺激即稱為壓力源（stressors），它會引起個人的壓力反應。壓力源來自四面八方、無窮無盡。某種情境是否成為個人的壓力源，則視個人對它的定義、認知反應而決定。個人可能同時承受幾種壓力源，而壓力源也可以從某一類屬轉到另一類屬，或由突發變成慢性壓力源。以下從幾個不同的角度來探討壓力源的類屬。

一、依壓力源的持續時間而定

(一)突發性、無預警、難以預測的壓力源。例如車禍。

(二)長期性、有預警、可預測的壓力源。例如癌症惡化、空氣汙染、工作過勞等。從社會學的角度來看，長期性的壓力源與社會結構、社會角色及人際關係息息相關。換言之，它與角色期待有關。例如，女性在傳統以男性為主的社會下，其性別角色壓力是比男性為高的。另外，社會經濟地位、職位高低、年齡、種族背景等，都是影響個人及團體壓力程度的重要因素。

二、與工作相關的壓力源

(一)突發性，且與工作相關的壓力源。例如公司突然規範的新政策、作業方式的臨時變動、突增的工作量等。

(二)長期性，且與工作相關的壓力源。例如龐大而沉重的工作量、與同仁或主管間的溝通不良。

(三)因前述兩種壓力源轉換，而引起的壓力源，也就是由突發性轉為長期性。

三、依外在環境與個人特質因素作區分

(一)外在環境因素

1.地理環境因素：如天災地變、噪音、光線強度、過冷或過熱、高山深谷、密閉的空間等。

2.社會互動：例如他人施加粗野或侵略性的行為、太過嘮叨的老闆等。

3.社會結構與角色壓力：例如家庭與職業角色的轉換、親子衝突等。角色負荷過重（如失智症的長期照護者），或非志願的角色 （如被迫退休、子女必須反過來對長輩扮演父母親的角色等）所造成的壓力，均與社會期待、社會結構有密切的關係。

4.組織與工作環境：例如缺乏彈性的工作規定、官僚制度、壓縮完工期限、工作量大、有害健康的工作環境（如化工廠、紡織廠）、工作安全感、工作角色過度負荷、工作角色不明、人際關係問題等。（第14章將會深入探討工作上的壓力源。）

5.生活事件發生變化：例如親友傷亡、失業、調職、結婚、生子，及一些與家庭有關的事故或改變，都會干擾到規律的作息，因而形成壓力源（筆者曾於1987年在臺灣進行研究，發現臺灣社會約有超過一百種以上的家庭壓力源。詳細討論請見藍采風，2000，頁22-33）。

6.日常生活瑣事方面：例如通勤問題、找不到鑰匙、汽車故障、貓狗生病、冰箱壞了等。

7.生物區位因素：例如空氣汙染、季節性情緒失調症（Seasonal Affective Disorder, SAD）等。生活在長期缺乏日照地區的居民易感到憂鬱、越洋旅行造成的時差，甚至某些合成的食物添加物也都會影響生物體的機能。

8.空間：例如交通阻塞、擁擠的空間、人口高密度、住宅密集、空氣汙染等。

(二)個人特質因素

1.生活模式選擇：例如咖啡因攝取量太高、睡眠不足、工作過勞等。

2.負面的人格特質：例如過於自責、低自尊心、過於自我分析、悲觀等。

3.思維困惑：例如不切實際的期待、誇大事實等。

4.壓力傾向人格特質：例如完美主義者、工作狂等。

5.生理因素：從生理方面來看，女性的生理結構導致在一生當中比男人多出三種複雜的生理過程——月經、懷孕與更年期。這三種過程可說是上天所施予的「禮物」，它使女性有能力生育，但也同時造成因生理變化而引起的各種壓力問題。這三種過程帶給女性的困擾，分別稱為經前症候群、產前及產後憂鬱症及更年期症候群。至於所帶來的壓力反應，則有頭痛、心悸、疲倦 、浮腫、多汗、失眠、憂鬱、情緒不穩定等。此外，由於受到社會對女性美之觀念的影響，也促使許多女性患了神經性厭食症（anorexia nervosa）或暴食症 （bulimia）；其他尚有原發性無月經症（primary amenorrhea，是指到18歲尚未來經）、次發性無月經症（secondary amenorrhea ，是指曾來過月經，但已連續3個月沒來）等。這類壓力源是個人心理、生理與社會結構交織下的後果。

嚴格來說，內在的個人特質並不是壓力源，壓力源其實是外來的，是由於這些人格特質對外來壓力源的反應方式，而使個人加深了壓力經驗。此外，剛毅人格特質者，較能向外來的壓力源採取挑戰的應對方式，因此這種人格特質反而能將壓力源變成「優壓」。

四、期待與壓力來源

期待會帶來焦慮，而焦慮則會帶來壓力。

(一)角色期待：對自我認知的重要概念之一，是來自個人所扮演的角色。角色包含兩個面向：個人的許諾與個人對別人的期待（藍采風，《社會學》， 2001）。當期待與許諾不吻合時，憂慮、衝突等情緒就形成壓力的反應。這也可說是人際關係中許諾與義務之間的衝突。

(二)與自己的價值觀衝突：價值觀是衡量自己與別人行為的準則。當價值觀與行為不一致時，人們容易失望與懊惱。

五、改變與壓力來源

任何的改變，都會帶來不自在、擔憂及不安。這些情緒是人們對壓力源的正常反應。當代社會中，變動幾乎成了常態，改變就成了最常見的壓力源之一。社會的不穩定，也是一般人因大環境而承受的壓力源。

六、傳統社會的特殊壓力來源

壓力的概念與文化息息相關，在傳統的社會文化下，人際關係由五個「F」所環繞——Face（面子）、Family（家庭）、Fate（命運）、Favor（人情；關係），及FengShui（風水）。這五個要素是維繫人際關係的基石，同時也是壓力的來源。因此，所謂「丟臉」、「死要面子」、「人情債」、「禮尚往來」、「命苦」、「風水不好」等，都是受制於傳統文化而帶來的壓力源。

七、其他情境

如前所述，任何可能激起個人適應機制的刺激或情境，均是壓力源。壓力源可能單獨存在，也可能好幾個壓力源同時發生。一種壓力源可能類屬於多種項目之下。

上述提到個人的因素不但是主要的壓力源，而具有某種人格特質的人，更有非常明顯的壓力傾向。這種人格特質稱為「A型人格」，具有「自我督促」的本質，而表現於外則是「匆忙」的行為。匆忙的人無時無地都有時間緊迫感，即壓力感。我們在第2章將討論這種現代化社會下的「產物」到底是如何自己製造壓力的，以及如何克服這種個性所帶來的壓力問題。

2 壓力適應與管理的概念

壓力源自於周遭的生活情境以及個人的態度。壓力不可避免，但是有許多壓力是可以控制與管理的。

壓力適應的概念

壓力與生活同時存在。人自落地的一刻，便感到了壓力。壓力大師塞勒說：「沒有壓力，便無生命。」幾乎所有人類的活動均與壓力有關。我們需要控制與管理壓力，目的是知道在什麼時候需要有多大的壓力、持續多久、忍受多久，對我們最為有利。壓力與我們共存，所以我們必須學習如何使壓力不但不會傷害或困擾我們的心境，反而如朋友一樣，協助我們達成想要的目標。

當面對一個可能是壓力源的情境時，我們很自然的會感到不自在、易受害，或有威脅感。要由受威脅的情境中求生存，人類與動物界都會本能的建立一些策略來應對。當這些威脅的情境不是很嚴重時，人們能不費功夫的應對它；但是當威脅的情境日漸嚴重且持續時，那麼就必須想出有效的方法來應對、避開，或管理因威脅而帶來的壓力。否則，若引發身心方面的疾病，後果可能不堪設想。

研究壓力的名師拉札勒斯把壓力適應定義為「管理或處理需求的過

程」（1984）。很顯然的，當需求超過人們能承擔的程度或持有的資源時，壓力接踵而來。在壓力理論上，個人採取應對壓力前，有五個步驟（Lazarus & Folkman, 1984）：

一、對外界需求的首輪評估。

二、對此需求提高警覺。

三、改變行為。

四、行為改變的過程中，認知也有所改變。

五、對外界需求的二輪評估，包括資訊再處理、行為修飾、覓求支援系統，及「平穩」解決問題。

外界所帶來的壓力多少會影響人們的生活模式。生活起居的變化，如健康、工作、財務、家庭，以及個人與社會活動等，均會影響個人對壓力的容忍程度。

適應壓力的方式有許多，從最消極的對應到直接的對峙，但最重要的是去檢視個人在什麼時候經驗壓力，以及查明壓力的來源。壓力適應包括個人對外界需求或衝突所必須付出的心力。適應壓力的方法有改變個人與環境的關係，或是搜集更多的資訊、採取行動、改變思維，甚至是處之泰然（即不採取行動）。

壓力適應也可用認知的過程，例如：自我肯定訓練、衝突管理、憤怒管理、時間管理等技巧。此外，改變生活飲食習慣、運動、肌肉鬆弛術等，也是壓力適應的有效方法。當壓力適應失敗，而導致個人陷於長期壓力的煎熬時，可能造成在無望、無助及無奈之下而抑鬱，或走上極端的藥物濫用、酗酒，甚至採取自殺方式。對這些嚴重的負面行為，應進一步以行為治療法來處理。

行為治療法可用來治療因壓力而造成的個人心理變態、偏差或不正常的心理疾病。壓力適應必須結合多面向的研究探討，包括：心理學、社會學、社會心理學、醫學、內分泌學、公共衛生、組織行為學、社會工作等。本書的討論重點並不置於病態的行為與治療，而是置於如何對正常的、日常生活上的壓力適應與管理。

適應壓力的模式

當我們面對壓力時，可以有兩個選擇：一是消極的（負面的）去面對壓力；二是積極的（正面的）去適應壓力，或改變自己的生活模式。本章將討論如何藉由改變生活模式，作為管理壓力的方法。

當我們覺得自己已盡力去改變情境、接受不能改變的、捨去不必要的繁文瑣事，卻仍覺得壓力並未離去時，就要注意如何採取正面的態度及行為來適應壓力。

一、負面的壓力適應策略

適應壓力的方法有許多，但不幸的，人們常常是弄巧成拙。例如有些人會借酒消愁，英文的說法是"Have a Drink"或"Have a Fix"（來一杯），問題是，一杯過後又一杯，不醉不休，醉醒後，愁仍在，壓力仍在。有些人的做法則是瘋狂購物、暴飲暴食、蒙頭大睡、抽菸、濫用藥物、埋怨、憤怒、敵對、懷恨報仇等，或許暫時有效，但長此以往，只有徒增壓力的程度，問題並未解決。這些壓力適應的策略是短暫的，但唯有做到壓力管理，才能長遠而有效。壓力管理比壓力適應更主動、更有策略性、紀律性，並可解決問題與預防問題的再發生。壓力管理也可視為正面的壓力適應（Cicognani, 2011; Ng, 2011）。

二、正面的壓力適應策略

正面的壓力適應最高主旨是健康——生理與心理的健康，即所謂的福祉（well-being）及適切（fitness）。健康的人較能應付日常生活需求及長期的壓力情境。健康的人也較能應付突如其來的危機及天災人禍。正面的壓力適應，是指自己決定想要過什麼樣的生活模式、要維持何種生活習慣，以及自己的健康價值觀。當我們愈能整合正面的壓力適應，就愈能管理自己的健康，愈能抵抗壓力。

壓力管理的目的，不是去免除壓力，而是去駕馭壓力，進而能提升生活的品質。其實，我們平日從許多媒體中，都能看到健康方面的相關資訊，提醒我們要吃得淡一點、多吃蔬果、少吃太鹹或太甜的食品、多做運動，但是我們是否都能有紀律的落實在日常生活中呢？擁有健康，才能擁有良好的生活品質，而提升健康的要素有5項：飲食、運動、放鬆、常笑及睡眠。將在第10章再深入討論這些層面。

生活模式與適應壓力

生活上會面對的壓力來源又多又複雜，我們要如何去應對，才能保持健康而不被壓力壓倒呢？從1970年後期迄今的各項研究顯示，擁有社會支援、生活滿足（家庭與婚姻）、善用成熟的心理防禦術、良好的人際關係、適當的飲食起居習慣、宗教信仰、豁達的人生觀等，都有助於壓力適應。

適應壓力的模式有多種，以下先從消極與積極的方式來作對比：

一、消極的適應模式

當個人無法控制壓力源時，往往採取消極的方式來面對。這種消極的壓力管理方式，也許在短期內有助益，但無法達到長期有效的管理。呈現的模式如下：

(一)對生活事件的改變，以逆來順受的態度去面對。

(二)把一些改變都歸於命運。

(三)對即將或已發生的生活改變，絲毫沒有預料到或準備面對它的發生。

(四)放任那些生活改變日漸積累到無可挽回的危機狀況。

(五)認為這些來自環境因素，本來就是不可能預防的。

(六)可能無意識的試著去適應改變，但常因所採取的消極方式不當，而弄巧成拙，徒增壓力。

大體來說，消極的適應模式就是不去面對現實，採取不聞不問、逃避的態度，使心裡的緊張持續高漲，最後導致危機臨頭或崩潰。那麼，應該如何採取行動呢？建議的作法是，對自己誠實，著手寫壓力日記，把自己的感受寫下來，包括：

1.造成壓力的原因（即使不知道明確的原因，也可將猜測的原因寫下來）。

2.自己的生理、心理產生什麼樣的變化？描述自己的感受。

3.是否察覺到自己是如何去應對這些變化？

4.這些應對的方法有效嗎？

5.是否試圖去找人談談或懇求協助？

6.明天準備採取什麼行動？

二、積極的應對模式

採取積極適應模式的人，大多能面對現實，即時採取行動。呈現的模式如下：

(一)活躍的參與生活上各種活動。

(二)採取「是可忍，孰不可忍」的對策，選擇一些可以控制的生活事件加以改變，適時應對。

(三)預測哪些生活事件可能在近期內發生改變，面對它，預先作準備應對策略。

(四)保留一些時間與精力，以隨時應對未能預期的生活事件改變。

(五)客觀的評估環境因素，將生活事件改變排列出「緊急」、「重要」或「有威脅」的程度。

(六)用一點時間，冷靜的評估生活事件改變。有時這些改變情況是可笑或不可想像的。那麼，也可以用可笑或不可想像的方式去適應。

(七)生活事件的改變常與家庭有關。因此，與家人討論如何應對，是更重要的壓力適應對策。

(八)現代人容易形成「匆促型」的人格，試著把腳步放慢。

(九)在一個重視物質生活的現代社會裡，我們所擁有的、所消費的，反而「消費」了我們的時間、精力與價值觀。過度的競爭性消費（例如標榜名牌的消費文化）只會令人徒增壓力，也帶來「人比人氣死人」的懊惱。

如前所述，壓力適應的出發點是去洞察壓力來源、敏感自己的壓力信號，勇敢的去承認它、面對它，同時也要了解自己，誠實感受自己對壓力源的反應。以下提供一些問題，作為自行分析的參考。

1.我是否會被一些芝麻大的事搞得心浮氣躁？

2.我是否用「殺雞焉用牛刀」的精力與態度，去應對生活事件的改變？

3.我是否總是對從來沒有干擾我的人或生活事件而提心吊膽，深怕遲早會發生？

4.我是否懷疑朋友的可信度？

5.我是否杞人憂天？

6.我是否對自己沒有信心？

7.我是否總覺得做了很多、完成了很多，可是仍然不滿足？

8.我是否即使沒有做耗費體力的事，也覺得筋骨痠痛、精疲力盡？

9.我是否過分相信命運？或相信算命先生說的一切？

10.我是否總覺得資源不夠，無法應對一切？

這些懷疑別人、懷疑自己能力的想法，都會阻擋個人用積極的方法去面對生活事件的改變。我們必須調整思維、轉換心念，才能改變行為。如果上述各題的答案多為「是」，建議再閱讀本書第5章「情緒壓力來源：焦慮適應」與第8章「自我肯定訓練」。

心理防禦術與壓力適應方法

人們面對生活事件的改變，常會採取防禦術來應對，例如用否認或逃避的態度。以下介紹幾種比較有效的應對方式：

一、蒐集更多的資訊，以對生活事件的改變有全盤的了解：在作出反應之前，先以冷靜的態度去分析事件改變的前因後果，然後再採取應對行動。

二、當機立斷，採取行動：如果已確認生活事件改變的來龍去脈，應及時行動，加以應對。壓力來源多來自環境因素，因此改變環境，是應對的良好方法之一。

三、以不變，應萬變：應對壓力的另一個方式，是先暫時不採取行動，靜觀其變，適時採取行動。

四、運用心理防禦術以應變：為了轉移注意，許多人會用心理防禦術來面對生活事件改變的發生。雖然這也是壓力適應的一種，但它無法真正解決問題。心理防禦術一般有4種：

(一)藉辭法：個人以埋怨別人或環境問題，來紓解自己所面臨的問題。

(二)激將法：個人以相反的行為來掩蓋不好的動機，作為紓解自己所面臨的問題。

(三)壓抑法：個人以否認方式，來紓解自己所面臨的問題。

(四)昇華：個人以社會所能接受的行為，紓解社會可能對他的批評。

這些心理防禦術往往是在無意識之下進行的。真正解決壓力來源（個人因面臨生活事件改變而帶來的挑戰與壓力）是必須在有意識之下所採取的應對方式，才能真正解決問題。本書各章將深入介紹有效的、積極的，及有意識的壓力適應方式，提供讀者解決問題的方案。這些有效的壓力適應或管理方法，也可以稱為生活技巧，它包括自我肯定、時間管理、衝突管理、憤怒管理及自我照顧等。這些生活技巧不僅是壓力適應及管理的技巧，也是提升生活本質的技巧。

利用本能來應付壓力

當個人面臨壓力時，我們通常是用什麼方法來應對？經過分析以後，或許會驚訝的發現人們竟會運用多種本能，來適應外來的威脅。

動物界有許多克服壓力的本能，值得人類去學習。

一、依賴親人的保護

當遇到威脅時，動物會很本能的躲到親人或同族之間覓求庇護。人類遇到困難時也是會跑到親人或族群（家庭）身邊祈求保護。家庭是人類的避風港。

二、給自己有喘息的空間

研究證明，擁擠會造成高壓力。動物的本性是自私、自我防衛的。一般而言，他們不會去侵犯別人的生活空間，也不讓別人來侵犯牠們的空間。人類也有類似的習慣，避免使自己處於人潮擁擠的環境，如高峰期的火車、過於熱烈的集會活動等，都會引發緊張的壓力。

三、知道何時要「三十六計走為上策」

當動物與其他動物相鬥時，牠們知道何時鬥不過對方就必須停戰，拔腿就逃。這也是壓力大師塞勒醫生用老鼠做實驗的發現。動物的這種本能，正是中國俗語「三十六計走為上策」的生存法則。

四、離開惡劣的環境

動物界必須不斷的覓求食物，以求生存。因此，當面臨食物缺乏的大地，牠們便遷居到有食物的地方。牠們也知道在環境已惡劣的情況下，就要另覓適合生存的空間。人類在幾千年或更長的歷史中，為了避免及逃避惡劣的生活環境，也有許多大搬遷的紀錄。

五、困難時，簡化生活

很奇妙的，動物界在缺乏存糧的時候，會自然的去降低生育率（或許糧食不足、營養缺乏的情況下，生育率會自然下降，則不得而知）。人類面臨經濟恐慌或危機時，也會降低生育率，並簡化其他層面的生活，以減少對資源短缺的壓力。

六、分擔為人父母的責任

許多動物界裡有組織密切的社會生活，包括家庭生活。雄的動物也能與雌的動物分擔親職。同樣的，現代人類社會的雙生涯（及雙職工）家庭，帶給人們許多的壓力，男性與女性分擔親職已是很普通的現象了。

動物藉由本能，得到一些求生（即應對外來壓力）的自然法則。人類也是。但是人類的社會生活比動物界更複雜幾百倍。人類處理適應壓力與求生存的法則，遠超出自然的法則。這正是我們要學習生存技能及提高生活品質技能的原因。

適應壓力的簡易妙方

壓力與壓力適應，都是很個別化的，解決壓力最好的方法就是找到最適用自己的方法。除了運用上述人類本能的應對壓力方法之外， 也可以參考下述的方法，簡單迅速又有效。

1.假如發現目標無法達到，就換一個目標。

2.假如擁擠的人潮讓自己感到緊張不安，就離開群眾，或不去群眾聚集的地方。

3.當有許多事必須完成時，先去完成最重要的事，或自己最喜歡做的事。

4.當感到無聊的時候，會找一些有趣的事來做。

5.處在很吵的環境（包括睡覺時聽到別人的鼾聲），就用耳塞來阻絕干擾。

6.當燈光太亮而干擾睡眠時，就戴眼罩或關燈。

7.當問題難以解決時，乾脆就不了了之。

8.偶爾會去想想自己的長處。

9.我會警惕自己不要三心兩意。

10.我會提醒自己不要借錢給好朋友。

11.我會找好朋友談心。

12.我學著去把事情看開。

13.我有時會做鬆弛運動。

14.我提醒自己不要喝太多咖啡或茶。

15.我睏了就休息。

16.我避免去擬定自己無法實現的目標。

17.我明白「三十六計走為上策」的道理。

18.該省就省，不該省就不去省。

19.不要與別人比，因為「人比人氣死人」。

20.明白「知足勝不祥」的真諦。

21.試著做到「大事化小，小事化無」。

22.發現自己錯了，就勇敢向人說「對不起」。

23.聆聽自己的呼吸。

24.不坐在使自己感到不舒服的椅子上。

25.經常做肌肉鬆弛運動。

26.適度授權。

27.閉上眼睛休息。

28.與寵物玩。

29.與小孩玩。

30.打電話給老友，但不是去抱怨自己的生活，而是與老友敘舊。

31.到院子去採一些花或買一束花，自我欣賞或與別人共用。

32.做一頓飯或買一些好吃的菜回家，讓香味瀰漫在房子裡。

33.計畫一個小旅行。

34.珍惜幸福；感謝已擁有的。

35.誠實對待自己，不撒謊。

36.對不必要的電子郵件，隨便看一下就刪掉。

37.提早幾分鐘出門去上班。

38.每個月撥一、兩個小時時間去修理或整理一些繁瑣小事，例如縫補釦子、修補小螺絲釘、清理口袋裡過多的零錢、處理皮包內的收據等。

39.不為芝麻小事而懊惱。

40.健康的吃。

中國文化發展了幾千年歷史，也孕育出一系列充滿智慧的生存之道。從表1蒐羅的成語、諺語中，可以領略種種做人處事及適應壓力的道理。

表1　與應對壓力相關的成語與諺語

一、積極、行動取向
全力以赴；人定勝天；按部就班；勇往直前；敬業樂業；背水一戰；廢寢忘食；滴水穿石；鍥而不捨；再接再厲；屢敗屢戰；越挫越勇；愚公移山；破釜沉舟；天無絕人之路；吃苦當作吃補；皇天不負苦心人；有恆為成功之本；坐而言不如起而行；兵來將擋，水來土掩；知己知彼，百戰百勝；一分耕耘，一分收穫；不入虎穴，焉得虎子；天下無難事，只怕有心人；留得青山在，不怕沒柴燒；平時不燒香，臨時抱佛腳；以其人之道，還治其人之身；天降大任於斯人，必先苦其心志，勞其筋骨

二、消極及逃避取向
得過且過；視而不見；視若無睹；命中注定；聽天由命；坐困愁城；一籌莫展；知易行難；畫地自限；畫地為牢；裝瘋賣傻；藉口搪塞；六神無主；畫餅充飢；守株待兔；妄自菲薄；不堪重負；習慣成自然；眼不見為淨；一醉解千愁；借酒消愁，愁更愁；過一天，算一天；人為刀俎，我為魚肉；三十六計，走為上策；做一天和尚，撞一天鐘
三、面對壓力的態度及思維
人生無常；隨遇而安；逆來順受；處變不驚；量入為出；處之泰然；一笑置之；噤若寒蟬；狗急跳牆；杞人憂天；庸人自擾；一心一意；視死如歸；不屈不撓；堅忍不拔；持之以恆；誓不罷休；沉著冷靜；心神恍惚；心亂如麻；三心二意；馬馬虎虎；明哲保身；怨天尤人；心驚膽寒；激流勇進；自作孽不可活；以不變，應萬變；天涯何處無芳草；天生我才必有用；失敗為成功之母；犧牲小我，完成大我；鞠躬盡瘁，死而後已；三分天注定，七分靠打拚；吃得苦中苦，方為人上人；人生不如意事，十有八九；天有不測風雲，人有旦夕禍福；命裡有時終須有，命裡無時莫強求；車到山前必有路，船到橋頭自然直
四、壓力情境
人困馬乏；千鈞一髮；犬牙交錯；水深火熱；魚游釜中；劍拔弩張；臨危受命；左右為難；進退維谷；進退兩難；雨過天晴；騎虎難下；絕處逢生；戰戰兢兢；驚弓之鳥；輾轉反側；生不如死；筋疲力竭，身心俱疲；心力交瘁；千頭萬緒；如臨深淵，如履薄冰；山窮水盡疑無路，柳暗花明又一村

（摘自藍采風，2003，頁322）

選擇的壓力

現代社會既複雜又矛盾，一方面我們要學著去做選擇，但是我們可選擇的又太多。例如旅行的交通工具可選擇坐火車、捷運、高鐵、公車、租車、自己開車、坐遊輪或搭飛機。即使搭飛機也有許多航空公司可選擇。太多選擇反而增添煩惱又帶來壓力。以前找對象，是奉父母之命，聽媒妁之言，很簡單就把對象找到了。現代社會崇尚自由戀愛，擇偶機會多，對象也多，結果令人頭昏腦脹，舉棋不定。選了之後又沒把握是否選對，於是不安、壓力接踵而來。又如買股票、買手機、汽車等的選擇更多。

遇到要在眾多選擇中做決定時，應在腦子裡先有個底數，哪些變數最在意，再按其重要性去考量。例如，長途旅行的時間最重要，那麼就考慮坐飛機或高鐵吧。記住，有時不做選擇也是一種選擇。

源自信念系統與價值觀的壓力

信念決定每日各項事件的重要性。信念決定我們的選擇與行動。信念系統包含了個人的宗教信仰，而每個人對人性為本善或本惡的信念，也能影響其做人處事的方針。信念亦是個人生活的核心。信念是力量的源泉。有些信念堅貞不移，有些則脆弱易散。

信念系統包括自己對生命過程基本問題的探究：

一、我的生命目標為何？

二、對我而言什麼是最重要的？（我的價值觀）

三、我相信什麼？（我的信念）

四、我是誰？我是怎樣的一個人？我希望別人如何懷念我？（我的自我形象及概念）

信念系統是建設生活形式的藍圖。生活形式則能決定自己經常面對的壓力來源，它是個人壓力習慣的推力。

其實日常生活的許多困擾，往往只要我們能改變認知即可解決。但當困擾無法解決或壓力程度持續積累時，就要進一步深入探索壓力的來源。適時重新檢視、評估、肯定、放棄、調整或再尋找自己生命中重要的目標、價值觀，以及自我概念。我們從每日成千上百的選擇中，形成個人特有的生活方式，而所做的選擇則通常來自某些信念的指引。因此，壓力適應除了洞察個人認知系統外，也要分析信念系統。信念系統影響觀念與態度，它們影響個人對外界刺激的反應。

如果感到自己承受許多壓力，則調適的方法包括改變認知、改變環境（情境），再者是改變信念系統。改變信念系統即是改變選擇，選擇哪些事物是自己生命中重要的目標。

確定目標後，有助於我們決定如何安排時間及精力。短程目標如打電話、種花、決定半小時內要做的事；長程目標如減肥10公斤、達成經濟上的保障等。目標是激勵物，讓我們思索並選擇適當的行動，以達到理想的結果。有些目標較具體，如買車子、房子、大衣；有些則較抽象，如改善人際關係、改掉不良習性、受到主管器重等。我們可以按時間表分項條列出每日、每周、每月、每年所要達成的目標。

我們所定下的目標可能是壓力來源。為什麼呢？不妨想想下列問題：自己有足夠的精力與資源來達成目標嗎？目標與時間之間有不可抗拒的衝突嗎？為了目標，必須「犧牲小我，完成大我」嗎？是否定了太多的目標、是否在不要緊的事物上猶豫不定，而造成自己心神不安？

價值觀決定了自己看待生命中種種事物的重要性，它與目標相似，但比目標更不易認出。價值觀驅使著我們如何行動、做決定、邁向目標。當我們檢視自己的行動時，或許才會發現自己真正的價值觀。透過檢視價值觀，也才會了解自己為何會如此行動。價值觀與行動是不可分的，例如：如果誠實的報繳所得稅，則可以下結論自己是重視誠實的價值觀；如果在家中堆滿書本而非運動器材，可見自己對知識比運動更重視。行為亦反應了價值觀，對一個相信婚姻是代表終生承諾的人，則即使婚姻不美滿，也會有「勸和不勸離」的傾向。

價值觀是壓力的來源之一，如果價值觀與行動不一致時，壓力隨之而來。例如一對喜歡音樂的夫妻，若花錢去看球賽，則他們觀賞球賽的過程，較難獲得真正的享受。對自己重視的項目，若沒有付出足夠的時間與精神，將會產生明顯的壓力經驗。許多婚姻上的衝突，從飲食起居習慣到金錢的運用，幾乎均與價值觀息息相關。職業婦女對工作與婚姻的價值觀，常成為壓力的來源。在壓力適應技巧中，我們要洞察自己的哪些行為是違反個人價值觀，哪些價值觀是相互衝突的？哪種價值觀違背時代的潮流？夫妻的價值觀平行嗎？我們需要先釐清問題，才能進一步採取修正的行動。

自我概念（了解「我是誰？」）是一種特殊假設與信念的結合，這是對自我的缺點、能力、外貌、情感、地位、潛能、價值及歸屬等的認識。自我概念是自幼透過社會化過程，而逐漸形成，並由經驗的累積得以再度確認，給個人生活有著連貫性，供給個人面對每日生活中適當反應的架構。個人每日扮演的角色，也是自我概念最佳的參考架構。自我概念是主觀與客觀的融合。自我概念不必與外界的真實性相符合，我們可以自認為是吸引人的、有創意的、有能力的、可愛的、進取的等等。但是，人類不能離群而索居，因此個人在與別人互動時，又重新塑造自我概念，或再加強原有的信念。在壓力調適中，包括對自我概念的分析，大致包括：我是誰？我曾經扮演什麼角色？目前扮演什麼角色？將來將扮演什麼角色？我有哪些好的特質？不良的特質？

如前所述，社會是自我概念形成的一面鏡子，從社會的回饋，我們得以檢視自我概念。如果對自我概念太堅信，或對其他人的評價無法接受時，壓力便形成了。自我概念不是一日造成，也非一日即可改變。正向的自我概念是自尊，負向的自我概念則為自卑。壓力調適時，應將重點置於如何訓練發展自尊，以及如何發現自己的潛能。

我們要了解自我概念對個人的影響，不妨自我檢視下列問題：

一、我的自我概念是否過時？

二、我的中心思想中，哪一項是堅定不移的？即使與別人的意見相左，亦無法令我調整這項中心思想（信念）。

三、我的自我概念如何妨礙我發展生命潛能？

源自對許諾之安排的壓力

個人將其信念系統付諸行動，即為許諾。許諾是個人對自我的投資。如何安排時間、精力、與誰共處等等，均須做明智的決策，若安排不當，生命力產生不平衡的現象，即成為壓力的來源。許諾的決策，是根據個人的目標、價值觀、信念及自我概念而來。

許諾是指個人如何安排其資源，包括人力與物力、空間與時間、智慧與技巧等。許諾的對象，涵蓋了對某人、某意念、理想、家庭、生涯、社會、國家，甚至全人類。當個人覺得「分身乏術」，在空間與時間上無法恰當的安排時，就形成了壓力。「騎虎難下」，也是因錯誤的許諾或過度的許諾，而帶來的壓力。過與不及的許諾，均能帶來壓力。因此壓力調適最重要的一點，是個人如何對許諾作明智的選擇。 選擇的過程中，最令人感到困擾（壓力）的是時間的安排、控制或管理。

時間管理是指如何在有限的時間內，對所需完成的事作最有效的安排。以下是壓力調適時間管理的3項簡要法則：

一、列出所有必須在某時間內完成的事情（例如再每週一寫下當週必須完成的事情）。準備一份個人日誌與家庭日誌。

二、估計完成每一項事務所需時間。

三、依據前項，在計算時間時將每一項時間增加10～15%左右。如此，可避免估計錯誤以及意料外的突發狀況。注意，在列出事務時，也應包括遊戲、休息、消遣的時間。

壓力適應評量表——認識自我的生活模式

在平日的生活模式中，面對壓力時，我們是用什麼方法來應對的呢？請在下列的壓力適應評量表，將符合的選項以數字填入空格中。

計分法：總是—5；經常—3；有時—2；很少—1；從未—0

（　）1.我向別人求助。

（　）2.我管理自己的事，所以不覺得匆促。

（　）3.當我不高興或憂鬱時，我知道此種情緒從何而來。

（　）4.我與朋友商討我的擔憂。

（　）5.我照顧自己的飲食、健康與外表。

（　）6.我將困難的事情拖延；我也避免處於困難的情境。

( ) 7.我以開放且直接的方式表達我的情緒。

( ) 8.我朝著自己的目標而行。

( ) 9.我接受我不能改變的情境。

( ) 10.我信任我的配偶（或夥伴），我能坦誠的告訴他我的感受。

( ) 11.當我順利的完成了一件事，我給自己獎賞。

( ) 12.我有隱藏個人感受的傾向。

( ) 13.我能夠對別人的需求說「不」。

( ) 14.我很小心的衡量我有多少時間可以做多少事。

( ) 15.與人爭執時，我會考慮雙方的立場。

( ) 16.我覺得我能夠坦誠的與家人溝通。

( ) 17.我讓自己的生活有餘暇，從事個人興趣。

( ) 18.當我有壓力時，我就不從事使自己放鬆或愉快的活動。

( ) 19.當我在商店裡得不到好的服務，我就埋怨。

( ) 20.有必要時，我會授權。

( ) 21.當我心中不愉快時，我知道是什麼原因。

( ) 22.我與朋友有社交往來。

( ) 23.我知道有時候我必須自私。

( ) 24.我有逃避具挑戰性情境的傾向。

( ) 25.即使別人不同意，我也喜歡與別人分享我的想法。

( ) 26.我列出我想做的一些事情。

( ) 27.我遇到問題時，暫退一步將事情全盤思考一遍。

( ) 28.我喜歡從事社交活動。

( ) 29.我安排規律的休閒活動。

（　）30.我是完美主義者。

分數：

A	B	C	D	E	F
1.（　）	2.（　）	3.（　）	4.（　）	5.（　）	6.（　）
7.（　）	8.（　）	9.（　）	10.（　）	11.（　）	12.（　）
13.（　）	14.（　）	15.（　）	16.（　）	17.（　）	18.（　）
19.（　）	20.（　）	21.（　）	22.（　）	23.（　）	24.（　）
25.（　）	26.（　）	27.（　）	28.（　）	29.（　）	30.（　）
總分					
（　）	（　）	（　）	（　）	（　）	（　）

解說

A.「自我肯定」方面

總分13分以上，表示你的行為是自我肯定的。你有能力開放的發表自己的意見，而且能夠捍衛自己的權利。8分以下，表示不夠自我肯定。

B.「時間管理」方面

總分13分以上，表示你知道如何管理時間，而且能好好的組織自己的時間，以達到生活上的需求。8分以下，表示缺乏時間管理技巧。

C.「理性思維」方面

總分13分以上，表示你知道自己的思維如何影響著情緒。你也有能力以理性思維去了解情境。8分以下，表示思維方式將導致你的壓力。

D.「改善人際關係」方面

總分13分以上，表示你有良好的人際關係及社會支援系統。8分以下，表示你可能有人際關係上的困擾。

E.「自我照護」方面

總分13分以上，表示你知道自己的需求，而且能夠好好的照顧自己。8分以下，表示你可能疏忽了自己。

F.負面或不良的適應方法

總分13分以上，表示你雖然有一些方法可以協助你適應壓力，但這些短暫的有效方法，反而會讓你更容易增加壓力。一般而言，拖延、完美主義、閉塞情緒，或任愉快的活動從生活中溜出，都會帶來更多的壓力。假如在第6、12、18、24、30題中的分數多落在3～5分，最好去學習處理壓力的技巧。總分在8～13分，必須改善一些壞習慣。8分以下，表示你基本上沒有壞習慣，你的生活習慣不會強化你的壓力程度。

＊資料來源：此測量表是以Trevor Powell (1997), *Free Yourself from Harmful Strss*. London: Dorling Kindersley Limited. pp. 80-81修飾。

壓力管理的四個「A」

壓力管理的通則，可藉由改變外來的壓力源，或是改變自身的態度著手，大致分為4個「A」，細分如下：

一、改變情境：(一)避開（Avoid）壓力源；(二)更改（Alter）壓力源。

二、改變自己的反應及態度：(一) 適應（Adapt）不能改變的情境；(二) 接受（Accept）不能改變的情境。

一、避開不必要的壓力

並非所有的壓力來源都可以避免，但是能夠避免而不去避免的話，長此以往，後果將不堪設想。

(一)學習如何說「不」。在傳統講究人情的社會下，當人有求於你時，通常很難拒人於千里之外。我們常不知道自己的能力極限，答應很多事情，但到時候又無法完成，反而徒增壓力。所謂「打腫臉充胖子」，也是不知如何說「不」的表徵。

(二)遠離施加自己壓力的人。「躲避」與「逃避」的涵義不盡相同，我們要學習去躲避壓力之源，但不去逃避不可改變的壓力源。例如男女交友，對方不僅未能帶來快樂，反而增加自己的煩惱。對方成了自己人際關係的壓力源。這種壓力源就必須躲避、斷絕。但是我們不去逃避與別人建立朋友關係的機會。

(三)控制自身環境。假如晚間新聞會讓你緊張，就將電視關掉。如果擁擠的高速公路讓你緊張，就不要在高峰時段上路或改道而行。假如討厭上街購物，就改在網上訂貨。

(四)避免令人厭煩或容易引起爭吵的議題。若宗教或政治的話題與對方意見不同，為顧及雙方情感，就避免聊這些話題。

(五)擬訂「必做」表。列表寫出每日或每個月「必做」的事項，並標示重要性與緊急性，再按本末先後、輕重緩急重新排列，按部就班來完成。這也是時間管理的要領。

二、更改壓力源

假如無法避開壓力，那麼不妨試著去改變它。這涉及到改變自己的思維與信念。

(一)表達自己的想法與感受。當壓力來自與人的互動時，應讓對方知道自己的想法或是感受。若不表明的話，對方將持續以同樣的溝通方式，使自己永遠陷在壓力中。

(二)願意妥協。為達成良好的溝通，雙方都必須作適度的改變，也就是妥協。如果雙方都願意退一步，那麼溝通就能往前一步進行了。

(三)坦誠自己的處境。明確、直截了當的讓對方知道自己的處境，否則將會徒增自身的緊張及壓力，甚至「騎虎難下」。明確的向對方說明自己的處境，也是說「不」的技巧。

(四)時間管理。不知如何管理時間，等於不知道如何管理壓力。時間管理的技巧，也是為生活訂計畫的技巧。

三、適應壓力

當我們無法改變壓力情境時，那麼就試著改變自己的行為與態度，學習去適應壓力。

(一)重新對壓力下定義。例如既然無法避開交通阻塞，那麼就打開收音機聽聽音樂或新聞，減輕壓力來源。

(二)往長處著想，重新評估全局。重新評估當前的情境是短暫或長期的，想一想，如果不去面對它，會有嚴重性或影響全局嗎？值得繼續保持現狀嗎？

(三)調整自己的標準。完美是美德，但是太講究完美主義，則容易失去彈性，也給自己徒增壓力。學習重新訂下標準，但不是要「偷工減料」，也不是要「得過且過」，只是在現實的資源下，盡自己最大的努力。常提醒自己不要去計較是否得到冠軍或表現「完美無缺」，因為世上沒有所謂的「完美無缺」。

(四)專注正面的部分。當感到自己被壓力擊倒時，切記不要灰心與氣餒，重新評估，並且把注意力放在已完成的部分。檢視自己的進步，比專注於自己的退步更重要。

四、接受自己不能改變的事實

有些壓力情境是無法改變的，例如親人過世、能源危機、狂風暴雨、得了絕症等，遇到這種情況，只好先接受事實，再去調適壓力。

(一)不要試著去控制不能控制的事。人無法起死回生，但是人能夠勇敢的去面對現實，走過傷痛，化壓力為力量。

(二)往好處看。筆者是癌症生還者，在病後曾說過「癌症救了我一條命」，意思是，我無法改變罹癌的事實，但我能夠接受事實，並接受必要的治療，以及調適新的生活模式與人生觀，以提升生活品質。

(三)分享自己的感受。接受不能改變的現實，與支援團體分享自己的感受，也是降壓的方法。

這是一個高科技的時代，也是一個高壓力的時代。研究指出約有百分之八十的人是因與壓力有關的身心疾病而就醫。高科技的時代下，生活步調是極快速的，工作要求是嚴格的，人際關係也愈來愈非人性化，組織結構缺乏彈性，一切要求高效率，人們逐漸成了高科技的「奴隸」，思維與行為也逐漸傾向於被動與消極。我們成了自己製造壓力的主要來源。

高科技帶給人們各種方便，但也使人們墮入了它的「圈套」。例如有些人將所有重要資料存在電腦內，一旦電腦出問題，所有重要的檔案都無法讀取，它所帶來的著急與懊惱，很容易讓人寢食不安、束手無策。憂煩之際，人們往往朝極端去想，認為事態嚴重、糟糕透頂，別無選擇。其實，萬事都有選擇的，這就取決於自己的思維與心念了。當個人面臨壓力或危機時，只要試著改變思維，對情境重新平心靜氣的評估，用不同的角度分析其前因後果，則終究會找出一條選擇之路，尋得一線生機。

因此，要做到有效的壓力管理，首先就是洞察我們自己對壓力的反應。包括：

1.哪些是帶來壓力的潛在因素？

2.這些壓力源到底帶給我什麼樣的感受？我到底做了什麼樣的反應？

3.我的生理與心理到底產生什麼明顯的變化（反應）？

若能心平氣和、誠實的做上述的分析，我們才能擬訂有效的適應技巧。思維是可以學習（learned），它也可以免去所學習的（unlearned）。我們可以選擇我們要如何去想，就如同作家何權峰在其所著《心念的種子》（1998，頁18-19）說：

「當你改變心念，你改變想法；

當你改變想法，你改變態度；

當你改變態度，你改變行為；

當你改變行為，你改變表現；

當你改變表現，你改變人生！」

我們可以選擇自己思維的模式，因此我們也可以選擇自己如何去感觸及行動。

壓力適應的全方位策略表

在第1章及第2章，我們已討論了壓力的本質，以及壓力適應與管理。表2是壓力適應的全方位策略表，本書將分章一一詳加闡述。在下一章先來談談影響壓力適應的一個重要因素：個人的人格特質。

表2　壓力適應的全方位策略表

	一、基本的策略	二、特殊的壓力控制與適應技巧的學習	三、長期計畫
個人方面	* 自我認識 * 自我信念與價值觀 * 個人之近程與遠端計畫（包括時間之利用與控制、個人生涯的計畫） * 建立與運用支援系統 * 避免「匆忙」的疾病 * 發展剛毅的人格	* 衝突處理技巧 * 影響別人的技巧 * 自我表現的技巧 * 解決問題的技巧 * 期待的改變 * 溝通的技巧 * 批判性思考的技巧 * 時間管理技巧 * 運用支援系統 * 建立健康的家庭與和諧的婚姻	* 有效的自我控制與適應（營養的平衡、身心活動與各類運動的持續） * 支援系統的「質」方面的改進與有效的運用 * 自我肯定訓練 * 自我照護
組織方面（公司、工廠、機關團體）	* 受雇者與雇主的雙向溝通與資料交換 * 認清並改變工作壓力的來源 * 澄清角色衝突 * 政策決定程式之評估 * 作業之評估與重新安排	* 澄清問題本質 * 診斷組織與工作壓力的來源 * 解決問題的策略 * 受雇者的教育與在職訓練 * 受雇者福利政策（協助受雇者的各種計畫） * 目標設定技巧 * 安排各種角色平衡的技巧	* 理想的企業管理法則與對受雇者的持續性正向支持 * 員工在職培訓 * 建立非正式的支援系統（同輩團體支援網的建立）

3 壓力與A型人格

學習控制壓力，而非為壓力所控制。

現代人容易造成「匆促型」的人格，成為趕期限的奴隸。

A型人格

現代化社會的特點之一是「追求速度」。我們發明許多與速度有關的機器與電子產品，包括使旅行加速的高鐵、使溝通加速的電腦、使烹調加速的高壓鍋、使行駛加速的跑車。追求速度影響並改變我們的思維、行為，以及人際關係。速度可以節省時間，亦能令人喘不過氣。速度也能造成反效果，即「欲速則不達」。當速度成了生活的模式，它也塑造某種人格特質，這種特質稱為「A型人格」（非指血型為A型者）。

A型人格的行為特徵是「行動—情緒複雜體」的人，他們總是希望在愈少的時間內完成愈多的事。他們是高速度傾向的人，因此他們總是匆忙的。

A型人格對凡事都沒有耐性，例如最討厭等人、喜歡走捷徑、受不了交通擁擠、受不了事情的延宕、講話很快又沒耐性聽別人說話。其他的特質還包括：野心勃勃、高度的競爭性、強烈的攻擊性、易發怒、好與人斤斤計較、成就取向、稍微鬆懈就有罪惡感，甚至一旦受挫，就氣餒的像是天要塌了。

在社會上，A型人格的人占多少百分比呢？根據美國舊金山醫師費德門和羅仙門（Meyer Friedman & Ray H. Rosenman, 1977）耗費10年的時間研究，將人格分為三種類型：A型、B型及混合型。約有50%的男性屬於A型，40%屬於B型，而10%屬於AB混合型。都市人口及現代化較高的社會中，A型傾向的人口比率比鄉村及較落後地區為高。

總而言之，A型人格較具進取心、侵略性、成就感、易緊張，且以自我為中心。而B型人格則屬較放鬆、與世無爭、處之泰然等傾向。上述並非在闡述兩種人格傾向的優點，僅指出其差異而已。茲將A、B型人格的各項特質進一步分析如下：

一、A型人格的特質

(一)聲調高低、講話速度變化大

1.即使沒有必要，也特地強調話語中的某個重要字眼。

2.談話時語尾加速，有愈說愈快之勢。

(二)有急速行動、走路及飲食的習慣。

(三)對事情的進度感到不耐煩

1.督促別人趕快說完話。

2.說話速度很快。

3.當別人說話時，總是「哼」呀「哈」呀的。

4.急著幫人把話說完。

5.最多僅能聽別人講話兩、三分鐘。

6.對前方慢行的車輛感到不耐煩。

7.對等人或排隊感到厭煩。

8.認為可加速或將某事做得更好時，便將別人的工作接過來。

9.對重複的任務（工作）感到厭煩。

10.以快速瀏覽或翻閱的方式閱讀（或僅讀摘要）。

(四)一心二用

1.同時想或做一件以上的事（例如邊吃飯邊看報及談話）。

2.聆聽別人說話時，心中同時思索其他的事務。

3.從事休閒活動時，心中仍惦記著工作。

4.總是抱持「一箭雙鵰」的企圖。

5.邊開車邊聽有聲書。

(五)個性自大、獨斷

1.將會話重點放在自身的經驗或成就。

2.當無法完成某任務時，便將注意力轉移到自己感興趣的事。

(六)沒辦法閒著

1.休息時，常會感到不安或有罪惡感。

2.整天總是忙東忙西，難得好好放鬆、休息一下。

3.隨時查看電子郵件。

(七)現實主義者

1.僅關注值得做的事情。

2.缺乏詩情畫意的心境。

3.不知如何欣賞大自然與鳥語花香。

(八)永遠感到時間緊迫

1.在時間不夠用時，仍訂下許多計畫。

2.未預留時間以應付突發情況。

3.以「在壓力下能完成大功」而自傲。

4.永遠忙碌，沒事也會找事情來做。

5.安排太多的社交活動，但又覺得這些活動是負擔。

6.工作狂。

(九)好與其他A型人格者競爭

1.未能同情別人不幸的遭遇，時時刻刻都準備與別人競爭且不認輸。

2.對A型人格者比對B型人格者易心生不滿或有侵略心。

(十)有習慣性的動作或會局部痙攣

1.與人交談時裝模作樣，且有握拳頭、抓頭髮等小動作。

2.時常咬牙切齒、拍桌大罵、持續微笑或點頭。

(十一)以效率來評估成敗

1.懼怕步調放慢下來。

2.覺得只要放慢腳步，就得不到別人的支持。

3.相信工作效率比別人高，即為成功之道。

(十二)凡事以數據來評量

1.以錢財與物質來證明自己的成功。

2.總是拿自己與別人打分數。

3.凡事一定要贏才會高興。

4.好與人算計。

(十三)相信自己是屬於A型人格者，自認無法改變且沒有什麼不好。

二、B型人格的特質

(一)未具有上述任何一項A型人格特質。

(二)從未感到為時間所迫，亦未因時間不夠而感到煩惱。

(三)除非萬不得已，不在別人面前自誇。

(四)凡事逆來順受，不對別人產生敵意。

(五)從事休閒娛樂時，盡興而返。

(六)在休閒活動中，能放鬆身心，心曠神怡，與世無爭。

(七)休息時，不會有罪惡感。

(八)不易為外界事物所擾亂。

(九)做事常常不了了之，能輕易放下未完成的事，就去休息或另覓生活情趣。

(十)有耐性。

(十一)缺乏競爭性。

我們可以根據上述所列，分析自己是較傾向於A型還是B型的人格特質。不過一個人也可能兼具A型與B型的人格特質。簡言之，A、B 型人格的主要區分，是以是否傾向於敵對、侵略性、好勝、易受刺激、驅使感，以及時間緊逼感而定。

據研究指出，A型人格的行為特質與冠狀動脈心臟病的患病機率有關。但是，A型人格特質的測量以及該人格特質如何造成生理上的反應，詳細原因至今不清楚；僅知A型人格較易患冠狀動脈心臟病，而患病機會與壓力程度成正比。至於患有冠狀動脈心臟病者是否均具有A型人格，則尚未能確定。但顯而易見的是，壓力與健康之間具有密切的關係。（藍采風，1981；藍采風，廖榮利，1994，藍采風，2000，頁42-45）

A型人格行為測試

你是典型的A型人格嗎？還是只有輕微的A型人格傾向呢？請在下列的題目中，將符合的選項以數字填入空格中。

計分

0—我不是屬於這種闡述的人

1—有時候（差不多每個月一次）我是屬於這種闡述的人

2—我經常（多於每月一次）屬於這種闡述的人

（　）1.我覺得每天都沒有足夠的時間做我想做的事情。

（　）2.一般而言，我講話比較快，而且我有替人把話說完的習慣。

（　）3.我的配偶或朋友覺得我吃飯太快。

（　）4.當我與人比賽時，我寧可贏而不願輸給對方。

（　）5.我在工作上或其他比賽上，都有競爭性。

（　）6.我有控制別人或當老闆的傾向。

（　）7.我寧可領導而不願當追隨者。

（　）8.即使我不是在做重要的事情，我也覺得時間緊迫。

（　）9.當我必須等待或被迫中斷的時候，我感到不耐煩。

（　）10.我有匆忙下決策，甚至如強迫症般驅使自己盡速作決定的習慣。

（　）11.我答應做超乎我所能勝任的事情。

（　）12.我比別人較易受到情緒干擾或發怒。

總分：（　　）

解說

若總分少於5，表示你不屬於A型人格的人。有時候，你也許可被歸類於A型人格，但你並未真的嚴重到屬於這一類型。

總分6～10分，你已經開始有A型人格的傾向。也許在工作上或生活上的某些事情，會使你暫時有A型人格的傾向。愈接近10分，表示你已開始有A型人格的傾向了，否則是屬於A、B混合型的人。

總分11～16分，你的確是一位A型人格的人。愈接近16分的人，你的腎上腺素分泌已顯得過多，你也開始有壓力挫折感。

總分17分以上，你不僅是典型A型人格的人，而且已處於危險狀態中。你的生活可能讓你受苦，也可能令你興奮。無論如何，你已有發生冠狀動脈心臟病的傾向。如果你有抽菸的習慣，或有高血壓，或是家人有心臟病的病史，建議盡早去看醫師。

A型人格與「匆忙病」

雖然A型人格在健康上較令人擔憂，不過，A型人格也有一些好處。通常這種人格傾向的人，是比較有成就的。他們能完成事情，而且是許多事情。他們的匆忙感，也多來自責任感。隨著女性社會地位的提升，愈來愈多女性參加勞動力，也擔任職場的高階職務。以往人們會認為女性多傾向於B型人格，但這種看法已逐漸改變。現今女性患冠狀動脈心臟病的機率逐漸提升，據估也許與A型人格的增加率有關。

研究指出，A型人格傾向者的壓力程度比B型人格高，其腎上腺分泌也比B型人格者高（Hart，1995，頁38）。我們必須指出的一個重要的事實是，A型人格最明顯的特質即是對時間的緊迫感，或所謂的「匆忙病」。

21世紀的生活模式，促使人們總是在忙碌與匆忙中過日子。我們製造「匆忙文化」，好像每一件事情都是非常緊急。因此我們必須呼籲「不要染上匆忙的症候」。一般來說，職業婦女最常感到時間壓力，一天彷彿上兩班制：8點到5點為工作，5點到8點為家庭。為了在有限的時間內完成兩班的事務，往往顯得過於匆忙。但這種現況並非職業婦女獨有，它已成了當代人的通病，趕工、趕期限、趕集、開夜車、草草了事、囫圇吞棗、狗急跳牆、超速超載等，都是「匆忙」的症候。

母親們因過於匆忙，常給孩子不必要的壓力。我的女兒小時候只聽懂一句中國話：「趕快，趕快！」彷彿她的眼睛一睜開，就知道我會說：「趕快起床，學校巴士要來了。」吃飯時就說：「趕快吃！趕快吃！」晚上睡覺前又說：「趕快睡覺，否則明天爬不起來。」有時不免要想，孩子這一代真是可憐，要在「匆忙」的文化下成長。（藍采風，2000，頁313）

A型人格者永遠在與時間抗衡。他們最不喜歡「浪費」時間吃飯、泡澡、坐在沙發椅上發呆。他們永遠過著「趕集」似的生活。這種緊迫感，無形中影響了內分泌（腎上腺），也提升了壓力。話說回來，高科技是造成當代人患了「匆忙」症候的元凶，例如電腦「升級」就是要讓使用者用得更稱心，更「快」。「匆忙文化」就是「愈多愈好」、「愈快愈好」的文化。機會的擴充及溝通的加速，意味著「匆忙文化」。電子郵箱好像在向人們說：「誰愈快回信，就愈有效率。」電子郵件也製造「擔憂」的文化，人們擔憂遺漏了哪一個電子郵件，擔憂沒有及時回覆哪一個郵件而誤事。當代人覺得愈精細的手錶愈好，我們不只要知道現在幾點鐘、幾分鐘、幾秒鐘，還要知道千分之一秒鐘。其實想想，非洲一些土著，根本不用手錶，他們的日子是以24小時來計算的，即日出與日落的時間。曾聽朋友參加旅行團後，得意的說他在幾天內「周遊」了12個國家。是的，這種「神速」的旅遊雖在很短時間內訪問了許多國家，走馬看花，但真正看到了什麼？享受了什麼？除了趕車、趕飛機外，其實什麼也沒有看到。當代人以速度講效率，反而造成「膚淺」的文化。坊間林立的速食店，也是「匆忙化」的產物。

當代社會製造「快車道」與「速戰速決」的文化是利是弊都無妨，關鍵是在這種文化下，人們無形中對「速度」文化造成肢體的反應，肢體無法放鬆，心態也無法輕鬆，緊張帶來壓力，壓力帶來各種身心疾病。

以往學術界最令人嚮往的是「休假」。取得休假的教授可以不必去學校上課，而是「好好休假」。但是現在學術界的文化變了，所謂「休假」並非真正的休假，而是以其他的活動（大部分是研究工作）來取代教學工作。有些教授拿了休假，反而忙碌不堪，原因是必須在半年或1年的休假期間趕著完成研究工作。到頭來，還是充滿「匆忙」的日子。匆忙與效率、效果是否有正向的關聯是值得深思的。重要的事，我們必須學習在「加速」與「減速」、「忙碌」與「休閒」之間找到平衡點。我們必須認清「欲速則不達」的可能性，也要學習「忙裡偷閒」的人生大道理。

改變思維，治療「匆忙病」

「未雨綢繆」的工作思維，能協助我們一旦在緊急情況下，如何處之泰然。筆者所在地每年舉行「印城500哩賽車」的活動，這是世界性的競賽，選手們來自世界各地。賽車者以高速取勝。在極高的速度下，意外事件頻繁，因此觀眾總是心驚肉跳的看到賽車結束，每輛車都平安無事才能放下心。賽車選手在平日練習的時候都會先做好車禍時的緊急應變準備。

如此，當緊急事件發生時才不會手忙腳亂，導致壓力程度升到最高點。

此外，平日也可以用「鬆弛運動聯繫法」（見藍采風，2000，2003）來訓練自己平心靜氣。

現代生活彷佛時時處在百米短跑的競賽中，凡事必須以最高的速度去衝破終點線。為了維護健康，我們應試著採取改變思維的方式，來治療「匆忙病」。以下提供幾項「處方」：

一、記住人之所以成功，並非是因具有A型人格。社會雖然獎賞個人的「匆忙」，但真正的成功是來自內心的平衡及其他的成就。筆者在2012年9月於臺北召開的「兩岸菁英論壇」的主講題目〈超越成功〉中，提出真正的成功者不是僅以高速取勝，也具備下列3個理念才能使成功永續：

(一)超越成功的人能知己知彼，百戰百勝；修身養性；終生學習。

(二)有使命感，熱愛工作與服務眾生。

(三)成為能夠挑戰壓力的選手，免去「匆忙與忙碌」的疾病，並不斷的追求生活的品質。

二、如果必須在事業生涯或其他競賽中成功，試問自己這個問題：「我所需付出的代價，值得嗎？」答案可能協助我們去重新思考自己的價值觀，以及未來長期的生涯規畫與生活目標。

三、刻意的去慢下腳步。必要時，學習去發展「放慢」的技巧。對自己試問這個問題：「為什麼要如此匆忙？如果不如此匆忙時，天會塌下來嗎？」提醒自己不論如何匆忙，太陽也不會在明天早上之前東升的！有時過於匆忙反而導致潦草完成任務，失去品質；有時則是「欲速則不達」。

四、有些情緒，如憤怒、憤慨、挫折、擔憂或過分興奮，都能刺激腎上腺素的分泌，它也是人體對壓力源的反應。我們應學習犯錯時道歉，同時諒解他人的過錯。重新評估生活目標，時時提醒自己：「當前的『匆忙』，對我達成這些目標，有絕對的必要嗎？」並試問自己這個問題：「我需要改變我的人生目標嗎？如果我慢下來，是否這些都永遠無法完成？」

五、看看自己周圍的人給我們哪些忠告與提醒。他們要你慢下來嗎？你接受他們的忠告嗎？為什麼不去接受？如果他們是最關心及愛護你的人，為什麼你無法改變自己的思維與行為呢？

六、放鬆一點，去享受真正寧靜與和平的生活。學習「偷得三日閒」，暫時放下忙碌的工作，品茗、聽音樂，或旅行。做一些與工作無關的活動，追求一個寧靜、心平氣和的環境與心境。重新評估什麼是真正需要的，什麼是真正重要的。放下手邊忙碌的事情，看看藍天白雲，到社區公園散步，深呼吸。休息片刻，反而是再充電，讓自己精力十足。有一次我在亞洲旅行兩週，安排了多場演講與開會，旅途匆忙而勞累。最後兩天，我決定不排任何開會與演講，只從事休閒活動。休息兩天後，使我感到元氣充沛，再赴下一個旅程。以下是我用來降低旅行壓力的幾種方法：

(一)睡得好，吃得好。

(二)不將旅程活動排滿整天，減少晚間應酬。

(三)旅程的早餐前後，稍作室內或室外散步。

(四)安排最有效率的行程。

(五)不接受強制的需求。

(六)選擇安全、舒適與方便的旅館和餐館。

(七)多喝開水。

(八)安排休息的時間。

費得門與羅仙門（1977）兩位醫生建議A型人格的人做下列的改變，以改善「匆忙病」：

一、約束自己，不要喋喋不休讓人特別注意你。學習聆聽別人的話，不要老是搶著去替人把話說完。或者可試著去聆聽一位有口吃的朋友講話，但千萬不要去打斷他的話，好好的、有耐性的聽。

二、如果真的必須說許多話，不妨問自己下列幾個問題：

(一)我真的有很重要的事，現在非說不可嗎？

(二)人家願意聽嗎？

(三)現在真的是說此話的時刻嗎？

假如答案是否定的，那麼就閉嘴吧！

三、試著去控制「以時間為導向」的生活模式。

四、每星期檢討造成自己「匆忙」的原因，並自問：

(一)這件事是否在5年後仍然一樣重要？

(二)我必須現在就做嗎？我有足夠的時間來想想何時或怎麼做最理想嗎？

五、請自問：在趕期限的情況下，是否仍能維持品質？

六、試著參與一些與時間緊迫不相干的活動。

七、試著不去訂定沒有必要的約會與期限。

八、學習保護自己的時間與精力，並且說：「不」。

九、當自己的身心能夠放鬆時，做一些有創造性的事情。

當我們能夠控制「匆忙病」之後，仍要每週作筆記，反省一下是否這週又犯了老毛病，同時檢查視其他短程（時間管理）與遠端的目標（生涯計畫與人生目標）。

簡言之，治療「匆忙病」就在4個原則：

一、重新設定自己的心理時鐘。

二、降低工作量。

三、停止逃避問題。

四、快樂的去參加非競爭性的活動。

許多壓力是因外界太多的需求，使我們無法在預定時間內完成，於是造成「匆忙」的疾病。所以，再次擬訂自己生活目標的先後次序，不要因為必須對別人拒絕而感到不安。我們不能改變一天的時間量，但我們可以改變一天的工作量。

以下提供幾個簡單的練習，有助於訓練A型人格者稍微轉向B型的特質：

一、寫下有哪些事情會使自己匆忙？提醒自己下次面對這些事情時，記得要慢下來。

二、吃飯的時候，嚼東西時把餐具放下，數1～20，設法將吃飯的速度減慢。

三、找一些輕鬆有趣且與工作無關的活動，讓自己輕鬆一下。

四、讓自己一天不戴手錶，也不看錶；一天不寫電子郵件。

五、反思這一天的經驗。如果今天有什麼事讓自己不順心，分析一下原因，再想想可以不生氣嗎？

六、回想B型人格的特質。

七、假如能改正一點匆忙的疾病，就給自己一個獎賞吧！

剛毅人格與挑戰壓力

人格特質影響了個人對外來壓力源的反應。如前一節所討論會造成「匆忙」疾病的人格特質，當然是我們要去避免的。那麼我們應該發展哪一種理想的人格特質，以應對壓力源呢？芝加哥大學心理學教授科巴薩（Suzanne Kobasa）與同事麥第（Salvatore B. Maddi）共同研究837名企業執行長（1982），發現僅有很少部分的受研究者是屬於「壓力的受害者」，而絕大部分的執行長則是屬於「壓力的挑戰者」，他們視壓力為一種挑戰，甚至能夠利用壓力源來完成想要完成的事。在科巴薩與麥第的研究中發現，這些成功的執行長有某種心理特質，使他們有能力抗拒壓力源，這種特質稱為「剛毅人格」（hardy personality）。有此人格特質者，在面臨壓力時反而能使患病率降低50%。以下再進一步介紹剛毅人格的特質（藍采風，2003， 頁26-27）：

一、不逃避問題

具有剛毅人格的人，能發展出願意面對問題的勇氣。科巴薩教授曾說：「我們每個人幾乎每天都要面對不可預期的困難、失望，與要完成任務的路障。假如我們在這些困難中退縮的話，終究會有失望與無助感，並導致薄弱的執行力。如果遇到問題時，能對自己說：『這正是一個讓我能主掌現狀的良機』，那麼你的腎上腺素將會提升，你開始發現自己正在掌控生活，而非為生活所掌控。害怕與擔憂便消失了。無論後果如何，你都將在此經驗中變得更強壯、更健康。」

二、歡迎改變

改變是不可避免的，因此我們必須去歡迎改變。麥第教授說：「有剛毅人格的主管，能迎接改變，認為改變是一種冒險。」

三、生活有目標

在壓力下維持健康的必要條件，就是生活有目標。科巴薩教授認為有剛毅人格的主管，會擬訂全盤的生涯目標，而且鍥而不捨的去達成目標。

四、有明確的個人價值觀

這個特質將使人有能力去辨識什麼是重要的，以及什麼是不重要的。有明確的個人價值觀，在危機的時候知道應選擇的道路；它也是自我認同的基礎。

五、有控制人生之感

當面臨危機及壓力時，有控制人生之感便有能力去影響後果。

科巴薩教授以3個C來描述剛毅的人格：Commitment（許諾）、Control（控制）與Challenge（挑戰）。筆者另加上Change（改變）和Charge （承擔）。 簡言之，剛毅性的人格特質是：

一、勇於面對挑戰（Challenge），拿得起放得下，不屈不撓。

二、控制情境（Control），了解情境的主觀與客觀面，掌握局勢。

三、重承諾（Commitment），說到做到，誠信務實。

四、應對時局及大環境的變遷（Change），以不變應萬變；做人處事有彈性、有韌性；面對危機，處之泰然。

五、承擔責任（Charge），敢做敢當，進退自如。

為了追求美好的人生，我們都可以經由認識自己的人格特質，強化自己的意志，勇於挑戰壓力，而不受制於壓力。

改變思維、行為與生活模式

4 接受與挑戰改變

能夠以毅力去掌控巨大的壓力，反而使生命變得更有意義。

改變與適應

我們從呱呱落地起，就一直在面臨各種身體上、環境及人生際遇的改變。改變影響我們的人生，不論是「失」（如：乳牙掉落、親人去世、失業等），或「得」（如：長智齒、生孩子、結婚、就業、中獎等），均是「變」的一環。不論是日常生活瑣事或重大的生活事件，任何改變都會帶來挑戰。改變有時會使人坐立不安，有時會造成家庭雞犬不寧、公司裡人心惶惶。

有些改變是可以預測與控制的，如升學或搬家；但有許多改變是無法預測與掌握的，如各種意外事件的發生。當個人面對這些所謂不可預知與控制的情境時，它帶來的衝擊，往往會使人承受不了，而導致各種壓力症候，包括憂鬱。正如一位股票投資者說：「當股票價格波動、下跌時，會使人心慌；上升時，雖然高興，但又擔憂哪一天股票會突降。只要股價波動存在，投資者就會有壓力。同樣的，生活上大大小小的事情，都像一種波動，會有好事也有壞事，所以人們要以平常心來看待這些改變。」

我們的行為反應，是基於對壓力來源的想像與認識。當遭遇重大的生活事件時，迫使個人必須重新擬訂生活的模式來應對，這個改變的過程即稱為「適應」。

對改變的適應，是個人所須面對的生活挑戰。它有時會帶來失落感，令人感到極度悲傷、前途渺茫、不知所措。若要面對生活事件的發生，就得嘗試改變與應變，例如：配偶不幸逝世時，須決定是否獨居或與子女同居；離婚時，須決定是否保持單身或再婚；經商失敗時，須決定是否捲土重來或改行換業。無論哪一種情境，都必須有改變舊習慣、其他行為、人際關係及面對情緒上波動（由激動到平靜）的準備。研究指出，若是我們能夠將改變視為一種挑戰，則將會比較能夠適應「目前的生活是……」，而非「過去的生活是……」的情境。

即使是正面的改變，也會令人感到壓力。所以，我們應該盡量使自己作小幅度的改變。有些人會希望在很短的時間內克服壓力，試著一次全面改變，但其實這是行不通的，而且很容易弄巧成拙，以致帶來更多的壓力。但不可諱言，改變是當代人的主要壓力來源。

對於許多人來說，當代社會帶給我們前所未有的「多」：更多的選擇、更多的挑戰、更多的需求，以及更多的改變。我們也比祖父母一代能到更多、更遠的地方旅行、買更多的東西。這些「更多」，同時也讓我們付出更多的代價去「購買」它。

壓力是世界性的，它不對任何人「歧視」。不論男女老少、種族、宗教、都市或鄉村、白領或藍領、富人或窮人，都會遭遇到一個類似的經歷——壓力。壓力對每個人的涵義不同，但有一個共識：壓力是指我們對改變的反應。這個概念也指出「變」是不可避免的，有太多的事年年在變、天天在變、分秒在變。無論科技如何發展、醫學如何發達，使我們能夠創造生命、延續生命，能控制很多的事情及環境，但終究，仍有太多的環境結構及生命永存的可能性，實非人類能夠完全去控制的。壓力是生活的正常面，它不是好或壞。簡而言之，壓力是人類生活改變的後果。不論後果是好或是壞，悲傷或快樂，它都會帶來壓力，都會消耗我們的精力。

壓力適應，其實也代表我們如何看待生命。例如，當一個人得了絕症時，壓力是何等的高，但是，不去思維自己成了絕症的受害者，而去思維自己是絕症的生存者，能夠以毅力去掌控巨大的壓力，反而使生命變得更有意義。壓力經驗能使人成為更有韌性的人，知道何時用多少的精力去應對壓力。我們每個人對壓力的反應，取決於一些因素，例如對壓力反應過程的認知、人格特質、透過學習而產生的行為模式，以及我們對壓力能夠控制與更換的信仰與思維。讀者可利用本章提供的評量表，洞察自己日常生活的瑣事及對生活事件改變的應對適應情況，進行自我分析，從而了解自己在平日的生活模式中，可能誘發壓力源產生的因素。

雖然我們都有適應的能力，但是往往我們在必須作改變的決策時，卻裹足不前。而猶豫不決，常會造成身心障礙或人際關係受損。

對壓力更極端的負面反應，例如憂鬱症、焦慮症、藥物濫用，甚至自殺等，都顯示了個人對壓力抗衡的失敗。當個人對改變開始感到無望或無助時，我們最大的挑戰就是去做出抉擇。當處在這樣的十字路口時，我們應再度警覺的去檢視前一章所描述的壓力反應信號。察覺這些信號，確認它的來源，再採取行動。也就是說，個人面臨改變應採取的步驟有三：察覺→了解→行動。

未來的衝擊、改變與身心疾病

社會學家及未來預測家艾文．托佛勒（Alvin Tofflen, 1970）用「未來的衝擊」（Future Shock）形容源於環境快速變化而導致的一種不確切的、持續性的焦慮。美國人對這種感受應該較其他國家的人更為深刻，因為科技及邏輯環境迅速變化的社會，致使他們常抱持世事多變、難以長久的心境。托佛勒說，就像未來衝著我們而來，我們卻無法抵擋，也無法使之減緩。現在已為不熟知的未來所取代，速度之快逼得我們只好持續的進行再適應，由於這種再適應層出不窮，因而產生了一種下意識的不安，以及對穩定性的渴求。在托佛勒所作關於「未來的衝擊」現象的研究時，訪問各機構及人們，也檢視大量相關的研究資料及結果，他作了以下結論：「對未來的震驚，並非只具有危險可能性，它更是一種疾病，許多人已受其折磨，所造成的生理及心理情況可用醫學、心理的名詞來描述。總之，這是由於改變所產生的疾病。」

人類應如何再適應巨變，托佛勒描寫美國社會以往經歷巨變時，提出「八百分之一的生命期」（eight-hundred the life）的觀點，即將過去人類5萬年的歷史分成800個單位的生命期，每期為62.5年。最初的650年，人類住在洞穴裡；文字只在過去70個生命期才開始，由於印刷術的大量運用，才使資訊能由一個生命期傳給另一個生命期；人類在過去4個生命期之內，才得以準確測量時間；而電動馬達只存在於過去兩個生命期。

托佛勒指出，大部分的主要物質及科技的程式，影響我們生活既深且大，然而它只存在於這個生命期（即過去60多年）。生命期的改變速度在過去150個生命期才變得快一點，現在我們看到的是急速增加的指數函數（exponential curve）曲線，是科技進步變化所造成的。一種發明或科技程式，多半會導致相關應用程式的加強及加速，以手機為例，才買3個月的手機就已成落伍的機型了。這種加速變化常會影響到個人，成為無法逃避的生活壓力，同時使人更容易受到生活中其他壓力及事件的傷害。「未來的衝擊」會引發身心疾病，並導致個人缺乏敏感度。

托佛勒在《第三波》（Third Wave）一書中，也再一次強調「變」是人類環境的恒數。他指出，要改變個人的生活模式，去適應舊的工作、社會壓力、地位改變等等任何能改變我們生活模式及未知數的結果，都必然帶來身心的反應，即造成腦下垂體前葉分泌刺激腎上腺皮質促進素（ACTH，adrenocorticotrophic hormone）的功能。換句話說，當我們面臨壓力時，便會引發生理上與肢體上的變化（藍采風，2000，頁48）。即使是正常的生活事件改變或生理變化，例如：新生兒的出生、孩子開始上幼稚園、空巢期、更年期，或退休等等，多少都是有壓力的。

研究生活事件改變與疾病的相關性後，證實它與心臟病、肺部疾病、糖尿病、細胞疾病及意外事件有關。當我們感受到外來的威脅時，這種感觸的資訊送到腦部，也會引起一系列神經心理、心智或身體反應。其次，交感神經與副交感神經系統刺激肌肉的緊張度、心臟跳動加速、血壓上升，於是我們開始流汗，感到緊張或震驚顫抖，呼吸也會加速及加深。

壓力研究開山鼻祖塞勒醫師以「一般適應症候」來說明個人面臨壓力時的肢體與心智反應過程（見本書第2章）；在第一階段（警告期），全身動員；如果個人未能找到解除壓力威脅的方法，身體便進入第二階段，即「長期抗戰」或「拒絕期」，體內各器官分擔或獨擔壓力，而使器官正常功能降低，同時遺傳基因也可能受到影響；接著，壓力反應進入第三階段，即「崩潰期」，出現明顯的身心疾病，如頭痛或消化系統失調，有些人則是在呼吸系統上受到干擾，而失去抵抗力，經常有感冒的現象。長期壓力最嚴重的疾病後果是傷及免疫系統，它使個人對疾病失去了抗體。

當一部機器長年累月的操作，它的部分零件容易磨損和毀壞。人體也一樣，長時間處於壓力之下，只有崩潰了。決定身心「崩潰」的因素，包括了壓力煎熬的程度與時間、遺傳因素、一般健康指數、行為模式，以及過去的罹病經驗。而其中，長期壓力可說是人類健康的剋星，也是所謂的「積勞成疾」。壓力是很奧妙與令人迷失的，它看不見又摸不著，就像風一樣，只好看樹葉的飄動才知道風的存在。同樣的，我們必須警覺的去洞察自己的壓力反應（心理、生理與行為），誠實的告訴自己，「壓力正在威脅我的健康與心智」。

我們要有效的處理、應對當前與未來的衝擊，就必須找個精神上能適應更多改變的方法，去設計一個「安全島」，讓我們可以隨時躲在島上的「桃花源」中，以維持穩定性與精神健康，減少焦慮不安。可惜這種不受外來干擾的「桃花源」卻無處可覓。托佛勒的著作為一本極出名但尚未有定論的書，他形容未來正不斷的衝著我們而來，進入我們的生活，使人產生焦慮不安及想要逃避的欲望。其實，光是閱讀《未來的衝擊》就已經讓人感受到壓力了。

曾有人說，生活中僅有一件事是永恆不變的：死亡。其實無論好或壞，沒有任何一件事永遠不變。托佛勒指出，我們身邊的每件事常會快速改變，如我們住在哪兒、在哪兒工作、我們的朋友甚至配偶都會出現變化。任何種類的改變均能令人害怕也能令人興奮，並且大多會引起壓力反應。即使天氣的大變化，也都能影響人們生活的許多層面。

本章將簡述人類生活史的各階段，也討論因生活事件改變所帶來的壓力程度，最後提供「對改變的看法」及「如何應變」的評量。本章的重點有二：一為生活事件改變，是壓力的主要來源；二為壓力管理或調適的涵義，是對「變」的成功應對。

生活事件改變與壓力來源

華盛頓大學醫學院的兩位精神科醫師湯瑪斯．侯門斯和查理．瑞和（Thomas H. Holmes & Richard H. Rahe）有一突破性的研究：生活事件的改變對健康與疾病會有所影響。他們的研究追隨了康乃爾大學教授海洛德．沃夫（Harold Wolff）對身心疾病的研究結果，均認為我們所面臨的一些疾病與個人遭遇生活上的重大事件改變有關。

他們從5,000名患者的病歷中，搜集了一些可能衝擊疾病的重大生活事件，然後訪問400名受調查者，請他們列出這些生活事件的變化，並比較每個事件需用多少時間、多少精力去適應。研究者要他們以婚姻作為基本的比較，即如果結婚是50分，那麼其他生活事件改變對人們去適應它的程度大約是多少分，再依此設計了「生活再適應評量表」（Social Readjustment Rating Scale，簡稱SRRS）。許多學者根據這個評量表來預測個人罹患疾病的可能性，亦即「壓力程度」（Holmes & Rahe, 1967）。

1974年，侯門斯與馬速達（Holmes & Masuda）進一步對每一生活事件分別建立量表值（11～100）後，更得以用所測得的生活改變值，作為量化的壓力指標。在此量表中，重要的生活事件包括家庭、個人、職業及財務等四方面。根據他們的假設，個人在家庭、工作、社會、經濟、宗教、生活習慣等各層面上，如果遭遇了質或量的改變，不論個人期望或不期望這種改變，都會感到某種程度的心理壓力。他們以結婚事件作為壓力的定錨點（定錨值為50分），然後比較評量表上的事件須付出的時間和精力。最後將個人在過去半年或一年內生活事件的量表值累加後，即為個人所感受到的壓力程度，稱為「生活改變值」（Life Change Unit，簡稱LCU）。他們認為當生活改變值介於150～199分時，個人會感到輕度危機；200～299分時，屬於中度危機；300分以上，則面臨重度危機。高生活改變值被證明與可能罹病率及意外事件率成正比。但是，即使分數達到300分以上，也並非表示一定會生病或受傷，這個量表只是告訴我們患病的可能性，而非確定性（見評量1）。

評量1　生活事件改變與壓力程度表（LCU）

此為生活事件改變與壓力程度的評量。請仔細想想，以下列舉的生活事件在過去一年內是否曾經發生，請在「發生」欄內打「V」並填上分數，將每一項發生事件的分數全部加起來即為總分。

號碼	壓力事件程度價值(分數)	發生	分數	生活事件
1.	100	______	______	配偶死亡
2.	73	______	______	離婚
3.	65	______	______	分居（婚姻）
4.	63	______	______	入獄
5.	63	______	______	近親或家庭成員死亡
6.	53	______	______	個人疾病或受傷
7.	50	______	______	結婚
8.	47	______	______	被解僱
9.	45	______	______	破鏡重圓

10.	45	______	______	退休
11.	44	______	______	家人的健康情形改變
12.	40	______	______	懷孕
13.	39	______	______	性困難
14.	39	______	______	家庭成員增加（新生兒降臨）
15.	39	______	______	事業再適應
16.	38	______	______	經濟地位改變
17.	37	______	______	好友死亡
18.	36	______	______	換不同的工作
19.	35	______	______	與配偶爭執的次數改變
20.	31	______	______	房屋貸款超過美金1萬元 （注：數額依各地狀況而變）
21.	30	______	______	抵押品贖回權被取消
22.	29	______	______	工作職責的改變
23.	29	______	______	子女離家
24.	29	______	______	婚姻上發生衝突或有問題
25.	28	______	______	個人非凡的成就
26.	26	______	______	妻子開始或停止工作
27.	26	______	______	學校開始或結束
28.	25	______	______	生活起居、環境等的改變
29.	24	______	______	個人習慣改變
30.	23	______	______	與上司溝通有問題
31.	20	______	______	工作時間或情況改變

32.	20	_____	_____	搬家
33.	20	_____	_____	轉學
34.	19	_____	_____	改變娛樂
35.	19	_____	_____	改變教堂活動
36.	18	_____	_____	改變社交活動
37.	17	_____	_____	少數貸款
38.	16	_____	_____	睡眠習慣改變
39.	15	_____	_____	改變家族團聚次數
40.	13	_____	_____	改變飲食習慣
41.	13	_____	_____	度假
42.	12	_____	_____	耶誕節
43.	11	_____	_____	輕微違反法律（輕度犯法）

＊資料來源：Holmes, T. H. & Rahe, R. H. (1967).

生活事件變化是壓力的來源，但如前篇所述，每個人對壓力來源的反應都不同，既然對壓力來源的忍受度及認知層面不同，對壓力的抗拒程度也就有異。但是，當個人經歷較高的生活改變值時，要小心學習如何適應生活上的巨大變化。因為，研究已證明當個人的生活事件改變值為300分時，個人的可能患病率約為 79%。

近年的一些研究指出，「社會支持」是克服生活事件改變壓力時的一個相當重要的變數。也就是說，即使是很好的重要生活事件改變，如果有親戚、朋友與家人等支援網路的協助與關照，則個人罹病率較低，而且患病復原率亦較高（Glynn, Christenfeld & Gerin, 1999）。

假如我們的生活事件改變值很高，那該怎麼辦？

適應生活事件改變

在美國常聽到的一句口頭禪是：「我最近壓力好大，我必須去度假！」其實這句話頗耐人尋味，既然已經有這麼多造成生活改變的事件，為什麼還要多加一件？畢竟「度假」在量表上是13分，所以，若是度假對個人而言會增加壓力（例如度假計畫、費用、找人看家、度假時家中寵物由誰看顧等），那就應該用其他方式來調適，上述的支援網路即是一個很好的資源。可是話說回來，度假能讓個人與家庭成員輕鬆幾天，也能讓人養精蓄銳。侯門斯醫師建議，我們應先熟悉生活事件，並了解每樣事件的改變將為生活帶來的衝擊程度，因此與家人或朋友稍作討論是有助益的。

雖然這個量表是經由調查數百人之後所研究出的結果，但個人亦可自我分析，其對自己衝擊的程度是否與量表所列相同或相似。此量表也提醒我們，即使是正面的生活事件改變，也可能帶來極大的壓力，例如：破鏡重圓（45分）、家庭成員增加（39分）、事業成就（28分）。侯門斯醫師也建議我們應注意一些預料將發生的改變。其實許多生活事件是可以預測的，例如：退休、孩子上大學、過年過節、購屋等。有些生活事件較其他生活事件更能控制，所以我們可以先注意這些可控制的事件再擬訂計畫，例如筆者在《家庭與婚姻》（1986）一書中所討論的個人生活史及家庭生活史的每個階段有許多變遷是可以預測和控制的，雖然預測或期待變遷將帶來焦慮與不安，但它也能協助我們做好心理準備，而這一切就視個人如何去處理它了。

另外，我們要強調一點，評量1是針對生活改變所造成的壓力及再適應的評量，而非個人對危機情境主觀的評量。生活事件改變壓力分數愈高（指總積分及生活事件改變數目），造成個人的精神異常、自殺、憂鬱症、心臟病、白血病性貧血病及其他生理症候和疾病的產生率就愈高。不過，僅以此表評量個人壓力程度是不夠的。林南教授與同道（Lin, et al, 1979）於1972年在華府研究美籍中國人的社會壓力及其政治態度時，曾證明除了上述圖表中的生活壓力之外，如前所述，重要影響因素還包括社會支援系統。

再者，研究者對受調查的美國華人做壓力程度分析時，曾對原量表的每一事件比重做過修正，此點說明壓力及個人對生活事件改變的適應程度，會因社會文化因素而有差異。因此，若在非美國社會背景的團體應用此量表時，應參考該地社會文化背景而稍加修正。

日常生活煩事與壓力

研究壓力有名的學者拉札勒斯（Richard Lazarus, 1966, 1991）認為結婚、搬家、家人死亡等生活事件的改變，雖然會帶給個人不同程度的壓力，但他認為其實每日生活煩事（daily life hassles）或緊急壓力來源，例如：外出忘了關火爐、丟了鑰匙、抽水馬桶壞了、開車上班遇到交通堵塞等，就如同上述生活事件改變一樣能帶來壓力。拉札勒斯指出這些令人厭煩的日常瑣事或是意外之事常會引起個人的憤怒，而上述的生活事件改變有些則能預期，因此會導致個人較長時間（或慢性）的不舒服、擔心、煩惱、恐慌或不安。

拉札勒斯定義日常生活煩事為「那些平日必須與環境互動之事，而這些事大部分屬於負面的。」他認為不論讓人欣喜、或心慌、或煩惱的事，都會帶來疾病及各種生理與心理不適。拉札勒斯（1984）的理論說明了個人生活習慣、生活事件改變，以及日常面臨的大小煩人之事，都是壓力來源，都會帶給人們壓力。

評量2　日常生活煩事測試

所謂的日常生活煩事，是指一些大大小小的煩人之事，有些事是令人不舒服、不高興的，有些事則帶來極大的壓力或令人憤怒。它可能偶然發生，也可能經常發生。下面是一些常見的事例。請先回答該事是否發生；若有發生，再回答它的嚴重程度。

事件（是否發生；不嚴重／中度嚴重／很嚴重）

1. 睡眠不足 ________________
2. 工作不滿意 ________________
3. 喝酒 ________________
4. 別人對著你的面抽菸 ________________
5. 想自殺 ________________
6. 家人生病 ________________
7. 沒有足夠的錢買衣服 ________________
8. 擔心欠人錢 ________________
9. 擔心被拒絕 ________________
10. 擔心發胖或體重減輕________________
11. 其他的煩人事，請一一列舉出，並按上述方式回答其嚴重性 ________

答完之後，與其他人比較，並討論這些日常生活煩事曾帶給自己何種程度的壓力。自己如何感覺到有壓力？如何去適應？是否採取避免這些煩事再發生的行動？試著去改變它嗎？

生命階段的轉變與壓力

我們從所謂的「三歲乖，四歲歹，五歲捉來抬」（臺灣俗語）到「女大十八變」，甚至於「夕陽無限好」或「風燭殘年」，是每個人必須走過的生命階段。成年人的發展與小孩一樣是可預測的。在人生旅程上，多數人都會記得成長階段所經歷的重要人生轉捩點。這些轉捩點使我們必須擔當起新的責任或捨去舊責任。轉捩點會帶給個人及其周圍的人許多有形的與感知上的變化。

一般人在一生中的轉捩點不外下面幾種：升學考試合格（或落榜）、第一次交異性朋友、結婚、生子、找到一個全職工作、親人去世、喬遷、轉業、重病、意外事件等。許多轉捩點屬於正常的生理發展過程（例如初經、更年期），有些則屬於特殊的情境（例如配偶去世、分離）。無論哪一種過程或情境，它們均帶給個人不同程度的壓力經驗。

以家庭而言，這些生活上的經驗將會帶來衝擊。因為家庭是一個系統，它是由相互關聯的家人所組成。家庭成員相互依賴並相輔相成，因此，當家中一個人經歷某些情境時，個人的體驗與反應也勢必影響整個家庭的功能和結構。有些轉捩點（情境）可以及早準備（或期待），有些則突然降臨；前者如新婚夫妻期待第一胎的降臨，後者如45歲時意外懷孕。大部分的生活改變可視為正常發展且可控制，也幾乎是每個家庭所必須經歷的過程。在這些過程中，家庭也發展出各種應對的技巧（見藍采風《婚姻關係與適應》一書中「家庭生活史」一節，1986）。

以一般的個人生活史而言，成人的人生發展大致分為下列幾個階段：

一、成年期（18、19**歲**）

這個時期常因負笈求學或就業而離家，較著重於促進朋友關係，並尋覓新的價值觀和生活方式，以探測自我能力，挑戰大千世界的一切。

二、築巢期（20～39**歲**）

這個時期通常面臨結婚生子，體認出自己的極限，經歷升遷等職場過程，探測婚姻與家庭的滿足度，並提出人生疑惑，自問「在此生中欲做什麼？」等。

三、中年期（40～50**歲**）

開始探悉死亡的涵義，體力也逐漸衰退，甚至經歷感情上的風浪。這個時期多半已成為青少年的父母親，並交往新朋友，改變生涯計畫，度過第二個生命期，漸有孤獨的感覺，可能經歷離婚、再婚的過程，有些瞻前顧後，開始探討人生真義等。

四、生命的投資期（50～59**歲**）

由於生命已過大半，事業工作也穩定下來，故開始發展（體悟）新的價值觀，將注意力集中於人（而非權力或物欲），進而選擇新朋友。由於子女皆已離家，或自己成了祖父母，所以擁有更多的經濟自由，足以享受人生；或者覺得家是個空巢，甚至失去昔日美夢等。

五、智慧期（60**歲以後**）

這個時期的人生態度漸趨軟化，且智慧增加，並對人生許下承諾。雖生活簡化，但覺得更加富有了，對限制也有所調適。雖逐漸失去往年的精力或開始退休，但對自我認識更加肯定，並接受自我，亦有面對死亡的勇氣。

六、黃昏期（70歲以後）

這個時期也許經歷了喪偶之痛，而有寂寞之感，並體會出其實人不一定要做什麼，甚至極想依賴曾經依賴過的人。也會感到心有餘而力不足，以致時常回憶過往，希望自己的經驗有所傳承，並期待過平靜的生活，以面對生命老化。

綜觀整個人的各個階段中，我們都不斷的在摸索下列問題：

(一)我處在人生的何種階段？

(二)我如何在身體上經歷改變（如：精力、性、一般健康等）？

(三)我的自我印象朝哪個方向改變（如：成功、失敗、肯定自我等）？

(四)我的人際關係如何改變（如：婚姻、家庭、朋友、社區等）？

(五)工作對我的意義有所改變嗎（如：第一個工作、升職、轉業等）？

(六)在現階段的發展中（如：意外、事業、疾病、感情上及家庭問題等），我正面臨何種困難？

(七)當我回顧過去及展望未來時，哪些是最令我震驚的事？

(八)這些問題或情境如何增加我的壓力？我將如何面對挑戰？

(九)孩子們都長大自立，誰來照顧我？

上述的問題不僅投射於個人的生活史，也投射在家庭的生活史中。

自我評估與成長

從我們走入社會後，生活層面就含括4大領域：工作、家庭、個人生涯，以及環境。我們的生活正是在這4個領域內互動的結果。壓力適應的第一步，是對自己的生活做誠實的評估，不妨透過以下的評量，檢視自己的生活與壓力（有關家庭生活的討論請見本書第11章）。

這項評量的設計並沒有涉及科學性的測量表及對總分的解說，只是提供個人作參考。（資料來源：修飾自George Coe,1981）

評量3　自我評估：壓力的扳機

請根據自己的狀況，用適當的分數表示。

計分法：非壓力來源—0；一點點壓力感—1；稍有壓力感—2；非常有壓力感—3

一、事業方面

(一)工作

(　) 1.我有太多的責任。

(　) 2.我有太多的干擾。

(　) 3.因為危機或趕進度，我的工作時間很長。

(　) 4.我對自己的責任範圍不清楚。

(　) 5.我對自己的標準訂得很高。

(　) 6.我不喜歡當前的工作職務。

(　) 7.我的工作沒有挑戰性。

(　) 8.我在工作上犯了許多錯誤；我的工作表現很糟糕。

(　) 9.我無法好好的處理問題或情況。

(　) 10.我在工作上獲得授權的部分太少。

(　) 11.我的工作本質變化太多。

(　) 12.我的努力只得到很少的獎賞。

(　) 13.我的工作進度有極大的改變。

(　) 14.我必須作重要的報告或簡報。

(　) 15.我必須不切實際的趕進度。

(　) 16.我的工作索然無味（做重複性的工作）。

(　) 17.我必須出差。

(二)生涯

(　) 1.我擔心我的將來。

(　) 2.我擔心會失業。

(　) 3.我擔心必須要換工作。

(　) 4.我擔心退休。

(　) 5.我曾經歷升職或降職。

(　) 6.我擔心升遷。

(　) 7.我的升職比我想像的來得晚。

(三)組織

(　) 1.我必須參與許多會議。

(　) 2.我曾經在自己不同意的情況下，被調去另一個單位從事不同的工作。

(　) 3.我曾經得到不明確的指示或溝通。

(　) 4.我經常要面對指示或政策的改變。

(　) 5.我的單位（公司）正面臨重大的改組。

(　) 6.我在公司內有遭遇性別歧視的問題。

(　) 7.我得到不適當、不正確，或遲到的資訊。

（　）8.我喜愛的計畫被取消了。

（　）9.我的工作地點改變了（搬遷）。

（　）10.新的科技大大改變了我的工作。

(四)人際關係

（　）1.當我需要資訊（資料）時，我找不到同事。

（　）2.我對上司對我的評估不是很清楚。

（　）3.我無法讓我的下屬改變他們的行為或表現。

（　）4.我與同事間的競爭非常激烈。

（　）5.我由上司或同事間的衝突得到需求。

（　）6.我的上司找我的麻煩。

（　）7.我與同事相處不和諧。

（　）8.我與顧客或案主有問題。

（　）9.我與年輕（或年長）的同事相處有問題。

（　）10.我必須為工作表現不理想的下屬負責。

（　）11.我對拒絕別人有困難。

（　）12.我正與新來的上司或下屬工作。

（　）13.我被上司要求守紀律。

（　）14.我有親近的朋友或同事被轉職、解僱、辭職或退休。

二、個人方面

(一)家庭

（　）1.我有太多的家庭責任。

(　) 2.我與年邁的雙親有問題。

(　) 3.我與子女有問題。

(　) 4.我與配偶分居或離婚有問題。

(　) 5.我沒有足夠的時間與家人相聚。

(　) 6.我有被家庭剝削的感覺。

(　) 7.我有太多的事情要做。

(　) 8.我沒有時間娛樂。

(　) 9.我不能決定是否要生育子女。

(　) 10.我對配偶不忠；我的配偶對我不忠。

(　) 11.我最近搬家。

(　) 12.我有太多的應酬。

(　) 13.我與配偶或情人之間有問題。

(　) 14.我害怕被拒絕。

(　) 15.我感到孤獨。

(　) 16.我有性方面的問題。

(　) 17.我有太多的不速之客。

(　) 18.我避免與別人對立或爭執。

(　) 19.我公司的應酬或社交活動增加了。

(二)財務

(　) 1.我擔心欠債。

(　) 2.我沒有足夠的錢去娛樂。

(　) 3.我擔心不動產、投資或繳稅。

(　) 4.我的薪水增加或減少。

(　) 5.我買了一樣重大的東西或我有貸款。

(　) 6.我與朋友間有財務往來。

(三)健康

(　) 1.我擔心體重問題。

(　) 2.我擔心我的體能狀況。

(　) 3.我擔心自己的健康情況。

(　) 4.我抽太多的菸、用太多的藥物，或喝太多的酒。

(　) 5.我無法找到治療我的疾病或創傷的良方。

(　) 6.我擔心更年期。

(　) 7.我擔心年老。

(四)環境

(　) 1.我曾經被歧視。

(　) 2.我關心一些令人不愉快的新聞。

(　) 3.我擔心犯罪率的上升。

(　) 4.我擔心空氣汙染。

(　) 5.我很煩惱交通問題。

(　) 6.我有惱人的鄰居。

(　) 7.我被周圍的噪音干擾。

(　) 8.我不喜歡排長隊伍等候。

(五)其他

（　）1.我難以作決策。

（　）2.我擔心內在的衝突。

（　）3.我覺得被人占了便宜。

（　）4.我覺得我必須肯定自我。

（　）5.我經常忘記東西放在哪裡。

（　）6.我有太多的空間、時間。

（　）7.我擔心法律問題。

（　）8.我無法表達自己的想法。

（　）9.我不知道如何處理事情。

10.請列出其他有關工作、個人或環境的任何壓力扳機（壓力來源）：

____

請讀者在3個月後，再做一遍上述的評量，同時比較前後的壓力扳機（壓力來源）是否有改變了。

生活上種種的變化與積累會引發壓力和疾病，但其實改變也是壓力適應的一個重要關鍵，正如俗語說：「窮則變，變則通。」社會環境對我們的個性和特質有深遠的影響，我們的態度也影響著自己控制日常生活的程度，即使改變很小的外在環境，亦能對我們的生活品質造成極大的衝擊，例如減肥或改變妝扮和衣著，會影響別人對我們的看法，繼而會反射到自我的形象及自我的評價。每日生活中有太多的事情需要我們調適，也需要我們去改變。

1999年7月23日《世界日報》的報導指出，美國家庭形態逐漸在轉變，有電腦網路的家庭比沒有網路的家庭，每月看電視的時間要少約32小時。網路的使用不但改變家庭的作息時間、形態，也改變親子的互動模式（CNN，2013）。高科技（電視、電腦、iPhone、iPad等）影響人們的生活模式與人際互動。

我們期待改變能夠協助我們更加認識自己，以及去應變因「變」而帶來的壓力。在人際關係輔導上，我們的箴言是：「先改變自己與肯定自己，再去改變別人。」因此，生活習慣的改變也是進行壓力管理的開端。下述的評量有助於我們檢視自己對改變的看法，以及如何去應對改變。

評量4　你對改變的看法

大部分的生活壓力管理，都涉及某種程度的改變。在對改變採取行動之前，必須先檢視自己對改變的看法。請先選一個自己必須面對改變的情境，然後回答下列問題。

1.你認為這項改變是一種挑戰，還是想逃避它？

2.改變後可以帶來哪些明顯的好處與壞處？請一一列出。

3.在自己必須改變的事項中，哪一件最感到艱難？

4.在你的想像中，改變會帶來什麼樣最不好的後果？

5.你能預知因改變而帶來的長期正面後果或機會嗎？

6.改變將會如何影響你周圍的親友？

7.你目前能做什麼使改變朝向正面的方向進行？

掌握改變的契機

面對必須改變的情境，只要採取有效的作法，必然也能扭轉乾坤，創造新契機。以下提供一些改變的要訣：

一、發展正面的態度：檢視自己對改變的態度，想想改變後所能帶來的機會與挑戰，同時也將促使自己成為更堅強、更有毅力的人。

二、盡量蒐集資料：對改變的內容與方向知道得愈多，愈有助於去面對改變。盡量提出問題，對改變的本質認識愈清楚，愈能減少自己對改變所帶來的不安感。

三、表達自己的感觸：向可信賴的朋友表達自己對改變的想法，這樣可減少不安及降低壓力。

四、發展一套行動計畫：問自己「應如何改變現況，才能使情境變得更好？」試著去察覺因改變而可能帶來的得失。討論如何放大「得」，縮小「失」，並在腦中想像自己所希望達到的情境，然後計畫如何去達到此情境。

五、注意自己的健康：在面對改變採取行動的這段時間，要特別注意飲食起居，保持健康。

六、運用自己的支援網路：讓朋友及家人知道自己將如何計畫改變，如有需要，向他們提出合理的協助。

七、不要過度工作：不要累壞自己，試著授權及對一些不必要的許諾說「不」；要對自己誠實，並了解自己的潛能。

八、放鬆：暫時離開高壓力的情境，使自己有機會放鬆情緒及做情緒的修補工作。

九、回想一下：我曾做過其他改變嗎？這些改變如何幫助我面對壓力？

在21世紀，「變」是規範、是常態，而「穩定」則是期待。如果自己未準備好這是個變化無窮的世界，則將給自己徒增更多的壓力。我們要學習成為能應對「變」的選手與主人，而非成為「變」的大千世界的受害者。我們要學習如何隨著「變」的潮流去順應它，雖然俗語「三十六計走為上計」，使不敢面對現實的人採取「逃之夭夭」的對策，但絕對不是解決問題的長久之計。

如何順應「變」的潮流？首先，我們要了解「變」的過程。自然界有許多「變」的過程是可預測、是正常的，例如四季的變化可預測，我們若想在春天看到鬱金香開花，就必須在前一年的秋天種下球莖；我們在春天種下蔬菜的種子，可期待它在夏天有收成。我們的日常生活也如此，平常就要做改變的準備。所謂「未雨綢繆」就是教人在事情未發生之前，就應先做好準備；不過我們也沒必要「杞人憂天」，否則反而會帶來過度的憂慮。

接受變化，迎向未來

當我們面臨變化，尤其是不可預測的變化時，通常有四種階段性的反應：

一、否認。覺得這種變化是不可能的事，例如聽到噩耗時，堅決的說：「我不相信發生車禍死亡的人是我兒子！」這樣的反應有可能是短期的，但也可能維持較長的時間，都是正常的反應。

二、對於「變」的抗拒。當我們知道一個事件已經發生，或即將發生，第二階段的反應是去抗衡它的發生。例如：拒絕放棄舊的生活方式，年邁的父母拒絕搬去與子女同住或搬到老人院。這也是本書第2章所提到，塞勒醫師說的「拒絕期」（「戰」或「逃」）的反應。這一階段最明顯的情緒反應包括憤怒、罪惡感、挫折感、悲傷、迷惑、懼怕，與無奈等。許多人在此時會不知如何是好，常想停留在未變之前的舊有狀況；有些人則將新的情境整合到舊的情境內，例如當長者必須搬到老人院時，將原先使用的家具或自己用慣的桌椅搬去，這也是理想的適應方法。

三、**適應**。當自己不再對於「變」產生抗拒的心態時，下個階段就是去發現新的機會，讓自己能夠較舒坦的去適應，試著開始領悟這個「變」或許是可以接受的。在前兩個階段，我們會偏向較負面的反應，而這個階段則轉為接受事實，並期待自己能在這個已改變的事實上得到較舒適的生活模式。「變」未必是好或壞，往往是好壞兼有，正如英國小說家狄更斯說的「這是一個最好的時刻，也是一個最壞的時刻。」

四、接受。當度過第三階段，能夠適應「變」的現況後，接著就進入接受的階段。能夠清晰的看出「變」所帶來的好與壞，並且將「變」整合到自己的生活與生命中，準備迎接更好的明日。

準備改變，必須具備一些適應壓力的技巧：自我肯定訓練、時間管理、焦慮與憤怒管理、理性思維與自我照護等等。以下幾章將依序討論這些能協助我們面對人生轉捩點的應對技巧。不過我們必須了解，有時即使自己已用了最大的努力去改變情況，但也必須試著去接受不能改變的。凡事要拿得起，放得下。當遇到人生悲慘的境遇時，無論如何，眼淚擦乾後，還是要勇敢的面對事實，走過緩衝期，化悲痛為力量。莎士比亞說：「事情沒有好或壞，端看你的想法。」這句話是值得我們深思的。

5 情緒壓力來源：焦慮適應

一個知足的人，生活才能美滿。

——狄更斯

情緒誘發的壓力：病態的焦慮症

焦慮是指一種缺乏明顯客觀原因的內心不安或無根據的恐懼，是人們遇到某些事情如挑戰、困難或危險時出現的一種正常的壓力下的情緒反應。焦慮常來自於精神上的打擊，或是與即將面對、可能造成的威脅或危險相關，因而表現出緊張、不愉快，甚至痛苦到難以自制。病態的焦慮則指缺乏相應的客觀因素下，出現內心極度不安的狀態，擔心大禍臨頭的恐懼感。

焦慮伴有明顯的生理變化，尤其是自主神經活動的變化，例如：血液內腎上腺素濃度增加、心悸、血壓升高、呼吸加深加快（氣急）、肌張力降低、皮膚蒼白、失眠、尿頻、腹瀉、出汗、四肢發冷、震顫等自主神經功能失調的表現和運動性坐立不安等等。嚴重者可能成為驚恐發作的急躁症或稱焦慮打擊症（anxiety attack）。它是一種焦慮障礙（anxiety disorder）。焦慮對自我來說是一種壓力信號，其真實的意義就是提醒即將有危險來臨。自我只要察覺真實的或潛在的危險，便會引起焦慮；在焦慮產生之後，又會動員防禦機制來挑戰或躲避壓力源。焦慮是最常見的一種情緒狀態，比如快考試了，如果覺得自己沒復習好，就會緊張擔心，即是焦慮，然後會趕緊去復習。這種焦慮是一種保護性反應，也稱為生理性焦慮。當焦慮的嚴重程度和客觀事件或處境有明顯不符，或者持續時間過長時，就變成了病理性焦慮，稱為焦慮障礙。焦慮症包含兩種類型：

一、急性焦慮症，又稱驚恐發作的急躁症。它的主要表現為突然出現強烈恐懼，並伴有自主神經功能障礙。患者突然極度恐惶，猶如「大難臨頭」或「死亡將至」、「失去自控能力」的體驗，而尖叫逃跑、躲藏或呼救。常有呼吸困難、心悸、胸痛或不適、眩暈、嘔吐、出汗，面色蒼白、顫抖等現象。每次發作持續數小時，一月可數發，間歇期可無明顯症狀。這是一種病態。發生時應即時到醫院急診。

二、慢性焦慮症，又稱普遍性焦慮或廣泛性焦慮症（generalized anxiety），是一種自己不能控制的，沒有明確物件或內容的恐懼，感到有某種實際不存在的威脅將至，而緊張不安、提心吊膽般的痛苦體驗，伴有顫動等運動性不安、胸部緊壓等局部不適感及心慌、呼吸加快、面色蒼白、出汗、尿頻、尿急等自主神經功能亢進症狀。長期失眠是常見的後果。這也是一種病態，一般是以行為治療法、心理分析法或輔以鎮定劑。本章的討論重點置於正常的焦慮（害怕、不安、憂慮等），而非病態的焦慮症（恐慌、驚惶打擊）。焦慮是一種常見的心理情緒，而焦慮症則是一種心理疾病。

認識正常的焦慮

壓力分類的方式有很多種，例如：工作與非工作的；長期與短期的；突發性與正常成長過程的；人、物與情境的；身體誘發與情緒（態度）誘發等（見第2章）。

身體誘發的壓力，是指由環境對人身直接騷擾而產生者；情緒誘發的壓力，則指壓力來自個人的思考過程或者態度，而非壓力來源直接與身體接觸。

直接誘發壓力之物有細菌、寒冷及酷熱、太陽光的紫外線、原子輻射、大量X光及身體受傷，如：骨折、割傷、扭傷及身體劇烈活動致傷。事實上，任何外界刺激物均能導致身體狀態不平衡，而造成壓力反應。

由情緒誘發的壓力，並不源自任何外界壓力對身體的直接接觸，而是個人考慮到且擔心外界可能加諸於身體的壓力感。我們可以這樣想：壓力來源是指一種預期的過程，個人預期某種事情或者情境將會發生，並引起不愉快的後果，例如一位狠心的爸爸對孩子恐嚇：「你如果不聽話，我就打死你！」在孩子心理上就刻印了對爸爸極度恐懼的憂慮。

每個由情緒誘發的壓力（如上例，或如擔心幼兒發生意外、搭飛機會發生空難、被公司解僱、孕婦擔心會難產、擔心得癌症等）均有一相同的特質——預期將遭遇不幸。不同的是，由身體引發的壓力，是因身體不平衡所引起的；而由情緒誘發的壓力，則源自個人的「想法」，即所謂的「窮緊張」。很多人在體檢報告未出來前，常會有焦慮的情緒，這是很自然的，不是病態。雖然並未得到事實證明，然而承受壓力的人卻會以抽象的思考模式，去預測可能發生的事情。

其實，由情緒引發的壓力，對人的生存有極大威脅。如果一個人為惡犬所追襲，必須心理、生理上緊急應變才能逃過此劫；要避免汽車互撞，就必須集中注意力及快速反應；怕遭竊就得在門上多裝幾層防盜設備；怕考試不及格，就應更加用功。人體在上述情形下會「自動動員」，採取劇烈的應變。我們大部分的壓力均是自我誘發的，因此才有「庸人自擾」、

「杞人憂天」的古語。焦慮常是導致自我誘發壓力的來源。很明顯的，心理上的壓力來源非常個人化（因人而異）。對於各種心理上的壓力來源，每個人均有其個人特殊的歷史及反應度。一個反應度高的人比反應度低的人，較易體察出生活的壓力。

本節旨在討論那些令人不能心安且威脅生活的壓力來源。

焦慮是指一種「非真實」的懼怕，這種懼怕會帶來生理上的刺激以及行為上的信號。一般來說，人們對懼怕的直覺反應是盡量避免碰觸，例如：怕野外的有毒植物會造成皮膚炎，就不接觸草木；怕飛機失事，就不出外旅行；怕股票大跌，就不作投機股票買賣。

焦慮感的發生有3種要素：

一、會感到害怕。

二、心跳和呼吸頻率加速、血壓增高，並出現其他的生理現象。

三、當自己焦慮的事情出現時，會設法逃避，或在未發生前就避開它。

懼高的人只要一爬到高處，就會心跳加快，而且很想下來；害怕群眾的人，會盡量避免去擁擠的地方。有些焦慮不一定會影響我們的生活品質，例如若怕被蛇咬，只要不去有蛇出入的地方就好。所以，像這種怕蛇的情況，就不必費神討論如何防止對蛇的焦慮。但若是考試，就必須好好討論了，因為考試焦慮很明顯的會影響到我們升學、就業或其他方面的生活品質。

產生焦慮的原因主要有3方面：

一、生物學因素：如遺傳影響與生理因素。

二、個人特質及心理因素：如認知、情緒等。

三、社會因素：如城市過密、居住空間擁擠、環境汙染、緊張、工作壓力過大等。

生活中焦慮壓力的來源

在日常生活中，引起焦慮壓力的來源大致可歸納為4種：

一、時間壓力

這是指對抽象時間觀念所產生的焦慮反應，包括在截止期限前必須完成數項工作所產生的壓迫感，覺得時間不夠、來不及的感覺。例如每年4月15日對很多美國人來說是高壓力的日子，因為那天是每年報稅的截止日期。

二、期待壓力

通常稱為「擔心」或「憂慮」，即指對未定事件所產生的焦慮，不必有特定的理由或背景。最極端的情形為「焦慮打擊症」，這是一種病症，是屬於病態的焦慮。它有一種「天將降大禍」的可怕感覺，對末日來臨感到憂心忡忡，例如：即將分娩、舉行婚禮典禮的前一日等。因此，即使是喜事也能造成不安。再如小學一年級學生在開學第一天會感到十分焦慮，因為要面對新的環境、新的老師與朋友，還要暫時離開父母。即使兩歲小寶寶第一天去托兒所，也會因面臨生疏的新環境而嚎啕大哭。颱風或地震警報，也常是預期壓力的來源。面對不詳、不知、前途未卜的情境，最容易帶來不安的心境。

三、情境壓力

這是指由各種不同情境或情況而產生的壓力。它多半會令人感受到威脅且無法控制，例如擔心會失去某種資格、重要性及被接受等，因而產生壓力。

四、接觸壓力

由於遇到一些令人不愉快及不可測的事件而產生壓力，更詳細的說，即個人發現通用的社會行為規範，再也不能約束他人行為所產生的壓力。而與別人接觸的後果，若是負面的人際關係，也會帶來不安與焦慮（藍采風，2000，頁73-91）。

下面再進一步分別討論這4種由情緒所誘發的壓力。

時間壓力：以時間文化為例

人類之存在，由於種族、文化各異，其相對的永久性、可測性及安定性的追求亦有所別，例如美國人專注於時間的運用、日本人致力於維護個人的精細空間品質、地中海一帶的人注重於發展人際關係，而較原始的民族則專注於自然有形及無形力量的和諧。

美國的心理學家及作家，多半相信人類應適當利用時間，才能克服現有的焦慮，產生安全感。

一個人的生活周遭，如果充滿變數，完全無法預期，那麼人們會覺得焦慮及無法定位，而對時間的利用，則依個人早年經驗及其所屬文化的運作而定。

中國成語中對時間的描述甚多，例如：日長歲久、日積月累、古往今來、長此以往、後會有期、經年累月、窮年累世、久而久之、而今而後、亙古未有、事過境遷等。另外，還有許多成語是用來描述時間的快速，或因時間而變換情境或對時間的處理，如（柯槐青，1947）：

1.瞬息萬變：在很短的時間內，發生許多變化。

2.瞬息千里：快捷之極。

3.曠日持久：空費時日，事情持久不決。

4.此一時彼一時：時間不同，情形亦異，不能相提並論。

5.來日方長：未來日子長得很，不用急於一時。

6.物換星移：指世事變幻，時間流轉。

7.長夜漫漫：比喻時代或環境甚為黑暗，不知何日始能再見光明。

8.歲月不留人：時間過得很快。

9.光陰似箭：時間像箭飛般迅速。

10.匆匆忙忙：匆促。

美國人似乎比地球上其他的人們更關心時間，有名的諺語「Time is money.」（時間即是金錢），道出他們認為時間是十分寶貴的觀念。其他用來描述時間的文字尚有：Time flies.（光陰如箭）；Time and tide wait for no man.（歲月不待人）；There is no time to lose.（刻不容緩）；Take your time.（慢慢做）；We are pressed for time.（我們的時間極緊迫）；Time is up.（時間快到了）；His time is drawing near.（他的死期將屆）；Her time is near.（她的分娩期近了）；against time（搶時間完成）；in no time（立即）；in time（及時）；on time（準時）；to be behind the times（落伍）；a time bomb（定時炸彈）；lost time（落後）；gain time（超前）等。

由上述，我們不難發現美國的時間文化比較傾向「匆忙」與「控制時間」的取向。此外，在美國幾乎到處都有時鐘，不論是學校、教育單位，還是辦公室、電影院、商店、飯店、教堂，甚至汽車及公路上的告示牌，這使人很難想像若是沒有時鐘、不注重時間觀念、不將時間視為一種「商品」（commodity），即可以買賣、測量及運用時間的物品，是多麼不可思議的事。相對的，在拉丁美洲有「鬆懈文化」的傾向，他們認為匆忙是一種怪異的行為。

人類學家班哲明．霍夫（Benjamin Whorf, 1956）研究美國赫畢族（Hopi）印第安人文化，發現他們的詞語中並無「時間」一詞。他們無法談時間，因此無法真正理解我們視時間為基本、最重要的事。此外，赫畢族語言裡的動詞亦無時間性，即無所謂現在、過去及未來的形式。但是霍夫也發現，赫畢族語言有些能夠更有效的描述時間，而且比其他印歐語系更貼切，他們會將時間的觀念滲入個別字義中。例如：他們有單字表達「現存的房子」及「老早就存在的一個房子」，但是沒有字可表達「我將建築的房子」，而且也找不到「房子」的單字。赫畢族人認為，說明房子這個字義，卻不描述其時間性，是一種悖理的表達方式。

在高度競爭的商業社會中，個人主要壓力來源是來自對「期限」的焦慮。美國社會有個在期限內完成工作的有效方法：將個人全部工作負荷量、期限的鬆緊度及個人活動的程度三者結合，即是我們所能負荷的程度，並以此做策略計畫。

解決時間壓力的關鍵，在於要有一個新觀點，即不注意時間，但需專注於工作的完成。要有效而且快樂的工作，個人就要決定一個能夠合理完成的工作負荷量，並在期限內完成。所謂時間管理就是有效減少時間壓力，同時增進個人效率去完成重要的工作。

當我們感到時間不夠用時，很容易引起焦慮感。調適因時間而引起的焦慮，有下列幾個祕訣：

一、了解生活的目標：指出所有活動中，哪一樣對自己最重要或最具價值，並了解工作與家庭的目標。其實這些目標就是計畫時間的地圖，除了知道目標之外，還要將每個目標再分割成幾個小目標，由於小目標較容易完成，故焦慮感也相對降低。設定生活目標，等於設定一個導航的指標，假如自己都不知道目標在哪裡，那麼將永遠無法完成計畫。

二、列出事情的先後緩急：在所有必須完成的工作中，分析哪些是最重要的，哪些活動能帶給自己最大的成就感？確定後，先從這些活動著手。

三、寫下計畫：焦慮感往往來自千頭萬緒，所以最好把必須做的事情一項一項寫下來，不僅可一目了然，更可以增加對這些事情的許諾。此外，隨時把必須做的事情列成清單，也有助於我們不健忘。

四、授權：沒有任何人能毫無困難的完成大事，由於大事往往帶來更大的焦慮感，所以要學會授權或分工合作。即使授權，仍然可以監視或維持某種程度的控制。

五、訂出一個有組織、有系統的生活常規：周圍環境若亂無章法，不僅看了令人難受，而且找起東西亦十分浪費時間，且令人感到挫折、不安與急躁。所以應將個人物品、資料、帳單歸檔整理，井然有序的環境將有助於減緩焦慮感。

六、凡事當下就做，不要拖延：能做多少就做多少，並盡量現在就做。

七、不要過度計畫：事情做不完是造成焦慮的原因，而事情做不完往往是因為過度計畫。此外，我們必須有因意外突發情況而中斷正在進行事情的準備，例如：電話或車子壞了、不速之客來訪、小孩生病、開會、訂貨未到、停電、電腦印表機沒有墨水等。

八、學習說「不」：假如不知道如何說「不」，就很容易造成許多事都落在自己身上的情形。如此，將永遠沒有時間去做想做的事情。

九、一次做一件事：不要將自己訓練成極端的A型人格，總想一心二用或同時進行好幾件事情的人，結果反而一無事成。

十、知道自己的黃金時間：每個人的作息時間不同，工作習慣亦有所別。控制時間的目的就是希望達到最高的效率，所以，要了解自己在哪個時段精神最好、效率最高，在那個時段內做重要的事情，將可達到事半功倍之效。

十一、沒有人是完美無缺的：完美主義者多會注意小細節，而造成必須用更多的時間才能完成一件事。在此並非主張馬虎行事，而是應注意不要將莫名且不必要的壓力加諸於自己身上。

十二、保持生活上的平衡：一天24小時的時間分配應該是平衡的，若僅有工作沒有休閒，或僅有休閒而無工作，均不是平衡的生活模式。

期待壓力：以考試焦慮為例

期待壓力是指對即將來臨的事件或經歷的抽象概念所產生的一種壓力。人們會認定某些事是不愉快或可能令人興奮、緊張與不安，所以期待壓力與個人認知、自我肯定有關。例如：生孩子的英文為「expectation」，中文為「待產」，二者皆有期待之意，它對父母親而言，是十分典型的期待壓力，是喜亦是憂。

另外，考試焦慮是一種人人幾乎都經歷過的焦慮，由於對考試內容、結果的期待，因而造成內心不安的感受。下面以考試焦慮為例，作為期待壓力的說明。

評量1　考試焦慮

你是否有考試壓力呢？請在下列的題目中，將相符的選項以數字填入空格中。

計分法：從未發生—1分；有時發生—2分；經常發生—3分；幾乎每次都發生—4分

（ ）1.只要一想到我會考不好，我就無法集中精神考試。

（ ）2.我對重要的考試感到惶恐。

（ ）3.我在接受每一堂考試時，心跳非常急速。

（ ）4.考試的時候，我一直想著考試不及格的後果。

＊資料來源：Liebert & Morris (1967)

解說

將每一題的得分數，分成兩組積分。第1與第4題屬「擔心」層面；第2與第3題屬「情緒反應」層面。兩組的個別積分若超過4分，代表有極高的考試焦慮。

考試焦慮最常見的六種徵候為：

一、忘記曾學過的資料（知識）。

二、不能集中精神。

三、身體不舒服（如：頭暈、脈搏加速、過度流汗、肌肉緊張）。

四、腦袋好像凍結，無法思考。

五、考卷上的字句好像都沒有意義。

六、要看好幾次題目才明瞭這一題究竟是在問什麼。

有考試焦慮的人在作答時，即使僅有一題不知道如何作答，也會感到惶恐。還有，當時間快到時，特別容易緊張。其他焦慮包括：在考試時擔心別人答得比我好、特別容易注意其他的事情、裝病以期待不必考試，甚至可能因太擔心考試而做出危及性命的行為。

引起考試焦慮的原因包括過去考不好的經驗、未準備充足、考題太難等。但無論是何種原因，基本上都是擔心後果不佳。

目前美國各大學的學生諮商中心，大多設有針對考試焦慮的輔導單位，網路上也有許多相關的資料，若有需要可善加利用。研究證明，當學生知道如何克服考試焦慮，將對考試成績有助益。（Time, February 11, 2013, pp. 42-45）

如何降低考試焦慮呢？以下針對準備考試、考試前及考試時作分析：

一、準備考試

不要臨時抱佛腳，應有充分的時間用功，溫習再溫習，訂下目標，一步一步進行。假如覺得焦慮逐漸升高時，可用下列幾種方法緩解：

(一)深呼吸2～5分鐘，閉眼，集中注意力於呼吸與吸氣，深呼吸，使肺部與腹部裝滿氣後再慢慢呼出。

(二)鬆弛肌肉，伸伸懶腰。

(三)想像力訓練：在腦中勾畫出一個很美麗、和平與自然的畫面。想像一下看到了什麼，聞到了什麼，及感觸到了什麼。

(四)試著描述焦慮：集中注意力想想，究竟是什麼原因造成焦慮？是否感觸到焦慮呢？它藏在身體何處？是什麼顏色？什麼結構？

(五)做做柔軟體操或韻律運動，以協助降低身體的緊張度。

(六)藉正面的想法鼓勵自己，以理性思維法告訴自己：「只要得到協助，我一定能通過考驗。」不要抱持「我大概要被當掉了」的負面想法。鼓勵自己：「一點點的焦慮對考前衝刺是有助益的，我將傾全力應付考試。」同時採取行動，鼓勵自己只要分段作業，一定可以完成。

二、考試前

考試前一晚應好好休息，隔日早一點進考場。如果沒有限定座位，則可選擇一個覺得較舒適的位置。不要與焦慮的人坐在一起，免得受其影響，反而失去自信心。

三、考試時

拿到考卷後，先將題目全部看一次，答題時不要過於倉促，應默念說明兩次，組織思路後才下筆，也不要擔心別人已答到第幾題了。另外，在答題時亦可做下列動作：

(一)靜下來，使腦筋更清楚。

(二)先答容易的題目。

(三)開始下筆，轉移焦慮。

(四)如有問題，一定要舉手發問。

(五)想一下考完試後的獎賞。

(六)以正面思維激勵自己，例如：「這只不過是眾多考試的其中一項而已」；「我對考試內容很熟悉」；「這個考試不會影響學期總成績，也不代表自己的智慧，僅止於此」等。

焦慮會由期待或想到即將發生的事情所引起。例如對自己說負面的話，只會徒增焦慮，其實個人的信念可創造出對事情後果的期待。如果相信自己一點都不聰明，對考試內容都熟悉，或沒有能力表現自己等，則期待的後果將是失敗。

所以，如果相信自己，也相信自己的能力，多半會有一個令人滿意的結果。其實少許的焦慮反而能協助個人保有信心，期待性的壓力可視為一種形式上的壓力，有些人會對不可能實現之事長期感到憂慮，有些人只在短期間內感到憂慮。凡事有充分的準備，則自信心將倍增。

學生們的壓力除了面對考試壓力之外，父母加於他們的壓力也可由下面這位大學生的表白洞知一二：

「曾經我來美國之前，心理非常焦慮，甚至可以說心理上是生病了，生理上也有不適。來到美國後，環境改變了，我才慢慢放鬆自己。現在我基本上已可以輕鬆自在的做感興趣的事。我曾經的焦慮，是社會、父母的觀念影響下，給了自己很多的要求，我不得不服從這些要求，我自己的內心從來沒有選擇。譬如父親提醒我『玩物喪志』，於是我很多時候，不敢把自己貪玩的天性展現出來。譬如，母親要我向某某親戚看齊，因為他們考上了清華北大，將來會有好前程，於是要我也考上名牌大學。我努力的考進了縣裡最好的文科班，可是自己是靠著死讀書，其實一點也沒興趣，結果不但自己變得非常頹廢，高考也不理想。

在美國，不但空氣乾淨，而且人的心態也很善良，溫和。我很感謝來到UIndy, 體驗美國的生活，環境改變後，這對我的人生非常有意義。」

情境壓力：以中年危機為例

「情境壓力」是指因不同的情境（情況）而產生的壓力，也就是對可能發生的下一個不愉快情境感到焦慮。

在某種情形下，因情境而產生的壓力也屬預期的壓力（雖然發作原因稍有不同）。有些人對會議的衝突產生極大壓力，但有些人卻無動於衷。

當會議中雙方開罵，有人採取在心理上置身事外，而身體力行者則避離現場。一個敏銳的觀察者，可以由非語言的行為，如姿勢、面部表情、眼珠的轉動及手勢來察覺出壓力對每個人所造成的不同反應。

人人都能體驗到因情境而產生的壓力，但大部分的人均可克服困難，完成工作。當個人處在眾目睽睽之下，可能會經歷到明顯的壓力反應，至於反應的強度則依個人因素，如活動度、情緒、個人在會議中的重要性及情況因素（包括社會規範及不同的策略以達到個人需求）而定。

雖然我們無法完全免除因情境而產生的壓力，卻可以利用不同的策略，將壓力減低至可接受的程度。此處將以中年危機為例，來說明情境壓力與適應。

一、中年危機的概念

究竟有沒有「中年危機」這回事呢？答案不一而足，而且見仁見智。一般而言，這是指30～50歲後期，一些人所經歷的家庭生活、事業生涯，以及自我成長很困難的一段日子與情境。在這一段日子裡，有些人會很嚴肅而認真的再次思考生命的意義與主旨。中年就像走到人生路途的中央，可以回過頭去，展望未來，重新衡量未來的定位，但不一定要堅持貫徹過去未完成的願望。

危機對每一個人的衝擊程度和方式皆不同（藍采風，1978）。一般而言，面對所謂「中年危機」的人常會感到好像「沒有一件事是順心的」，這種思維將帶來焦慮，促使個人做出巨大的人生轉變，例如：離開工作崗位（退休）或離開配偶（因婚姻不協調而離婚）。但最常被朋友或家人察覺到的是：這位面對危機的中年人不知何去何從，就像英文中的一句話「to be in a stew」，這時期的人生就如同一鍋滷肉，一直在攪動，一直在燉，煩惱至極，卻又不知如何是好，看什麼都覺得不對勁。

處在中年期，也許會有一段日子常有這種感覺，但不一定會把生活搞得天翻地覆。由於年齡的增長、生理上的變化、家庭生活史階段的移動（請參閱藍采風著《婚姻與家庭》一書）、工作環境的變遷，這種暫時因改變而帶來的焦慮與不平衡感其實是很正常的。

真正有中年危機的人，其實在未進入中年前即有這種心理狀態，例如一位因極度焦慮而患有憂鬱症的中年人，在未進入中年期之前即有「隱憂」了。中年人的憂鬱並非一夕之間發生的，它與根植於人們心中的人生觀、價值觀都有關係，而人生觀與價值觀通常是逐漸發展的。經歷中年危機的人，多半是因沒有很好的緩衝器，所以只能在固執中面臨人生的挑戰。

若以比較幽默的方式來描述中年人的自我形象，也許可以這麼說：

1.好奇的問自己：「我戴假牙時會是什麼模樣？」

2.好像開始禿頭了。

3.再也不能躺在沙發上睡覺而不腰痠背痛。

4.健忘、健忘，還是健忘。

5.必須戴老花眼鏡才能看報，否則就兩眼模糊。

6.開始少吃牛肉（紅肉）。

7.每天吃「銀髮族維他命」。

8.過去5年都用同一支口紅。

9.有時會冒冷汗或突然全身發熱。

10.很感激有人幫忙提東西。

11.下午5點以後不喝茶和咖啡。

12.猶豫是否要染髮。

13.不論去哪裡，口袋中總帶一根牙籤。

14.最喜歡去買鞋，因為尺寸總是固定的。

15.一坐到沙發上，就爬不起來。

16.常常查看手和臉部是否長了老人斑。

17.總覺得變矮了。

18.常告訴自己：「老之將至矣！」甚至覺得從來沒有年輕過。

19.即使沒有客人來訪，也將床鋪整理得有條不紊。

20.體認到原諒別人並非難事。

21.開始關心國家大事。

22.下定決心不學鋼琴了。

23.發覺自己的兄弟姊妹看起來也像中年人了。

24.開始依賴家中小孩的駕駛技術。

25.感到父母親真的很老了。

26.對家裡貓、狗講話的次數愈來愈多。

27.好像與父母親愈來愈像。

28.常在電視機前呼呼大睡。

29.好像真正失去了婚姻生活的自由，因為結婚二十多年，早被配偶磨得沒脾氣了。

30.年輕時喜歡穿運動衫，是覺得這種材質較吸汗，現在穿則是圖舒適輕鬆。

31.覺得老闆看起來好像三十出頭的大孩子。

32.希望每天都能睡個午覺。

33.汽車與房屋貸款都付清了。

34.在後院種的樹已有9公尺高了。

35.感覺臺中肉圓太油膩了。

36.一直叮囑外勞煮菜少放鹽。

37.孩提時期不知節約用電，電燈常開一整天，現在則隨手關燈。

中年人的智慧高，而聰明的人不見得有智慧，所以我們常說：「血氣方剛的人，往往聰明反被聰明誤。」中年人對未知的事（複雜及不可能的事）較有耐心，較能拿得起、放得下、看得開，遇到困難的事較能處之泰然，最重要的是中年人較願意與年輕人分享經驗，所以，後中年期的人也較願意給別人忠告。此外，醫學研究發現，哺乳動物年齡愈大愈善良。其實，「智慧」很少在6歲或18歲的時候形成，因為構成智慧的先決條件是心理與生理上的成熟，它在生命成長過程中逐漸發展及形成，所以中年人的智慧高。

工作經驗及工作場所會把人磨練出一個模型。中年人透過工作場所的歷練，容易養成自我反省的習慣，會將思考重心放在「我是何人？」（being）而非「我將成為何人？」（becoming）

二、中年危機的焦慮

中年危機並非發生在每位中年人身上。據研究指出，大概僅有12%的人曾經歷真正的中年危機，而這種危機在其他年齡層或情境中也會發生。美國一項早期的研究（USA Today，1990/1/23，1A，1D）報導，將中年人焦慮的事情歸納為下列數項：

(一)經濟財政問題：因物價高漲及通貨膨脹，使其優先考慮金錢財物上的責任，包括孩子的大學學費及照顧年老雙親的長期醫療費用等。

(二)健康問題：長期的疾病如糖尿病、氣喘病、癌症及關節炎等影響心理健康及經濟情況的問題。

(三)角色改變：孩子大了離家，有時會有所謂「空巢」之感。另一落空之感是年邁的雙親去世了，中年人不再扮演子女的角色。

(四)不滿意自己的生涯：中年人的焦慮與生涯極有關係。工作上的不滿足再加上焦慮工作狀況（擔心失業的可能），更易影響家庭關係及個人心理狀態。

(五)自我形象：會有一切不如往昔，青春活力逐漸消逝的負面感觸。

(六)面對不可避免的死亡（mortality）而非長生不死（immortality）的事實：開始想到死亡的事情，危機感重者會變得沮喪與失望，而能勇於面對挑戰者則開始準備後事，並將後事交代清楚。

(七)孤單：遭遇分居、離婚、配偶或親友相繼死亡；常會自問：「我的餘生要做什麼？」

三、更年期的迷思

中年人在生理上變化最大的時期是更年期。不過，美國麻州「新英格蘭研究機構」的麥金萊夫婦（Mckinlay & Mckinlay）調查45～64歲女性的一項研究中，反駁了更年期婦女都會得憂鬱症的看法。研究者認為，中年婦女的憂鬱症並非因更年期生理變化引起，而是另有其他因素。從2,300位女性的樣本中，發現僅有3％表示會為更年期前後身體的巨大變化感到煩惱，如冒冷汗、面潮紅、月經不正常等。

研究指出，更年期婦女不但不須苦惱不能生育，反而因不必再擔心懷孕而鬆了一口氣；他們不必再為避孕而煩心，也不必為每月的「大姨媽來訪」而操心。

這個調查的主要對象是一些健康的女性，即受調查者中至少有50%的人一年之內沒有看過醫生。其實，大部分更年期的婦女是不必求診的。這些受調查的婦女出生於避孕藥發明之前，所以，更年期對他們來說反而是一種「解脫」。

研究指出，許多婦女在更年期之前便有憂鬱症了。這些患有憂鬱症的婦女，主要的壓力來源依序為小孩（41%）、父母（23%）、親戚（22%）及丈夫（11%）。凱倫．麥特修斯（Karen Matthews）在匹茲堡大學醫學院的發現也與上述的說法相去不遠，從她的研究樣本500位女性中，僅10%的更年期婦女在心理上有極大的問題；安然度過更年期的90%婦女則採取行動，包括調整飲食、運動或補充荷爾蒙。綜上所述，絕大多數的婦女並未因更年期而造成重大的身心問題。

英文裡的女性更年期「menopause」，包含「men」一字，所以一些研究者對男性是否有更年期，或僅有大變期（metapause）而有爭議。當男性有更年期問題時，往往會去找泌尿科醫生，而女性則多半去找精神科或婦產科醫生。最近有一些內分泌學家開始將男性更年期稱為「male climacteric」，其徵候是後中年期的男性荷爾蒙（testosterone）降低，導致生育能力較弱、身體變得肥胖、骨質疏鬆、皮質顏色改變，以及一些與女性更年期類似的行為症狀。實際上，男性荷爾蒙降低對50多歲男性們的性能力沒有多大的影響（此年齡的男性常患有高血壓症或糖尿病，而所治療的藥物有時會影響性機能），因此，很少中年男性接受荷爾蒙治療。當男性荷爾蒙增加時，其罹患攝護腺癌（即前列腺癌）的可能性也相對增高。一項對1,700名男性的研究報告指出，由心理學、內分泌學及臨床醫學等角度分析，沒有所謂的「男性更年期」。我們對更年期問題的了解，多半來自於10％因更年期而產生生理變化的人，對90％健康的中年男女更年期的適應卻了解很少。擁有健康的中年男女，應如何調適自己，度過此危機呢？以下將作詳細的說明。

四、中年危機的調適

假如生命餘年（壽命）是80歲左右，則中年人尚有30～40年可活。所以，中年期隨著人類壽命的延長，將愈來愈長。我們應該坦然接受它，平順的走過這條路。以下是中年人自我調適的方法：

(一)首先必須對自己的生理、心理、能力、經濟及家庭婚姻關係等各方面皆有充分的了解。

(二)仔細回想，到目前為止，已完成了哪些事情。人在面對危機的時候很容易忘記自己的成就，其實應提醒自己，能走過這麼漫長的歲月，已相當不錯。

(三)重新評估自己的長處與資產，至於無傷大雅的短處就不要再苛求了。以大我的觀點看，其實中年人為社會貢獻良多，也有可驕傲之處。

(四)雖然只有自己才知道下半生要怎麼過，但是研究指出，有別人的支持是十分重要的，試著加入一些支持團體，同舟共濟。

(五)現今的中年人不同於上一代，願意接受社會工作或心理治療。當自己覺得無法解決問題時，不妨尋求專業者的協助。

(六)追求自己的興趣。如果過去都將精力放在工作與家庭，那麼現在則是將精力放在自己身上的時候了。也許要花時間探索潛能及新的嗜好（包括進修）。不必做全面的大轉變，只要在生活中加上一點新的興趣，便會發現人生不一定是寂寞與孤單的。

(七)計畫將來。如上所述，壽命的延長使中年人尚有一段很長的時日，所以應該計畫將來，讓自己再次開創機會，發展第二生涯。

(八)參與團體。增強自尊心的方法之一，是與一些社團活動、慈善活動或地方社區活動，經由協助別人及交新朋友，個人能再一次激發自我的潛能。

(九)強化婚姻關係。

1.剛結婚時就應該將婚姻當作是最重要的人生大事，中年之前，夫妻雙方為教養子女而忙碌，但卻不能因此而忽略了婚姻生活的經營。

2.中年期應特別留意婚姻觸礁的警訊。

3.努力爭取及維持婚姻關係各方面的平等。

4.夫妻關係應在分與合之間求平衡，即在「個人偏好的活動」與「分享共同喜愛的活動」中求平衡。

5.有美好的性生活。人愈近中年，性生活已不僅是性而已，溫暖、體貼、彼此相互扶持的滿足與親密關係比「性」更重要。此時期的「性」是指「整個自我」，而非僅有「性關係」而已。

6.與配偶結交共同的好朋友。

7.即使一切都很好，偶爾也須對自己的婚姻做評估。

8.避免使自己陷入極端受挫的工作情境中。

9.中年人的生活模式也可以稍微改變一下，不必硬要改變配偶的生活模式來滿足自己的新需求，不妨先試著改變自己。

10.理性處理外遇問題。

接觸壓力：以職業焦慮為例

每個人均有其獨特與他人接觸的範圍及程度，而這種程度又與個人能夠發揮自己所長的工作有關。一個極端外向的人常常喜歡與他人接觸，如果與他人接觸的機會被剝奪，則頓感坐立不安；相反的，一個內向的人，他只喜歡獨處或與少數熟人相處，若讓他與一群人持續且頻繁的接觸，必定會感到緊張且焦慮不安，這就是所謂的「接觸壓力」（encounter stress）。

每種職業都有不同的與他人接觸的程度。實驗室研究者及建築工人很少有與他人接觸的必要，他們只須偶爾與頂頭上司及同事接觸；而森林火災觀察員更幾乎不必與他人接觸。相反的，櫃檯小姐或服務生不僅職位低，又須與顧客頻繁接觸，如果個性不喜與別人接觸，必然極易造成工作壓力。

大部分的職業都必須與人接觸互動或溝通。接觸程度的深淺稱為「接觸負荷量」，若接觸負荷量過大，無論個人人格是內向或外向均會造成工作壓力。在各項職業中，有三種涉及高接觸負荷量，即醫師、社會工作者及心理醫師，他們不僅是接觸頻繁，而且所接觸的對象本身均有個人壓力。由此看來，「與當事者接觸」是這三種職業工作壓力的重要來源，或許可以說是當事者的壓力感染了專業者。這三種職業的接觸壓力簡述如下：

一、醫師

醫師所接觸的人，大多生病且對自身的健康狀況甚為憂鬱。這些病人通常只注意到病痛，很少留意到要維持自己與醫生之間愉快的互動關係。此外，當候診病人太多、醫院管理者失策，或醫師本人的價值觀（如工作狂、高收入）等原因，更容易使醫師陷入高壓的情況。

醫師是一群緊張、被驅動、工作過度、而本身身體亦不佳的人，在所有職業中擁有最多的酗酒者。1975年，光是加州就有400名醫師因無法控制酗酒問題而被迫放棄開業。

二、社會工作者

社會工作者是另一群會產生接觸壓力的專業人員。他們在一天中，往往要訪問20～30個貧窮、失能、失依的人，由於這些人常是心情沮喪、憤怒、只關心自身困境的人，往往會將自己的生活壓力投射到社會工作者身上。

如果社會工作人員的專業素養不夠，很容易與當事者發生「反投射」（counter-inference），即過度同情與關心當事者，把當事者的問題視為自己的問題。有些初出茅廬的社會工作人員在首次接觸當事者（如家庭虐待個案）後，下班回到家，常因腦海中都是當事者不幸遭遇的畫面而無法入眠。這種職業壓力正是由接觸而誘發的，而這只是反應類型的其中之一。

此外，與這些社會工作人員的工作壓力有很直接的關係，是社會福利機構的主管多半堅持社會工作人員必須以最少的人力，處理最多的訪談工作，或因社會工作人員的編制問題，導致工作負荷量過大而引發壓力。使他們感到更苦惱的壓力，源於大部分的社會工作人員雖同情當事者，但卻不能撥出較多的時間給當事者，因為他們必須維持該機構所要求的效率，結果彼此的價值觀產生極大的衝突，導致許多社會工作人員常會覺得沮喪、充滿無力感。另外，護理人員也有類似的職業接觸壓力。

三、心理醫師

心理醫師也有因工作關係而產生過度接觸負荷的問題。常人多以為身為一個心理醫師，既有協助他人處理調適問題的能力，應當也知道如何處置自己的類似問題，其實不然。每個治療師多少都有調適上的問題，這與每天受到接觸性壓力有直接關係，只要仔細想想他們每天得面對那些陷於苦惱的人，不難了解個中原委了。

在美國，心理醫師的自殺率是常人的5倍，這是一個令人十分震驚的訊息。其實，許多助人的專業者也常參與壓力適應的團體。

接觸性的壓力並不一定是與具威脅性或有威脅傾向的人相處才會產生。對某些工作者來說，即使接觸過程順利，沒有發生不和諧的事，也可能產生壓力，例如銀行職員在週休假期前必須與許多顧客完成交易， 有些行員只好將工作「機器化」，在心理上退縮，不願與顧客有任何關聯或互動。在這種過度負荷狀態下，人會變得冷淡，且對顧客的社交期望加以淡化處理。

上述行為均為正當的自我防衛，因為接觸性的壓力已超過負荷。這些人在剛開始上班時可能十分友善，願意幫助別人甚至是熱心的，但到了快下班時可能已完全退縮到機械式了。此外，這些工作者本身可能沒有很強的自我形象意識，也缺乏社交技巧。

要調適因接觸而誘發的焦慮壓力，最重要的一點是「專業的客觀」，即把人和事分開，不要將工作上或當事者的煩惱帶回家。另外，鬆弛術亦能減緩工作上的緊張，使焦慮情緒降低。本節所討論的接觸壓力，是工作壓力中很特殊的一種。第12章將討論一般的工作壓力與適應。本章所討論的焦慮壓力如果嚴重時，成了焦慮症，就必須尋求專業醫療人員的協助。

焦慮管理

如第1及第2章所述，壓力管理的第一步是了解壓力來源與壓力信號。以下是一些焦慮的壓力信號：

一、食欲或體重改變。

二、睡眠習慣改變。

三、經常疲倦。

四、極容易急躁。

五、不能安寧。

六、心思無法集中。

七、感到眩暈。

八、想吐。

九、呼吸短促。

十、手會抖。

十一、酒、菸及藥物的用量增加。

當上述信號持續出現時，就應洞察焦慮來源，然後採取行動做調適、管理或醫藥治療。

減低壓力訓練的目的，在使個人能夠應用邏輯及理性的思考，同時運用生活技能（例如：管理時間以克服期待的焦慮），使自己在任何情形下，都能將壓力反應維持在最低程度。

焦慮是每個人都會面對的。即使是嬰幼兒在接受大小便訓練時，也會擔心是否能控制自如。到目前為止，我們並不能完全除去「想像中」的壓力，但卻能發展出一種訓練技巧，以協助個人對自我誘發壓力的完全控制。例如有些老年人因為擔心不能控制大小便而憂慮，這種憂慮不是病態的，而是老齡的正常現象。解決的方法有：(一)計畫外出時間；(二)用成人用的尿布；(三)藥物及食物控制。

有一點很重要的概念必須在此強調，那些不傷大雅、不傷個人的生活品質的焦慮，我們可以去疏忽它。例如怕蛇的人只要到動物園的時候不去參觀蛇屋，或不去夜市看賣蛇肉的地方就好，因此不必費神去學習如何消除對蛇的恐懼。可是，若一種焦慮會影響生活的話，就必須想辦法處理它，例如考試焦慮、高齡產婦的生產風險等。

由於焦慮的複雜性，醫療上有不同的方式可以治療與管理。不論用何種臨床方式，一個原則是我們必須去面對焦慮、恐懼或害怕的原因。按佛洛依德（Sigmund Freud）的古典心理分析學原理，一個人的特殊恐懼症（例如成年後無法與別人發生親密關係）可能是來自孩童時期曾被人性侵，而將這種惡劣的經驗壓制到下意識內。這種特殊性的心理療法需時長久，不在本章討論的範圍內。第二種較常用的治療法是行為治療法，它是依據瓦森（Johnson B. Watson）的理論，以重新評估認知及心智想像為基礎，作為解除個人對某種情境的恐懼，協助患者學習如何去控制恐懼，以及察覺個人對恐懼所能容忍的程度。

德國漢莎航空公司（Lufthansa Airlines）曾經為有飛行恐懼的旅客，特別安排一些解決的方法，例如邀請這些旅客在旅行前到機場，帶他們參觀飛機，讓他們坐在機艙內預備飛機起飛前的流程，然後再帶旅客們下機。據聞這種對未來情境預先熟悉的方法，對降低恐懼的壓力是極有效的。在我們的日常生活中，也有許多可採行的方式，例如事先了解考場、比賽場地，或帶即將上小學的孩子先觀摩他的學校和教室。這些先認識周圍環境的心理預備工作，對降低未知不安的心理及恐懼的心境都有所助益。另外還有一種有效的方法，是前一章所討論的自我肯定訓練。它的主旨是提升個人的自尊心及自信心。焦慮管理當然也可採用本書各章所探討的壓力管理法，包括讓肢體鬆弛。

如果個人曾有不愉快的人生慘痛經驗而帶來恐懼的後遺症，以下有四個觀點可供參考：

一、不可依賴別人

不論是恐懼、害怕或焦慮，它多半是因自己對外界情境的認知（即對外界情境所下的定義）所造成的。它是主觀的。因此，我們不能依賴別人來替我們解除恐懼、害怕或焦慮。我們必須自己對情境重新下定義，並且去擬訂如何控制情境。

二、不可找藉口

記著，過去發生過的事情，今日不一定會再發生。許多人的行為常被過去不愉快的經驗所左右。我們要將思維的重點放在「我們由過去的經驗學到了什麼」，而非「過去的經驗一定還會發生在我身上」的焦慮。我們可以重寫人生劇本，而不是擔憂自己會成為過去經驗的受害者。

三、埋怨是無濟於事的

我們要化悲痛為力量。雖然遭遇不幸，但不要讓自己持續停留在那個悲痛的經驗裡。要勇敢的往前踏一步，去懷想人生美好的一面。

四、抬頭向前看

不要因為以前有不愉快的經驗，而自認永遠無法抬頭，將生命籠罩在低自尊的情境。可以主動與一些有相同經驗者組成一個社會團體，去推動社會的公平正義，藉由法律途徑來裁治犯者。

美國有名的談話節目主持人歐普拉（Oprah Winfrey）曾在節目中勇敢的向觀眾坦承幼年時受到性侵的不幸經驗，但是她並不認為自己將永遠是性侵犯的受害者，她呼籲民眾團結起來去抗議社會對女性的暴力。她也呼籲受害者不要自責、不要失去自尊心，不要恐懼未來的人際關係。

焦慮傾向評量

自己是否已有焦慮傾向了呢？請完成以下的量表，想想自己是否符合這些情況，或是有類似的表現？

將適當的描述以數字填入空格中：非常像我—4；有些像我—3；有一點兒像我—2；一點兒也不像我—1

（　）1.我感到愉快。

（　）2.我感到緊張，無法安靜。

（　）3.我對自己感到滿意。

（　）4.我盼望自己能像別人一般的快樂。

（　）5.我對無關痛癢的事情也擔憂。

（　）6.我是快樂的。

（　）7.我沒有自信心。

（　）8.我有安全感。

（　）9.我感到滿足。

（　）10.有時候一些不重要的事也在我腦海中徘徊，干擾我。

記分法：第2、4、5、7、10題，按評分標準記分；第1、3、6、8、9題，則相反記分（也就是如果答「非常像我」，得分為1）。將所有分數加起來。總分應界於10～40分。分數愈高，焦慮程度也愈高

＊資料來源：C. D. Spielberger, *State-Trait Anxiety Inventory, STAI Form Y*. Palo Alto, CA: Consulting Psychologists Press, 1977.

網路上有不少關於憂慮症的測量表，但必須主意這些測量多是針對焦慮症與憂鬱症合併分析的量表，應由醫療專業人員做解說。

如果焦慮量表的積分高於30分時，以下這些一般性的焦慮管理技巧可供參考：

一、分辨情境或個人焦慮

如果是因為特殊人格特質，例如有「恐慌症」傾向的人格特質，應向心理治療專業醫師求教。有時醫師會開鎮定劑，協助病人在面對某種情境之前先把心情穩定下來。反之，剛毅性人格者則能面臨挑戰，不屈不撓，天不怕地不怕。

二、三十六計走為上計

俗語說「眼不見為淨」，或讓自己遠離令人焦慮的現場。

三、環境計畫

先到現場去熟悉環境。練習或演習讓自己焦慮的情境，熟能生巧。

四、重新下定義

壓力是個人對外界刺激的主觀反應，也就是說，個人對外界情境的評估與定義，造成了壓力反應。焦慮正是其中一種反應。因此，我們必須學習去對外界的情境重新下定義，例如：「危機」亦可代表「危險」與「機會」。如果我們將重點放在前一個詞彙，心理上馬上就有焦慮；若將重點放在後面兩個詞彙，那麼心理上則感到鼓舞，「機會即將來臨」。

五、自我對談

試著用客觀的角度問自己：當前這個正在憂心不已的事情，會導致多大程度的冒險或災害呢？根據統計，危險真正發生的可能性往往比我們想像的少（這並不是說不要去擔心，而是說萬事有了充分準備，就不必再過分的焦慮）。例如，如果已充分的預備了考試，那麼，不及格的機會應該是很少的。即使萬一考不好，總是還有再來一次的機會，可以從失敗中學習。把負面的思維轉變為正面的思維，便能提升個人的自尊心與自我肯定，而我們也就控制憂慮了。

六、列出焦慮階層

當一件事情讓自己感到焦慮時，其實它是有階層性的。例如不敢坐飛機，則試著將坐飛機的經驗分析一下，它的層次大致如下：

(一)選擇要去旅行的地方。

(二)選定旅行日期。

(三)詢問價格。

(四)訂票。

(五)打包行李。

(六)處理外出時家中必須處理的事情。

(七)出門前一晚設定鬧鐘，以免錯過出發時間。

(八)查看出發當天及旅行期間的天氣預報。

(九)出發去飛機場。

(十)託運行李。

(十一)拿座位單。

(十二)通過安檢。

(十三)在候機室等班機。

(十四)上機。

(十五)坐好等飛機起飛。

(十六)看飛機離地起飛。

(十七)飛上雲層。

(十八)飛行經驗。

(十九)飛機降落。

(二十)下機。

我們可以用想像的方式一步一步的去演習一次或數次。此外，設想坐飛機的哪一個步驟最讓自己感到焦慮。進行旅行各項預備工作的同時，也放鬆自己的肢體。分析上述各項，想想是否還有能放鬆的方法，例如備妥預防暈機的藥。試試看吧！

心理學家亞伯特．埃利斯（Albert Ellis, 1979）認為焦慮是一種非理性的信念與思維，這種非理性信念讓我們相信自己必須是：

一、十項全能的人；

二、無時無刻都被人所愛，以及被人接受。

三、十全十美的人。如果事情沒有按我們的意旨去完成的話，我們會覺得糟糕透頂，大難臨頭。

埃利斯說非理性的信念讓我們深怕失敗，因此他建議以「ABCDE」五個技巧來克服非理性的信念：

A：Activating（「洞察」壓力源）

B：Belief（分析理性與非理性的「信念」）

C：Consequences（觀察心智及行為反應的「後果」）

D：Dispute（「討論」非理性信念）

E：Effect（「改變」後果）

藉由本章提供的自我對談技巧，能協助個人去克服非理性的信念。許多焦慮是源自非理性的信念，使人憂心重重，庸人自擾，杞人憂天。最後，再強調一次，百分之八十所擔心的事情是不會發生的，所以不要過分擔心，而百分之十可能發生的事是自己無法控制的。所以只好將精力放在如何去應對或適應它，將精力放在那百分之十自己能控制的情境。理性的信念才能讓人心曠神怡，處之泰然，無所畏懼。

6 憤怒管理

學習寬恕與寬容。我們都會犯錯，學習寬恕自己也寬恕別人。憤怒與生氣只會徒增壓力，並無法改變已經發生的事實。

無可否認的，憤怒幾乎是導致壓力的剋星。你知道自己憤怒時臉上是什麼表情嗎？你的聲音和行為與平常有什麼不同？要克服憤怒，第一步是去「察覺」憤怒時所帶來的壓力反應信號。處在憤怒的當下，最好不要立刻告訴對方「氣死我了」，憤怒不會改變別人的行為，也不會改變情境。

根據美國心理學會（American Psychological Association，簡稱APA）的分析，憤怒是正常且健康的人類情緒。但是當憤怒失控，成為毀壞性的情緒表達時，憤怒將造成工作場合、人際關係以及自己整體生活品質的問題。它會讓人感到被這種不可預測且強勁的情緒所壓倒。本章將分析憤怒的來源、憤怒的本質，以及我們可以如何學習進行憤怒管理。

憤怒是「與生俱來」的本質

憤怒或易怒是壓力累積的結果。憤怒是人類最早的情緒表達方式之一，連嬰兒肚子餓了、尿布溼了都會以哭啼（即憤怒）來抗議自己身上的不舒適。憤怒是當人們面對挫折、傷害或受到威脅時，所表達的自然情緒。其實，憤怒也是生存的工具，亦有正面的功能，透過這種刺激轉變成力量。由於不滿與憤怒，我們會去設想如何面對挑戰、改變現狀、採取行動，以轉換或消除壓力來源。當我們面臨「失」的經驗，情緒反應是由否認、憤怒到悲慟，能夠化悲慟為力量時，憤怒亦能刺激設定目標。所以，正面的憤怒經驗是有目標導向的。當個人有目標可循時，就不會有那麼強的失控感。此外，憤怒亦可以促進人際關係，但這有賴於人們是否知道如何管理憤怒。

一般而言，憤怒的後果大多是負面的，所以「憤怒管理」亦應視為自我肯定訓練的一環，本書將於「自我肯定訓練」一章再闡述。

某些文化與宗教傳統，會教導人們要壓制憤怒的情緒。但是，當人們無法表達感觸時，是非常不健康的。憤怒常來自對情境的不正確或單方面的解說，這種情形所造成的不公正與不公平感尤深，容易演變為長期與慢性的憤怒，形之於外的反應是對人與對事極端的敵對與反抗，最後則勢必導致各種偏激的行為。

當憤怒的時候，我們覺得好像只是發出爆裂聲（snap）而已，但事實上，情況比我們想像的更複雜。其實，憤怒是一連串事件的結果，而這是可以觀察到的，它包括「扳機反應」及肢體刺激。

事實上，事情與別人並不是造成我們憤怒的原因。憤怒是自己造成的，它是對壓力來源的反應。「刺激」這種反應是受到三大信念操縱：

一、你認為別人應該知道你要什麼，所以知道如何待你。

二、你認為「這件事情（或是這個處境）糟透了，讓人受不了了！」

三、你認為「這都是某某給我惹出來的事情，實在應該受到懲罰！」

若這三個信念堅定不移，則可能會激怒個人或團體，例如被交通擁擠的問題激怒，是因為原本期待交通是順暢的，然而情況卻不從人願。於是開始想：「糟了，我要遲到了，我必須在下午1點趕到辦公室。」當腦海中冒出愈多「糟了」、「應該」、「必須」等字眼，就愈會挫折、急躁、不耐煩、易怒（藍采風，2000，頁210-219）。

導致憤怒的因素

憤怒是一種世界性的情緒表達，程度可小可大，也許僅是稍微不高興，也有可能怒火沖天。表達憤怒與侵略性不同，當人們有機會表達憤怒時，大多是短暫且低程度的。

什麼原因導致憤怒？答案因人而異。大部分的憤怒源自人們相信別人對待他們不公平及不公正，或對某種事情的發生無法接受。有些人則會怨天尤人。所以，首先的情緒反應是不相信，例如當個人被診斷患了癌症，最初的即時反應是「癌症怎麼會發生在我身上呢？」癌症病人常會覺得他們的生活是有規律的，發生這種遭遇，真是一件不公平的事！

不滿、憤怒與生氣，是當我們遇到挫折、失去親愛的人或是珍愛的事物時，正常的情緒反應。憤怒也常發生在被迫失去自由、獨立的權利，或生活模式有重大的改變時。許多經歷重大手術而失去某個器官或身體某部分的病人（例如乳癌患者的乳房切除手術），會承受很大的心理刺激，反應是由不相信、拒絕，再到憤怒。憤怒是一種情緒對壓力來源的反應，當病患獲知自己得到不治之症時，強烈的「無助感」也極易導致憤怒的情緒。

什麼是引起個人憤怒的因素？大致可歸納出下列幾點：

一、**扳機**（trigger）**作用**：一件小事情使個人的情緒失去平衡，就像槍的扳機一樣，一觸即發。也有人的憤怒是來自「老羞成怒」。

二、需求太多：因為來自四面八方的需求同時加在身上，個人無法應付，感到時間緊迫，開始緊張，進而有壓力，在此情形下容易發怒。

三、肢體的緊張：因受刺激導致肢體緊張，甚至會引發暴怒的行為。

四、對挫折的容忍度低：因雞毛蒜皮的小事煩心。

五、容忍度有極限：雖對挫折的容忍度高，但因有其極限，若到了「孰可忍，孰不可忍」的地步，人就「爆炸了」。

六、缺乏彈性：思想太固執，無彈性，經常用「應該」、「絕對」、「必須」、「非要不可」、「絕不通融」等字眼。

七、悲觀：抱持僅看事情負面的傾向。事情不順心時，常會說出「糟透了」、「太令人失望了」、「走投無路了」、「完蛋了」等話。

八、抑制：將煩惱、不滿塞進情緒的瓶頸中，過度壓抑情緒，以致內心累積痛苦。

為何敢怒不敢言？

若是要求自己必須永遠都表現出非常自制的樣子，那麼你將不斷受苦。憤怒管理的另一個層面是了解自己為什麼有時候可以抑制情緒，甚至「敢怒而不敢言」。下面是幾個可能的原因（Powell, 1997）：

一、怕傷害別人。我們很容易考慮到如果發怒，會傷害到別人或怕傷了別人的心。

二、怕被別人看到自己的怒容。如果你要求自己永遠都當「好好先生」，那麼別人就會開始占上風，並繼續刺激你的情緒。

三、怕失去控制。其實如果能適時表達感觸，並不會失去自我控制，因為愈是熟悉自己的情緒，愈不會失去控制。

四、怕被拒絕。雖然在正式關係中（如工作場合），發怒容易損及二人的關係，但是在非正式（如朋友、親戚等）的關係中，適當的表達氣憤反而能讓對方知道自己的感觸，有助於重建關係，這種關係也較能持續長久。

五、怕搞砸一切。其實對某種極端不滿的情境表達憤怒，反而能讓對方察覺到自己對這個議題的態度是嚴肅且關心的。

六、怕被報復或引起反彈。有的人深怕表達出自己的憤怒會使對方也很生氣，但事實證明，表達情緒比不表達情緒更能澄清事態。不表達情緒，容易「懷恨在心」，長久下來反而傷害自己的健康。

七、不知如何自我肯定。憤怒也是一種自己內心的衝突，顯示個人不知如何表達自己的情緒與感觸，也就是缺乏「自我肯定」的技巧。下一章將再詳細討論如何做「自我肯定」訓練，以防止「敢怒不敢言」的內心糾結。

自言自語消除憤怒法

有些治療者認為焦慮管理的方法之一，是自言自語；憤怒管理也可以用這種技巧來紓解。

在練習1提供了一些在不同情況的憤怒狀態下，可採用的自言自語基本話語。有的話語只具低效率，有的話語則較有效。平常在開車時、洗澡時、或散步時，不妨加以演練，試著運用較有效的話語，以備隨時可能面對的挑戰。

練習1　自言自語憤怒調適法

一、壓力情境下的憤怒調適法

有效的自言自語	低效率的自言自語
1.我必須做什麼？	1.我必須贏得此「戰」！
2.這件事令我懊惱，但我知道一些應對的方法。	2.這件事快氣死我了！
3.也許根本沒有爭執的必要。	3.我知道爭執一定會發生。
4.不要把這件事看得太認真。	4.這一次實在是太嚴重了。
5.做個深呼吸，放鬆一下，漸漸覺得好一點了。	5.我已經準備好去對付他了。
6.換個角度想一些幽默的事情，因為笑與氣憤不可能同時存在。	6.他會發現我真的把它當一回事了。

二、當憤怒快要被激起時的調適法

有效的自言自語	低效率的自言自語
1.我的肌肉開始緊繃了，放鬆吧！	1.我真的很緊張。
2.我的憤怒會告訴我必須做什麼，時間會幫助我度過這個難關。	2.這件事真令人生氣。
3.我們一點一點來分析吧！	3.他是錯的。
4.也許我們兩人都是對的，我們可以試著合作。	4.他與我是敵對的。
5.記著，不是誰對誰錯，重要的是：什麼才是對的？	5.我們兩人中僅有一人是對的，而我當然是對的。
6.爭執無用，大家坐下來好好談。	6.看吧，他已經準備好要理論了。
7.他也許想要激怒我，我不能讓他得逞。	7.我要給他一點顏色看看！

三、當憤怒臨頭時的調適法

有效的自言自語	低效率的自言自語
1.我愈是冷靜，愈能控制自己。	1.他根本無法控制自己。
2.我在想，如此氣憤得到了什麼？	2.我要以牙還牙。
3.我不必證明自己是什麼。	3.我不能讓他好像無事一般的走了。
4.我不願意小題大作。	4.我要理論到底。
5.看好的一面吧，我不願作最壞的結論。	5.這將是一件很糟的事情。

四、當事情過後，憤怒已平息的調適法

有效的自言自語	低效率的自言自語
1.這是很糟的情境，要花時間去想清楚。	1.這種事總是發生。
2.我要試著就事論事。	2.他還是不懂我在講什麼。
3.其實並沒有我想的那麼困難。	3.我應該多講一些才對。
4.我對我的進步感到很高興。	4.下次我非贏得這場爭執不可。

＊資料來源：Charlesworth & Nathan, 1982，頁235-245。

如果可以，最好每天用一點時間練習憤怒調適法，可先選一個情境，再按「有效的自言自語法」（左列）與「低效率的自言自語法」（右列）比較練習；也可以用自己熟悉的字句，例如：睜隻眼閉隻眼，能原諒別人的人就有福了；口唸《金剛經》或阿彌陀佛（或向上帝禱告）；或說「退一步便可海闊天空」等。

從練習1我們可以看出，表達憤怒有六種典型的口語：

一、埋怨與攻擊別人。如：「都是你的錯……」

二、諷刺之語。如：「你做了一件『偉大』的事情……」

三、侵略性語言或口出惡言。如：「你這隻笨豬，王八蛋。」

四、退縮。如：「沒事！」

五、罪惡感。如：「我知道你不可能做這件事。」

六、丟或打破東西（動手及動武）。

為了達到理想的效果，建議改用比較有技巧的口語，例如：

一、以「我」為發語詞，表達感觸。如：「我很氣憤，當你……」。

二、發現隱藏的感觸，並坦承的表達出來。如：「我對我的工作環境很不滿意」、「對不起，我今天不能看你的書，等心情好一點時再看」。

三、有一點點憤怒時就該表達出來，不要積蓄到山洪爆發。

四、可以對人或動物大聲喊叫，如用腳跺地或發出怒言，這是比較無傷大雅的。

五、寫信也是表達情緒的一種方式，試著寫一封情緒氣憤的信給對方，但暫時不要寄出，等氣消之後，再決定是否要修改這封信。

要改變個人的憤怒模式不是件容易的事，需經過一段時日的練習才能做到。此處討論的是與人互動時所產生的憤怒情緒的調適，但另一種憤怒則來自外來的事（非人）加諸於自己身上，例如得了癌症、龍捲風或地震破壞了房子等。這種重大疾病或天災令人悲憤交加，調適之法在前文中曾闡述。最後很重要的一點是：憤怒的調適與個人的信念、認知有關，許多的壓力都是源自個人的信念及認知系統。

如何避免憤怒的發生?

除了上述以思維、口語訓練來降低憤怒的情緒外，我們也要學習如何避免或減少憤怒的發生。以下提供四個避免憤怒的方法：

一、不要與喜歡憤怒的人為伍：情緒是會傳染的，如果身邊的朋友動不動就發怒，自己也會受到感染，反而與朋友一起動怒，尤其當憤怒與憤慨的情緒相連在一起時。最好不要去參加憤怒團體的示威遊行。

二、注意自己的人格傾向：如果自覺是個對批評敏感的人，則應學習如何使自己表現出有創造性的反應。例如：期待對方有完美的表現，當看到對方的表現不佳時，不要太失望或憤怒，乾脆就降低對對方的期待，學習去接受對方「他是什麼」而不是「你希望他是什麼」。這種態度有助於降低自己因失望、挫折而產生的憤怒情緒。

三、不要以為憤怒對自己有益：有時候我們以為把「生氣」發出來，心境就會好一點，但其實發怒（即個人對壓力源的情緒反應）後，會刺激腎上腺素的分泌，繼而影響生理的反應，包括血壓上升，久而久之，的確有傷身心。

四、對激發自己憤怒的人表示我們的「自我肯定術」：如果對方不聽從、不改變，乾脆就離開對方，離得愈遠愈好。雖然這種逃避的方式不能真正的改變對方的行為，但也可暫時降低憤怒。俗語說：「結婚前，睜一隻眼閉一隻眼，結婚後只用一隻耳朵去聽，關閉另一隻耳朵。」這也是一種消極、逃避、包容的處理人際關係法。

不要對別人太刻薄。其實當我們不能容忍對方的不愉快，我們自己也不愉快。試著了解對方不愉快的原因，說不定是我們激發對方的。當我們對對方挑剔、刻薄時，正反射我們自己不愉快型的人格。「有容乃大」，能寬容別人的人是不容易發怒的。同時，也要洞察自己是否有不正確的認知，而導致長期性的怨恨。基督教青年會YMCA推動的「關懷、誠信、盡責、尊重」品格教育，很值得作為學習參考：凡事用心、凡事謙卑、凡事包容、凡事相信、凡事盼望、凡事忍耐、凡事謝恩、凡事長進。

有效管理憤怒

一旦發現自己憤怒了，應運用一些策略去息怒，並且設法解決憤怒的根源。以下是一些健康且安全處置發怒的方法：

一、對自己表明憤怒的情緒（適度憤怒：有自知之明），「我正在發怒而且非常不高興，有很深的挫折感，我實在不喜歡這種感覺！」

二、察覺憤怒所引發的生理反應（洞悉壓力信號），例如：全身發抖、冒冷汗、想嘔吐、臉孔發熱等。

三、以「我」的語句向別人表達感受，如：「我很氣憤，因為你讓我無端被罵！」、「你讓我等那麼久，讓我覺得很不耐煩！」

四、洞察其他相關的感觸，例如：無希望感、無助感、害怕、傷心等。憤怒成為更深層挫折感的一種掩飾。

五、立下可達到的目標。為了減少挫折感，你應將經歷置於「我能做什麼」，而非「我不能做什麼」。

六、知識就是力量，避免陷在憤怒之中，應將精力放在進一步了解導致憤怒的情境上。如果因被醫生宣告罹癌而憤怒，應該蒐集相關文獻，了解癌症的性質以及可能進行的治療。包括兩個階段：

(一)對造成憤怒的事件感到悲慟，但是必須化悲慟為力量，並權衡放棄或持續憤怒。

(二)接受別人的協助。

七、若是憤怒並非源自一個特定的事件（例如癌症），則應採取下列步驟來適應由事件所帶來的危機經驗：

(一)釐清各種可能造成危機的情境或後續的事件。

(二)釐清可以改變及不可改變的情境。

(三)認清那些能改變的情境是否可以立即改變，還是要耗費長久的時間及眾人的力量才能改變，例如：環境汙染、交通混亂、官僚作風等。

(四)設法探討其他能夠解決問題的方法，需要何種資源才能解決問題？問題是否能夠完全解決，或僅能解決一部分？在做決策之前，必須做哪些準備工作？目前決定用什麼方法來解決問題？為什麼認為這個方法行得通？

(五)雖然批評或埋怨是憤怒的正常反應，但是它無濟於事。例如家長因孩子考試失敗而生氣，也許會埋怨老師教導無方或考試制度有弊端，但埋怨是消極的，採取行動才是積極的。積極的行動才能導致改變，比如為孩子換一位老師，或與現任老師商討，教導孩子學習如何準備考試與用功等。

八、寫下不滿，發洩憤怒的情緒。憤怒時不要破口大罵，不要摔東西、暴跳如雷。最好是把自己憤怒的心境寫出來。寫在紙上不會傷人，也有助於將一肚子氣發洩出來。不要在憤怒時寫電子郵件，因為一旦指頭按下「寄出」，可就「駟馬難追」了。把憤怒寫在紙上時，不必管是否條理分明，反正想到什麼就寫什麼，把所有感觸寫出來就對了。一直寫到無法再寫下去，並知道已寫夠了，此時滿腔的憤怒其實也減了大半。下一步則是靜下心來想一下：「這個憤怒到底有多重要？」如果很重要，「憤怒能解決問題嗎？」如果認為憤怒無濟於事，那麼就把剛才寫的紙撕毀或燒掉。看到這些讓自己憤怒的事都變成碎屑，怒氣也會消失了一半。接著，則可用冷靜的情緒來評估整個情況。

九、鬆弛術。察覺自己在發怒時，不妨運用簡單的鬆弛術。深呼吸，想像一個能讓你輕鬆的情景，口中重複的唸唸有詞，例如：「看開些」、「隨遇而安吧！」，或者聽音樂、作瑜伽、靜坐等。也可以數天上的星星，從1數到10，都有助於將怨氣消弭下來。正如證嚴法師所說「人生無法事事都圓滿，因此更要有善解之心。」、「與人生相處共事，不要存計較心態，否則徒然消耗氣力與才能，虛度時日。」做做運動，鬆弛筋骨，也能協助我們把怨氣消去。

十、改變思維。簡單而言，就是改變想法。發怒的人容易詛咒、發誓或誇張情境。試著改以較理性的思維，例如不要說「糟糕透頂，我沒救了！」、「他毀了我的一切！」等負面的用語，而說「實在令人挫折，但我知道為什麼會這樣。」、「這不是世界末日，而且生氣實在解決不了什麼。」負面的話只會讓自己更加憤怒，並且輕易作出不成熟的結論，反而更添懊悔。

憤怒時的有效溝通

當事情不如人意時，我們會失望，甚至會憤怒，這是很正常的。尤其當這些事情非自己所能控制時，失望是很自然的。此時，憤怒其實是無濟於事。筆者經常搭飛機長途旅行，當飛機誤點或取消時，經常會在機場看到一些失望與憤怒的旅客。憤怒的旅客大聲與櫃檯小姐理論，一點助益也沒有，因為飛機班次並不是櫃檯小姐能操控的。最好的方法是冷靜的探問飛機誤點的原因（因為資訊不詳會增加心理不安與不滿），然後詢問下班飛機有沒有空位，或者是否將調到其他航空公司的飛機。如果時間相隔很久，應向航空公司要求餐飲券，以便在等待的時候先去用餐。這個經驗說明當我們遇到不可控制的情境時，愈早接受事實，想辦法解決問題，是避免壓力的良方。大部分的時候，憤怒只不過是情緒的表達，而對全盤情境幾乎毫無幫助。以心理學而言，憤怒是屬於第二種情緒，它通常是在第一種情緒——焦慮或不安之後發生的。此外，研究也指出憤怒可能傷及我們的免疫系統。

當發現自己處在憤怒時，首先應問自己：「我在害怕什麼？」、「有什麼事情威脅我？」、「我感到無望與無助嗎？」

企業顧問與諮詢師芭芭娜・布拉罕（Barbana J. Braham）以四個英文字「DEAR」說明憤怒管理的簡要方法（1994，頁54）：

D：Describe the situation（描述情境）

E：Express your feeling（表達你的感受）

A：Ask for what you need（提出自己的需求）

R：Reinforce the other person（加強對對方的好感）

這四個方法再分別闡述如下：

一、Describe（**描述**）

這一步驟不是要我們瑣瑣碎碎的列出一條條引發憤怒的流水帳，而是簡潔明瞭的道出真正讓我們憤怒的原因。

二、Express（**表達**）

描述情境之後，則要表達自己的感受，也許是不高興、挫折、失望、混淆、緊張、害怕等。一旦察覺到自己的感受之後，再向對方說「我覺得……」。當開始用「我」的字眼時，可免去對方採取防禦攻勢來反擊（請參閱「自我肯定」一章」。

三、Ask（問自己需要什麼）

描述、表達之後，接著是表明自己需要什麼，需要做什麼改變。若是不讓對方知道我們希望如何改變情境，那麼僵持在現況下，如何能解決事情呢？不需要盲目揣度對方的想法，先將自己的看法（建議）說出來，再平心靜氣的聽聽對方的意見。

四、Reinforce（加強）

不要忘了加強對方在解決事情上所付出的努力與貢獻。簡單的一句「謝謝你」就可以冰釋前嫌了，同時也可再進一步讓對方了解道謝的理由。「謝謝你不在開會時抽菸。因為我有氣喘的毛病，你停止抽菸後，使我不再感到想咳嗽了。」這種溝通的方式，可再用三個「F」來闡述：(一)FEEL（感觸）；(二)FELT（感到）；(三)FOUND（找到了）。

把事情攤開來後，雖然心裡會舒服多了，但問題尚未解決。我們應回想為什麼自己會與別人有衝突或誤解呢？其最大的原因是我們僅用自己的角度去看事情，而未考慮到別人的觀點或為別人著想。就像登山觀景一樣，從山底下看上去，只看到一個山峰，等我們愈爬愈高，再往下俯視，才會發現原來眼下並非如原先所看到的一個山峰而已，而是充滿高低起伏的山嶺低谷。

我們要訓練自己以客觀的角度來判斷，簡單的說，就是要轉換情境、表達想法、採取行動、尋求協助，並謹記以下五點：

一、不要苛求什麼事都照自己的方法去做。

二、找一位最適當的人來幫助自己。

三、向這位能幫自己忙的人解釋事情的來龍去脈（用上述的「DEAR」法則），並估計要用多少時間才能把情境改善。

四、確認協助自己的人真的能夠幫忙。

五、表達感謝。

壓力管理即是尋找平衡的藝術。平衡自己的資源能力與外來需求，平衡「施」與「捨」（見《捨得》一書，2011），平衡「是」與「不是」。我們必須學著去平衡情緒、生理、心智及精神各方面。當一個人能平衡身心時，他的生活品質也無形中提升了。時間管理是生活的技巧。而什麼是生活品質呢？簡言之，生活品質就是知道如何將壓力降到最低，知道如何管理生活上各層面的平衡，以及保持良好、快樂的人際關係。本書後續將分別探討「自我肯定訓練」及「時間管理」等壓力適應相關的課題。

評量2　表達自己的憤怒

學習憤怒管理，也要學習自知之明。評量2將有助於了解自己平常是如何處理憤怒。你多久憤怒一次？當你憤怒時，你的緊張程度如何？當你憤怒時，你是否將它藏在心底，投射到別人身上？或是用具有創造性的方法去處理憤怒呢？請在下面的題項中，依自己的情況寫在「很像我」或「不像我」欄中，每題1分。

一、憤怒的發生頻率與強度

題項	很像我	不像我
1.我比其他人更容易發怒。	____	____
2.要讓我發怒是很容易的。	____	____

3.某些事使我每天發怒。	____	____
4.我對我如此經常發怒感到奇怪。	____	____
5.有時，我覺得無緣無故就發怒了。	____	____
6.我覺得我不應該發怒。	____	____
7.我只要想起過去什麼事情，我就發怒了。	____	____
總分	____	____

二、壓制憤怒

題項	**很像我**	**不像我**
1.當我憤怒時，我常退縮。	____	____
2.我很容易像小孩生氣時一樣的噘嘴或發脾氣。	____	____
3.我常比我想承認的更憤怒。	____	____
4.我在背後批評別人。	____	____
5.我即使對事情有不滿，也壓抑不說。	____	____
6.我隱瞞事情。	____	____
7.其實我比別人想像的更容易生氣。	____	____
總分	____	____

三、發洩怒氣

題項	**很像我**	**不像我**
1.當我發怒時，我會用力開門或摔東西。	____	____
2.當我受到刺激或被干擾時，我會諷刺別人或臭罵別人。	____	____
3.我有與別人爭吵的傾向。	____	____

4.當別人對我不尊敬時，我即刻以牙還牙。 ____ ____

5.當我憤怒時，我會不惜一切與對方爭執到底。 ____ ____

6.我有攻擊人而非攻擊議題的傾向。 ____ ____

7.當我生氣時，我不管三七二十一對任何人都發怒。 ____ ____

8.即使我發怒了，我仍然耿耿於懷，始終無法消氣。 ____ ____

總分 ____ ____

四、正向的面對情境

題項	**很像我**	**不像我**
1.當憤怒的時候，我會在一天內就將衝突的原因表明出來。	____	____
2.我會先用一點時間來思考為什麼這件事情會發生，然後才去表明我的情緒。	____	____
3.我將衝突保持在相關的人之間，而不去到處張揚。	____	____
4.當必須與人攤牌時，我會先去傾聽對方的說法，然後我再讓對方聽我的看法。	____	____
5.我輕描淡寫的讓對方知道我的感受與需求，而非拖泥帶水的長篇大論。	____	____
6.我用「我」的口語，例如「我實在很生氣」，而非「你」的口語，例如「你惹我生氣」。	____	____
7.我重視合作，希望達到雙贏，而非「我贏、你輸」。	____	____
總分	____	____

統計前述的各項積分，若第一項的答案傾向於「很像我」這一欄，表示你的憤怒表達方式是傾向於經常且強化的；若第二項的答案傾向於「很像我」這一欄，表示自己有將憤怒隱藏在心底的傾向；若第三項的答案傾向於「很像我」這一欄，表示自己想表達心裡的憤怒，但卻表達不適當。若三項的答案均傾向於「很像我」這一欄，那麼你必須學習憤怒管理，性格上也較傾向於A型人格（見第4章）。

＊資料來源：Ann K, Soderman, *Stree and Change,* Michigan State University, Home Economic Program (1989) 磁帶。

7 衝突管理

永遠要尋求雙贏的協商方式。

有容乃大，有容即能化解衝突。

意見相左與衝突是任何組織的人際關係不可避免的動態面，小至朋友、家庭，大至不同的族群、國家。組織是由許多不同背景、年齡、族群的成員所組成，各有不同的觀點、經驗，由於其相異性，因此發生意見相左或衝突是很常見的現象。

衝突會導致情緒變化，其中以憤怒最為明顯。憤怒會導致壓力，因此，我們需學習如何解決衝突，才能減少壓力。

所謂「衝突管理」是指以適當的方式來處理衝突。當然，衝突不宜永存，必須解決。可是，衝突也有它正面的功能。當兩個群體在競賽或競爭時，反而應鼓勵衝突。衝突能刺激創造性、發明性，以及以非傳統的方式將事情做好或下決策。但是如果衝突僅是個人為了自我中心，非贏不可的心態，則衝突不僅不能促進創新，反而會帶來摧毀性。

衝突導因的種類

衝突的產生有許多不同的原因，包括資源不足、目標不同、對事情先後緩急的看法不同，或對處理事情的做法相異。另外，價值觀的不同、性格不合，以及對事情的解說有不同意見等，均會造成衝突。雙方若對事情的解決有所不滿時，也是造成衝突的主要潛因。若彼此對資訊有誤解，則易引起情緒上的憤怒與害怕。大體來說，衝突的導因有三大類：

一、內容的衝突

這種衝突發生在雙方對所討論的事情的諮詢、條件、目標、策略等有不同的意見或誤解，而導致不滿。這種衝突問題不在雙方口角上的爭執，而在如何達成共識上的衝突。例如，夫妻倆討論要去何處度假，夫說去海南島，妻說去夏威夷；或討論去何處晚餐，夫說吃中餐，妻說吃西餐，兩人不能達成共識而不愉快。兩個國家爭論領土的所有權，各不相讓時，也造成兩國的敵對。

二、價值的衝突

價值衝突涉及觀念與意識形態。價值觀念影響態度與行為。例如：環保者與木材業者對砍伐森林的爭執；美國共和黨與民主黨對政府向中產階級與富人稅收的爭執。國際關係中，兩國因政治理念的不同（民主與極權制度），也是造成國際衝突的主要原因。價值衝突唯有以妥協方式，才能減少雙方的對峙，以及因價值觀而引起的利益爭執。

三、自我中心的衝突

自我中心的衝突來自「非贏不可」的心態。雙方各自認為對方是錯的，是弱勢的。因此，對峙時以極主觀的方式去衡量對方，不甘示弱，也以強權去壓制對方。這種的衝突性最難處理，僵局必持續。

無論是哪一種衝突，其結果一定會傷害雙方的感情，帶給雙方情緒上的壓力。身為領導者，最重要的不是去爭取輸贏，而是去設想如何有效的處理或管理衝突的情境。很顯然的，衝突僅會帶來不愉快的工作關係與更低的生產率。本章旨在討論如何協助管理者學習衝突管理的技巧，以提升良好的人際關係與理想的績效。

避免衝突的溝通模式

衝突是人際關係溝通的一種負面方式。雖然衝突有時也能帶來正面的後果，但僅為極少的情況，一般而言，衝突定會帶給當事者不愉快及壓力，無論如何應該去避免它。我們可以用四個方向來避免衝突：

一、用積極的聆聽以減少衝突

我們很容易犯一個錯誤，就是在衝突的時候只顧滔滔不絕的談論己見，而沒有用心聆聽對方的闡述。當對方闡述時，我們把精神集中在準備如何反駁對方，而非真正聆聽對方的訊息。我們很容易在氣憤與不滿的時候，就做出主觀的判斷。換言之，衝突中的雙方很難有真正的溝通。「公說公有理，婆說婆有理」，難以冷靜、客觀的去消化對方傳來的資訊，而專注於鑽牛角尖，將自己處於備戰的情形。當情緒高漲，滿腔憤怒時，最易口出惡言，或毫不在意的去攻擊對方。即使事後很後悔，但惡語一出，駟馬難追，只有導致衝突更加惡化的情境。

我們所要學習的是，如何將防衛性的溝通轉為誠懇的聆聽，也就是積極性的聆聽。我們應該讓對方知道，我們是很專注的在聆聽，也可用點頭、揚眉、手勢等肢體方式，讓對方知道我們是在全神貫注的聆聽。試著向對方說：「請再說一遍好嗎？」「請再解釋一下好嗎？」「你覺得對這件事的看法是怎麼樣的？」

避免用「是」、「不是」、「對」、「錯」、「應該」、「絕對」等比較強烈的主觀用語。這些短語容易阻擋下一步的溝通。試著再去闡述對方所說的，例如「請問，你剛才是說……」，「我的理解是……」，「你好像關心……，是嗎？」假如對方不同意我們的闡述，那麼就請對方再說一遍。對方可能會答：「對了，那就是我所說的。」，「對了，我想你對我說的有所了解了。」另外一點是，無論你多麼的不同意對方的說詞，都要忍著，不要去中斷對方尚未說完的話，否則就容易失去聆聽而立即作出反駁的姿態。

二、開門見山的攤開衝突的原因

組織內發生不愉快的人際關係，包括表面化的衝突是不可避免的。我們都得學習如何採取有創造性的方式解決衝突。以下是可行的步驟：

(一)邀請對方（個人或團體）到一個沒有「威脅性」的場所（例如選擇在會議室而非老闆的辦公室）會面。

(二)開始討論時，以直截了當、清晰的口吻告訴對方今天會議的目的。例如說：「小張，請你到我這兒來討論一項你我意見不同的事情——與某公司所訂的合約。我希望與你好好的，面對面的討論一下我們是否有可能達成妥協，擬訂一個你我都能感到滿意的合約。」溝通的要點如下：

1.小心的、有誠意的去聆聽對方的說法，並且提出真正不同之處。

2.記住要尊敬對方，千萬不可以扯著嗓子大聲說話，甚至口出惡言。

3.不論斷對方的是非，而是將討論的重點放在如何解決問題上。

4.找出其他的選擇。將重點放在事情上，而不是針對人。

5.提出行動計畫。討論下一步應該怎麼做，才能解決問題。

6.決定是否需要再開一次會，把事情真正的落實。

三、不要讓衝突惡化；隨時化解小衝突；自我反思

自我檢討：為什麼我不願意去面對衝突的情境？同時自問：「我到底最關心什麼？」、「是什麼阻擋了我去面對衝突的情境？」、「我到底在怕什麼？」美國前總統羅斯福曾經說：「『害怕』是最糟的敵人。其實我們沒什麼好怕的，我們怕的是『怕』本身。」

知道了害怕的根源之後，就要採取行動或改變思維，重新對情境下定義。不妨與同事或上司分享一下心中的懼怕，並向他們請教高見。

四、與同僚發生衝突時，請主管來出面解決

組織內難免會有人際關係上的衝突，但管理者應在衝突發生之前，或者尚未到不可收拾的地步時，採取有效的做法來處理、妥協，或仲裁衝突的惡化：

(一)管理者要讓員工知道本組織處理衝突的程式與步驟。

(二)讓各成員了解自己的職責與權限。衝突的發生常是因一方不了解自己的責任，而未妥當的完成它；或不了解自己的權限，而不慎越權去侵犯到他人的領域或管轄範圍。許多的衝突，都是因侵犯了他人的權利而導致不可收拾的誤會、猜忌與不滿。

(三)了解個人在衝突時，可能產生情緒上的困擾，例如憤怒、埋怨、退縮、不合作、忽視與藐視。

(四)不公平的獎懲制度，最易引起員工的不滿、激動與憤怒。因此組織必須將重點放在制度的修正，而非員工的培訓上。

(五)解決衝突的重點，應是對事不對人。所以不要問員工「你為什麼這麼做？」，而要問：「我們如何能把事情做得更好一點？」

(六)當我們必須與發生衝突的對方進行協商時，是很不愉快又尷尬的，但是逃避不去面對現實，絕非解決問題之道。所以無論如何，還是開門見山的把衝突的癥結處攤開來吧。如此才能化大事為小事，化誤會為無形。

衝突管理的要點

當發生衝突時，若能掌握有效的衝突管理方式，才能找到轉圜的空間，創造雙贏的新局。以下提供一些衝突管理的要點：

一、先了解對方的想法，再向對方解釋自己的觀點。確認自己已掌握對方所要表達的主旨。

二、先確認雙方的共識，再去討論意見相歧之處。

三、藉由雙方已達成的共識，建立友好的關係，再去討論彼此不同的觀點。

四、要討論雙方的衝突點時，首先要表明自己有意解決問題的誠意。

五、一定要對事而不對人。不要去假設對方是故意與自己作對。

六、不可口出惡言。

七、確認目前的時間地點正適合討論雙方的衝突。

八、不要將目前的衝突視為雙方性格上的衝突。確認這個衝突是因雙方對目標、方法、觀點或程序上的歧異。

九、衝突就像敲鈸一樣，要有兩片才打得響。因此，衝突既然是由雙方造成的，要解決衝突也必須雙方共同來協商。只靠單方努力，是解決不了衝突的。

十、當雙方堅持己見時，可請託相關的第三者為仲裁人，才能以較客觀的方式來協調衝突。

十一、要解決衝突之前，應先洞察雙方的需求。當雙方的需求都能被滿足時，衝突也較容易解決。因此，「針對需求」是解決之方的第一步。

十二、不可用防衛術來處理衝突，應虛心的去傾聽對方可能遭受的委屈或對方所在意之處。

十三、人在衝突時很容易主觀，不妨請他人分析自己處理衝突的情形，以了解自己在處理上可能有的盲點。

十四、思考應採取哪種解決方法，對雙方都有利。

十五、不要逼人上梁山，留著後路給對方。不要讓對方下不了臺。

十六、永遠都要追求「雙贏」的解決方式。

十七、討論及分析造成衝突的真正原因。

十八、先想想，這個衝突是否值得自己費那麼多的心思和精力，同時也反省以下幾點：

(一)我的聲音是否愈說愈大聲：

(二)我感到憤怒嗎？我有受到傷害的感覺嗎？

(三)類似的事情不斷的發生在我身上嗎？

(四)我覺得對方是在向我挑戰嗎？

(五)我覺得非常有挫折感嗎？

(六)我覺得對方很不尊敬我嗎？

(七)我總是批評對方嗎？（例如：怎麼你老是不明白我說的話！）

雙贏策略

成功的妥協，應使雙方都能對結果感到滿意。當雙方在解決衝突的過程中，都願意各自在某些方面退（輸）與進（贏），如此，就比較容易達成理想的結果。這正是所謂「雙贏」的局勢。

欲達到雙贏的局勢，包括幾個有效的步驟：

一、檢視我們想要「先贏」的心態；也分析對方為什麼不肯讓我們贏的癥結。

二、當雙方不同意某項論點時，試著去找出另一個雙方共同的目標。將討論放在如何往該目標上進行。切記，當不同意時，不可攻擊對方。討論的重心應該是對事不對人。

三、討論結束後再反思一下：雙方各自進退了哪些方面？這些進與退是否讓雙方都能滿足？如果發現對方是抱著爭輸贏的心態，不妨向對方提出：「看來你是想以高姿態的方式來解決衝突，你並不關心我們的情況。」也許聽了對方的回答後，我們也會發現自己抱持爭輸贏的心態。雙方都把話攤開來後，再心平氣和的繼續協商。

以下提供一些協商方法（Greenbag, 2011, pp.394-395）以達到雙贏：

一、避免提出不合理的要求

例如去買車的時候，賣方開價30萬元，我們卻出價10萬元。價錢相差太大，顯然是不合理的還價，反而會讓賣方認為我們沒有誠意進行交易，乾脆就中止對談。如果提出的是合理的還價，例如25萬元，則交易還有可能進行下去。當然，也要看是哪種交易。有時候在路邊攤買東西，殺價砍價一半以上也是常見的。如此的交易是一場費時的拉鋸戰，你進一步，我退一步，買方與賣方找到中間的價格後，交易才可完成。也就是說，協商的過程中，雙方須找到一個共同的平臺。只有表現出誠意，才能夠進行討價還價。

二、擴張所討論的範圍

當雙方在協商過程中，有好幾個議題要討論時，也許某個議題上我方贏了，另一個議題上輸了，但也算是達到另一種平衡。例如，工會與公司討論工資問題時，公司不答應提高工會會員的工資，但是承諾讓會員參與一些重要會議（即成為某委員會的分子），如此則各有輸贏，使勞資雙方的協商結果達到一個彼此都接受的情況。又如上述買車的經驗，如果買方殺價不成，賣方可提供其他優惠，例如延長車子的保險期限，每週提供免費洗車，或每半年提供一次免費換油等等。如此，買方雖然接受了自認為不是最理想的殺價，但也感覺得到了一些利益，這項交易便此能順利完成了。

衝突解決的模式

衝突解決（Conflict Resolution）是一種以和平方式解決衝突的方法與過程。當兩個團體發生衝突時，雙方透過溝通以釐清衝突的原因或導致衝突的意識形態，並且以多方的妥協來達成共識。除了妥協之外，尚有調停、外交，及集體建立和平等方式以達成解決衝突。

所謂衝突是指兩方之間的對立，當雙方各用主觀的取向來衡量衝突的情況時，最容易發生衝突。所以，如何由主觀轉為客觀的取向，是解決衝突最基本的出發點。一般而言，解決衝突的方法有下列幾種模式：

一、避免衝突模式

這是指當衝突發生時，當事者抱著「再看看吧」的態度，暫時擱著問題，不採取任何行動，企圖藉由時間來解決問題。不幸的是，這種不去面對問題的模式，往往使衝突日益嚴重。

這種解決衝突的方式，也可稱為撤退的方式，它一方面是避免與對方作正面衝突，但也意味在心理上無視衝突的存在。例如：三十六計走為上策，離開現場，保持沉默不語。有時是因為過去衝突的經驗留下了心理受創的傷痕，害怕再去面對它。當衝突是與具有權威的人，例如父母或上司，或感到寡不敵眾時，撤退是一種應對當前危機與壓力的手段。撤退的優點是給自己一段冷靜的空間，再回去處理困境，或乾脆不了了之，或向對方屈從。不過，不管是採取避開或撤退的做法，都是屬於不敢面對現實的不成熟行為，壓力源將永遠存在。這是一種負面或無效的衝突管理法。

二、順應的模式

這是將重心全都投注在對方，而忽略自身的權益與需求。這種模式所尋求的是關心別人，滿足別人，寧可犧牲小我，完成大我，試圖能夠維持或恢復友好關係。這種模式的重點是與對方保有穩定的關係，認為雙方關係的維持比對峙更重要，也不在意是否壓倒對方。

三、競爭性的模式

以競爭取向的解決衝突模式，就如同下一章將討論的「自我肯定」訓練中的第一種溝通方式——侵略性的溝通方式，是「非贏不可」的態度。這種「迎戰」式的取向，會採取各種競爭的手段，例如爭執、侮辱、指責，及暴力等方式來諷刺或藐視對方。

當和解（修好）與競爭性衝突管理模式並用時，可能產生另一種模式，即勸服的模式。勸服或說服是指企圖改變對方的想法、態度與行為。如果對方心服口服的接受了，則形成正面衝突管理的模式；若對方用侵略性的方式逼對方修好甚至投降，則僅是表面上解決衝突而已。正面與成功的衝突管理，應是以理性對話為協商的步驟。這種方式使雙方的利益都能被合理的相提並論。

四、合作的模式

合作的模式是雙方互相關心，並且有誠意去解決衝突。此模式取向不僅維護個人的權利與需求，且為維持友好關係，也重視對方的權利與需求。此模式取向不僅運用「自我肯定」技巧，也以同理心去了解對方的處境。這是一種「雙贏」的策略，因為雙方都認為衝突其實是一種機會，並且相信「危機之後必有轉機」。這是解決衝突最理想的方法。

五、和解與修好模式

這種模式是雙方並非完全合作，亦非完全競爭的取向。雙方將重點置於公平的原則，即「施」與「捨」要平衡，雙方各退一步以妥協雙方的權利與需求。這種方式是上述第二與第四模式的延伸，也就是「對不同意的同意」（agree to disagree）。雖然其結果未必皆大歡喜，但至少不會使衝突惡化，而且能達到某種程度的共識。

上述五種衝突解決模式是由肯尼斯．托馬斯（Kenneth Thomas）與拉爾夫．基爾曼（Ralph Kilmann）於1970年所提出。他們認為這五種模式任人選擇，適用在不同情境上。他們也擬訂了「托馬斯—基爾曼量表」（Thomas-Kilmann Instrument, TKI）來測量個人較傾向於採用何種模式。衝突管理還有另一種取向，稱為「以興趣為基礎的關係」取向（Interest-Based Relational, IBR)。這種取向是以尊重己方與對方的相異處為出發點，藉由相互了解、建立友好關係的原則，從而解決衝突。

解決衝突應掌握以下原則：

一、確認良好關係是最基本的出發點。基於這個原則，雙方互相尊重，不出惡言，且尋求具有建設性的方案來協調雙方的歧見。

二、對事而不對人。設法了解當前的衝突是因立場不同而造成，並非對方刻意不顧妥協或故意找麻煩。

三、將重點放在了解對方的意向或需求。仔細的聆聽對方所言，理解對方的真正需求，客觀的去分析對方的目標。

四、先聽後說。先聆聽對方表述，然後再發言。當對方說話時，即使有不同意見也不應打斷對方，等對方講完後，再開口陳述我方的看法與訴求。

五、將一些事實清楚的條列出來，找出雙方所能接受的共同點，然後再協商一個解決衝突的方案。

六、尋求其他的選擇。雙方有衝突時，不要往死胡同裡打轉，而應尋求雙方都能接受的其他選擇途徑。不要反反覆覆的訴說對對方的不滿，而應將重點放在如何突破雙方目前的困境。畢業若要建立友好的關係，就要視對方的問題為自己的問題。不要把事情導向讓對方下不了臺階的情境。當對方下不了臺時，心中不滿的情結將永遠存在，衝突無法真正解決。

了解衝突的哲理

衝突代表的不僅在雙方意見的不同而已，衝突是一方或雙方感到情境帶給他們威脅或壓力，而且他們也認為威脅是真正存在的，不是一種幻想。我們對衝突的反應常是基於我們的文化背景、生活經歷、價值觀，以及信仰，有時也易流於情緒化。

然而衝突亦有它正面的後果。衝突帶來成長的機會。當雙方能圓滿的解決衝突時，彼此之間的互信是會提升的。衝突是一種危機，它也能帶來轉機。衝突是健康的人際關係的一種正常現象。我們不可能期待雙方永遠對任何事都互相同意，正如舌與齒互相依賴合作方能使人嚥食，但有時候牙齒也會無意中咬到舌頭，使舌頭疼痛不已。

要成功的管理衝突，必須具有以下四種能力：

一、先管理壓力，洞悉自己的情緒，預防衝突與激情，並且有能力去解讀自己與對方的非口語的溝通模式。

二、控制情緒與行為。當個人能夠冷靜的就事論事時，才能有效的與對方溝通自己的需求，而不必以威脅、懲罰或敵對之勢與對方堅持不下。

三、衝突時往往「言者無心，聽者有意」，或是「君子一言，駟馬難追」，結果造成更難收拾的局面。因此，解決衝突與對方溝通時，必須謹言慎行，用心去了解對方所言及非口語的動作。

四、衝突時最常激發出諷刺的話語或表現出不尊敬對方的言行。此外，個人也容易鑽牛角尖，挑剔對方毛病及誇張芝麻小事的情形。衝突時也常會與對方翻舊帳，誇張對方的短處，使雙方的關係更加惡劣。

總而言之，衝突管理的基本的技巧是：

一、正確的解讀自己與對方的非口語溝通模式。

二、聆聽對方的真意。

三、洞察自己內心的感觸。

四、了解自己的真正需求，也了解對方的需求。

五、將自己的需求以「自我肯定」的方式，明確、冷靜的表達出來。

六、運用壓力管理的技巧，先管理壓力源，再管理憤怒的情緒。

七、「無聲勝有聲」。先聆聽內心的感觸，聽了再說。

八、以幽默來化解緊張的對峙。

九、將「非贏不可」的姿態放下，衝突解決必須是「雙贏」的。

十、將重點置於當前的情境，也將重點置於能改變的，以及能控制的部分。

十一、願意原諒對方，也願意忘記過去。

十二、當提出一個條件時，必須使情況有妥協的餘地。

十三、針對議題的中心，而非誰做了什麼。

十四、避免指責。客觀的接受不同的觀點。

十五、如果實在無法解決衝突，請第三者出面調停或仲裁。

十六、運作有創造性的回應。將重點置於如何解決困境，而非一再的重複描述困境。

十七、蒐集資料。

十八、運作有效的溝通。例如：對方說：「這是不可能的！」那麼就問對方：「假如你做了，將會發生什麼？」若對方說：「總是……」再請教對方：「有哪些情況下，不屬於『總是』呢？」若對方說：「太多或太少……」接著再問對方：「與誰比較？」

十九、要達成有效溝通，應謹記聆聽、觀察、反思三原則，避免用防禦術。

二十、尋求其他的選擇。考量的方向為：

(一)這是基於雙贏策略嗎？

(二)各方的需求都能滿足嗎？

(三)具有可行性嗎？

(四)公平嗎？

(五)共有幾個選擇？哪個選擇為優先考量？

二十一、達成共識的最大阻力是什麼？能突破嗎？

解決劇烈衝突的其他方法

當雙方（夫妻離婚，交易的賣方不遵守原先與買方的協定，或雇主與員工無法達成工資與福利協定等）發生劇烈的衝突或爭執，實在無法解決時，或許可考慮採取法律途徑來解決。不過，由法庭來裁判衝突往往更花錢（律師費）又費時。因此，社會上提出其他解決衝突的方法，即「訴訟外紛爭解決制度」（Alternative Dispute Resolution，簡稱ADR），由雙方當事人委託中立的第三者來協助他們在法庭上和解，共包含兩種方式：調停（mediation）與仲裁（arbitration）。（Greenberg, 2011, 頁395-396）

一、調停

這是指請一位中立的第三者來當調停者，出面協助雙方達到能共同接受的協定。一般而言，調停者要先與雙方分別見面，然後再請雙方一起面對面協商。調停者不站在任何一邊，沒有主觀上的誰是誰非，僅是將討論的重點放在如何使雙方能達成協議。調停者沒有正式或法律上的職權要求當事雙方絕對或者必須如何做，他最重要的角色是促進衝突的雙方冷靜的溝通，並提出解決的方案。有時候，調停者會建議整合性的協定（integrative agreement），協助雙方提出一些相關的議題以進行協商。

二、仲裁

由上述我們不難知道，調停的方法若要能順利進行，衝突的雙方必須願意互相溝通。如果無法溝通時，那麼就需採用另一種方式，即仲裁。仲裁是指中立的第三者（即仲裁者）有權利或能力去要求雙方接受某種同意書。最常被運作的仲裁方式有四種：

(一)約束性的仲裁（binding arbitration）——雙方預先同意仲裁者所設定的同意書。

(二)志願性的仲裁（voluntary arbitration）——雙方有不同意仲裁者所提出的同意書的自由。

(三)一般性的仲裁（conventional arbitration）——由仲裁者提出雙方所願意的「套餐式」同意書。

(四)最終性的仲裁（final-offer arbitration）——這是指仲裁者從雙方所提出的方案中作裁決，裁決之後，雙方便必須接受仲裁者的選擇（決定）。

不論是採取調停或仲裁的方式，雙方很快就能達成同意，而且費用比上法庭少了許多，因此頗受大眾歡迎。尤其適用於當雙方（兩個組織或兩個人）不願意將原有的關係破壞的情況。美國從1926年，就成立此種非盈利、為公眾服務的美國仲裁者協會（American Arbitration Association）。

衝突與文化

文化不同，是族群間產生衝突的主要原因。西方文化中的美國或加拿大，面對衝突時往往會採取加強溝通的方式來解決問題，擬定滿足雙方需求的方案，以達到所謂「雙贏」的局勢。而在一些較不受西方文化薰陶的國家地區，如中國、越南、阿富汗等，尋求「雙贏」局勢的方式則不如西方國家的直接，而是常透過中立的第三者來做協調。在協調過程中，宗教信仰或族群特殊文化的運作就格外顯著。族群間的衝突，例如當今的以色列與巴勒斯坦之間，數十年仍無法解決，是因為它們之間的宗教衝突加上一些事件成為導火線，一觸及到不可收拾之境，雙方總是相持不下。近年也常有美國以第三者身分斡旋其間，但戰火仍然時熄時燃。

文化的差異使得衝突的強度與深度更嚴重。近年許多國際間的爭議都與文化因素有關。以個人的特質而言，衝突的基因在於個性相異；以集體特質而言，衝突的基因則在於文化的差異。當然，領導者的個人特質也會帶領集體的態度、意識形態與解決問題的取向。不論是微觀的人際關係（例如婚姻關係）或宏觀的國際關係（例如以色列與巴勒斯坦，或印度與巴基斯坦的長期敵對），衝突的解決與管理模式，都可相提並論的。

如何處理批評

能夠自我肯定的人，也較能夠接受批評，並且能從評批中學習。有時候批評也可能造成與對方的衝突，繼而產生壓力。假如你是屬於被動消極傾向的，則很有可能無法從有創造性的批評中學到什麼。你會直覺的接受批評，並以為全是自己的錯。反之，若你是侵略性模式傾向者，則很容易會對批評反彈，甚至爭論對方膽敢批評你。因此，不但不會去聽對方的批評，更不會從批評中學到什麼。

當我們必須批評對方時，應該是對事不對人。最糟糕的批評是不針對事或當事人的行為，而去針對當事人的人格作批評。

一、如何給與有創造性的批評？

我們常說「言者無心，聽者有意。」評批是溝通的藝術，以下提供幾個批評的技巧：

(一)最好不要作公開批評。不傷害到對方的隱私權。

(二)平心靜氣的說，慢慢的說。

(三)對事不對人（人格）。

(四)用「三明治」的方法，即先說好話，再批評，再說好話。

(五)不要用貼標籤的方式去侮辱對方。

(六)讓對方知道自己是出於好意。

二、如何接受有創意性的批評？

(一)虛心接受批評。

(二)要求進一步的資訊。例如對方說：「你把事情搞得一團糟。」你可回答：「對不起，請你告訴我哪個方面最糟？如何可以糾正它？」

三、如何接受有破壞性的批評？

(一)如果批評是不公正的，則平心靜氣的讓對方知道事實。例如說：「雖然我今天上班遲到，但我不是經常遲到。」

(二)要求進一步的資訊。例如：「為什麼你覺得我沒有能力把事情弄好？請你提個建議好嗎？」

(三)僅接受對事情的批評。例如對方說：「你總是遲到、早退，偷懶又不合群。」則回答：「對不起，我有時候遲到，但我從未早退、偷懶或不合群。」

由於人與人之間存在各種差異（思維、態度與行為），群體與群體之間也存在各種文化差異（包括組織文化與國家文化），不同的價值觀、思維模式、生活習慣及行為等等，因此發生衝突是不可避免的。

本章分析衝突發生的原因與模式，然後列舉各種管理衝突的方法。理想的運用衝突管理技巧，其後果也可帶來正能量及增強團隊精神。

希望讀者能了解衝突的理論並練習衝突管理技巧，如此，一方面減低因衝突而引起的壓力，另一方面也可進一步促進人際間的友善，創造和諧的關係。

8 自我肯定訓練

自我肯定是指個人對自己的感覺、思維及行動有自信的表達，不為自己的利益而強迫他人。

自我肯定是一種特殊的溝通模式

二十世紀以來，行為治療師以及心理學家開始設立各種自我肯定訓練，以協助一些不知如何表達個人權利及低自尊的人。比較早期出版的書籍為羅伯·艾伯提（Robert Alberti）的《你的完美的權利：自我肯定指南》（Your Perfect Right: A Guide to Assertive Training, 1970），以及曼紐·史密斯（Manuel J. Smith）的《當我說「不」，就會覺得罪惡感：如何以有系統的自我肯定治療法來應對這種感觸》（When I Say No; I Feel Guilty: How to Cope Using the Skill of Systematic Assertiveness Therapy, 1975）。兩本書名也闡明了自我肯定訓練的涵義。

知道「我是誰」

自我肯定是指一種行為技巧，能讓我們更清楚而有自信的與別人溝通，並將自己的感觸、需求、欲望及思維等表達出來。前一章所討論的憤怒管理，就有賴於自我肯定術以及與人溝通的技巧。

學習說「不」，也是自我肯定術之一。自我肯定是一種中庸之道，它強調個人的行為應介於「不為自己而戰」的消極取向及「攻擊別人」的侵略性取向之間。能夠自我肯定的人，將擁有高度的自信心及自尊心，且有清楚的自我認同，也就是知道「我是誰」（藍采風，2000，頁226-231）。

自我肯定的概念

自我肯定者向別人傳送的資訊是「這就是我的感觸，我對我是誰感到快樂，我為自己驕傲。」能自我肯定的人對生活有控制力，因他們知道自己的目標，也知道如何與別人建立良好的人際關係。

自我肯定不是天生賦與的，而是自幼學習得來的。心理學家艾瑞克遜（Erik H. Erikson）所發表的「自我的漸成說」（The Epigenesists of Ego）不僅說明了人生成長各階段中，個人如何發展自我認同，也說明人生各階段所面對的成長危機。例如他將12～22歲劃規為「自我的漸成說」的第五階段，即「角色認同混亂感」的青少年期，其所面對的變化不僅發生於生理上（青春期），更須面對社會環境的各種變遷。這一時期最大的危機在於角色的認同，也就是新的角色與新的社會規範使得青少年無所適從，造成「角色混亂感」，一方面希望別人以成人待之，另一方面又捨不下孩童時期被「嬌寵」的特權。由此可見，自我肯定對青少年是一個很大的挑戰。關於「危機與自我」的詳細討論，請參閱藍采風《危機調適的理論與應用》（1978，頁10-26）。

如果一個人沒有自信與別人建立良好的溝通，那麼問題可能是源自於心中的信念，這些信念大多是從孩童時期學習而來的。既然是「學習而來」的，當然也可以「解除學習」（unlearned）。女性在傳統社會中，常被社會的刻板印象所束縛，而必須放棄個人權利的信念，這對女性的自我肯定影響尤深。所以女性更應該以「解除學習」的方式來達到新的自我認同，即自我肯定。

自我肯定訓練的基點是「人人皆平等」，即每個人均有其基本的權利。要相信自己與別人一樣，有權說出自己的觀點，而自己的想法也是可以改變的。但肯定自我術的運作有時要冒一點險，因為並非每個人都會順從或接受我們的意願。

評量1　了解你的「自我肯定」程度

你對自己有清楚的自我認同嗎？你是否有良好的自我肯定呢？請在下列的題目中，將符合的描述以數字填入空格中。

計分法：總是─4；差不多（經常）─3；有時─2；從未─1

（　）1.我能自在的在團體面前講話。

（　）2.假如我被忽視了，我能在別人面前公開表示我的氣憤。

（　）3.若沒有足夠的知識，我會承認「我不知道」。

（　）4.若我認為某些事必須改變，即使別人反對，我也會去促成改變。

（　）5.我可以告訴一位朋友他所做的事情令我厭煩。

（　）6.當我對完成某事感到十分滿意時，我可以很有禮貌的接受誇獎。

（　）7.我能對陌生人侃侃而談。

（　）8.如果我很不願意做某些事情，我會明白的說「不」，拒絕對方。

（　）9.當我覺得對方很溫和時，我能向對方表達我的好感。

（　）10.如果飯店或商店沒有提供良好的服務，我會表達不滿。

（　）11.我能坦誠的拜託朋友幫忙。

(　)12.當有人批評我的時候，我會反省，並從中學習。

(　)13.我相信自己有權改變看法或做法。

(　)14.我花時間來善待自己。

(　)15.我對自己的錯誤負責。

(　)16.當別人做了一件讓我高興的事情時，我會真心的稱讚。

(　)17.我可以對身邊的人表達我的感情。

(　)18.我會讓別人知道我對某件事擔心或害怕。

(　)19.即使別人不一定都同意，我還是要讓別人知道我的看法。

(　)20.我可以要求並接受有創見的批評。

解說：60分以上，代表你有良好的自我肯定；45～60分，你的自我肯定為中等；45分以下為不良。

*資料來源：修正自 Powell, 1997; Charlesworth & Nathan, 1982; Gillespie & Bechtel, 1986。

自我肯定的理論發展

自我肯定是1949年由蘇達（Andrew Salter）所倡議，他說，「自我肯定是個人面對請求或質疑時，有內在的資源能平和的應對」。其後，拉茲拉斯（Arnald Lazarus）引申自我肯定為「表達自我的權利與感覺」。時至今日，自我肯定已成為改變與壓力有關行為的研究焦點。

心理學家傑飛（Dennis Jaffe）於1984年發展出「連續體」（continuum）行為模式理論來描述個人與他人之間的關係，連續體的理論是被動消極行為與侵略性的行為，居中的是肯定行為，而被動消極及侵略性行為最容易引起壓力。壓力產生許多需求，其中最重要的是「表達自我感覺」的需求。在三者之間，自我肯定是最為中肯的行為模式，能減少與他人對峙時害怕或憤怒的感覺。

以下簡述人際溝通的三種行為模式：

一、消極被動行為模式

消極被動模式是個人否定自己的希望，去滿足他人，不敢表達自己的想法及感覺，其結果是放棄自己權利及自由。這種人通常較害羞，因不敢違抗他人的要求，或希望自己能被接受，而屈服對方，其結果是使自己感到被利用。這種人為了避免面對面的質疑，所以不惜犧牲自己。消極被動行為模式是因為不安而起，但其結果通常是憤怒及後悔。

二、侵略性行為模式

這是採取恐嚇威脅或脅迫他人的方式，取得控制對方的方法及行動。這種行為包括操作、恐嚇、控訴或甚至毆打，完全忽視他人的感覺。這種行為或許可使自己獲利及享有優勢，但卻失去對方的尊重及信任。侵略行為模式常是因憤怒情緒所驅使。A型人格特質者較常出現這種行為模式。

三、自我肯定行為模式

這是最有效及最受歡迎的行為模式。當面對特定議題及問題時，不會自我矮化也不會攻擊他人，清楚自身的權利，並且會努力保有及爭取自己的權利。自我肯定的模式是表達個人意見、力守自己的權利，但不會犧牲或侵害他人的權利。這種人能使自己被他人利用的情況減至最低，個人特質上較開放，可容忍他人及體恤他人。總而言之，自我肯定者在面對議題時，會克服自我恐懼感，努力與對方溝通，據理力爭、不卑不亢的表達個人的意見，同時避免讓對方處於防守的態勢。

綜合言之，侵略式的溝通法是試圖壓制對方、掌握對方，甚至用武力去強迫別人屈服，採取侵略別人空間與權力的作法。雖然侵略、侵犯、暴力、武力有極接近的相關性，但有侵略性的口語或行為卻不一定需要用暴力或武力去侵略別人方能達成。反觀被動消極的模式，則完全失去自我，將自己的欲求或期待，交付於別人壟斷性的掌控下。雖然他們不喜歡被壟斷、被控制，但在當下的情境，只能無奈的去接受，使自己陷於洩氣、沮喪的困境。侵略性的本質是控制與侵犯，對別人不尊敬與不尊重；而消極被動則是屈服與被侵犯，對自己的空間與界限不尊敬與不尊重。

自我肯定的模式是在上述二者中找出一個平衡點，尊敬自我也尊敬他人。透過自我肯定訓練，有助於學習如何婉拒別人、如何表達自我感覺、如何讓別人知道自己的需求，以及如何讓別人知道自己的能力。自我肯定訓練的時間可長可短，有些工作坊安排20個小時到3天的課程。但課程結束之後，仍須付諸行動，實際去練習、修正。自我肯定訓練不僅可以促進人際溝通技巧，也讓自己更易得到社會的支持。

行為及口頭的自我肯定

對某些人而言，無法表現自我肯定的行為可能是因為難以體認到自己合法的權益。以下將提供基本的方針，期望人人都能朝自我肯定的方向邁進。自我肯定不只攸關自己說什麼，也強調應如何溝通。當口頭回應是自我肯定的模式時，身體反應也會是自我肯定的。行為模式共分為三種：

一、自我肯定的行為模式

(一)平穩站立，面朝對方，同時保持雙眼注視。

(二)講話清楚，速度穩定，聲音應大到使對方聽得清楚。

(三)說話流暢而無猶豫或停頓，具有信心及安全感。

二、消極被動的行為模式

(一)沒有保持雙眼注視，眼睛向下或向遠看。

(二)站立時身體扭捏不安，且常改變姿勢。

(三)愛發牢騷，說話吞吞吐吐。

三、侵略性的行為模式

在此行為模式下，即使本人沒有口語表示，但任何人都可以輕易看出他所表露的敵對態度。

(一)身體前傾，瞪大眼看人。

(二)用手指著對方的臉。

(三)大聲咆哮。

(四)握緊拳頭。

(五)雙手插腰、搖頭。

(六)一副迎戰的姿態。

(七)嚴重者怒髮衝冠。

三種溝通模式的比較

日常生活與別人溝通時，我們的行為有不同的模式：消極被動、侵略性或自我肯定。表1將從六個不同的層面來比較這三種模式，在第一、第二項是比較口語與非口語的溝通。與人溝通時，其中約有六成是屬於非口語式的。口語與非口語的溝通方式必須相輔相成，兩者呈現的資訊必須一致，否則會變成雙重資訊。例如我們口中說「是」時，通常也會以點頭來表示（因為在我們的文化中，點頭表示「是」）。

第三、第四項則闡述三種行為的目標與感受。第五項分析三種行為模式對別人的影響，以及我們想要帶給對方的感受。第六項分析我們所能預期的行為結果。讀者可透過表1來檢視自己屬於哪一種行為模式。

自我肯定的行為，就像使個人的權利「站起來」，通過誠實、直接的方式，表達個人的情緒、思想與信念，並維護個人的權利。自我肯定的溝通模式，呈現的是自我尊重、適度表達需求，以及維護個人權利，同時也尊重他人的需求與權利。當我們能自我肯定時，常是覺得舒服的，自我肯定並不一定都會戰勝對方，但有助於達成妥協，並減少別人的怒氣。

表1　消極被動、侵略性及自我肯定模式之比較

一、口語行為	**(一)消極被動模式** 溝通時避免說自己的想法、需求及感觸。即使要表達時，也將自己貶低。雖使用抱歉的字眼，但仍語帶保留，例如說：「你知道」、「哦」、「我猜想」、「對不起」……等，有時則不作聲。你讓別人替你作選擇，讓別人踏在你頭上，使自己覺得對事情無法控制。 **(二)侵略性模式** 你用占別人便宜的方式說出自己的想法、需求及感觸。習慣用較重的語氣、指責式的說法，常以「你」為發語詞。你替別人作選擇，以貶抑別人來表示自己的優越。 **(三)自我肯定模式** 你誠實表達自己的想法、需求及感觸。你自己作選擇，以幽默與圓融的方式與別人溝通，用「我」為開頭的陳述句。你的言語是清楚與客觀的，話不多但恰到好處。萬一被拒絕時你會傷心，但你並未因此而動搖。

二、非口語行為	**(一)消極被動模式** 你採取行動而非以言語表達，希望別人來猜你的需求，裝作好像你說的不算數。你的聲音微弱、語氣舉棋不定，有時獨自低語，眼睛朝下，手足無措，看起來很緊張、不自在。 **(二)侵略性模式** 你誇張的想表現出自己的優點。你的舉止不客氣，有優越感，聲音緊張、大聲而冷淡。你很安靜，但隨時是摩拳擦掌備戰的姿態。 **(三)自我肯定模式** 你注意聆聽，舉止冷靜而穩重，也表達關心。你的聲音是溫暖，具有感情的，眼睛注視對方但神情放鬆。
三、目標	**(一)消極被動模式** 討好別人，希望為人所愛，盡量避免衝突或不愉快。 **(二)侵略性模式** 要支配別人或侮辱別人，強迫別人投降或認輸。 **(三)自我肯定模式** 著重在溝通與尊重。
四、感觸	**(一)消極被動模式** 你覺得很著急、被傷害，對自己感到失望，時常氣憤，事後又覺得後悔。 **(二)侵略性模式** 覺得自己總是對的，有優越感、控制欲強，但有時困窘、自私。 **(三)自我肯定模式** 感到有自信、成功、心中很舒坦、能掌握情境，有自尊心和目標取向。

五、回饋	**(一)消極被動模式** 避免不愉快的情境及衝突，不願面對面的攤牌，也不對自己的選擇負責。 **(二)侵略性模式** 你發洩怒氣，感到控制一切，有優越感。 **(三)自我肯定模式** 受到他人所尊重，自己也覺得很舒坦。自信心提高，能自己作選擇，與別人的關係接近，很少有肢體上的壓力感，而且知道自己內心的感觸。
六、別人的感受	**(一)消極被動模式** 別人覺得有罪惡感、優越感、挫折或怒氣。 **(二)侵略性模式** 別人覺得被貶低，內心受創。 **(三)自我肯定模式** 別人覺得被尊重，覺得可以自由的表達自己。

以下再藉一些常見的情境，來進一步對比這三種行為及溝通模式：

一、溝通模式示例

(一) **情境**：電影院裡，坐在前面的觀眾大聲講話。

回應：你故意咳嗽，但不聲張。（消極被動模式）

(二) **情境**：開會的時候，某人總是在你要發言時打斷。

回應：你看著對方，明確的告訴他：「對不起，我想說完我的話。」（自我肯定模式）

(三) **情境**：你想要加薪。

回應：你慢條斯理的走到老闆辦公室，說：「你想，嗯，你想你能給

我加薪嗎？」（消極被動模式）

(四) **情境**：暑假時你的孩子總是睡到下午兩點以後才起床。

回應：「我們家吃飯時間是中午12點，你不起床的話，午餐自理」。（自我肯定模式）

(五) **情境**：你是這個團體中唯一的女性，他們總是在開會時要你作紀錄。

回應：「我願意盡我的義務，這次我作開會紀錄，下次請別人來作。」（自我肯定模式）

(六) **情境**：學生的父母讚美你教書教得很好。

回應：「哪裡，哪裡，誤人子弟。」（消極被動模式）

(七) **情境**：一位朋友與你相約，但總是過了約定時間才來。

回應：你氣憤的對他說：「你從來沒準時過！」（侵略性模式）

二、情境與回應的對比

(一)**消極被動模式**：「對不起，麻煩你了！」、「我平常都是這麼說的，但是……」、「這只不過是我的意見而已」、「你知道我……」、「我沒希望了……」、「你要買車，自己決定吧，買哪一種都好。」

(二)**侵略性模式**：「那種做法沒有用！」、「你為什麼這樣做？」、「你怎麼到現在還沒有弄好？」、「我要你馬上辦這件事！」、「你應該……」

(三)**自我肯定模式**

1.「我喜歡……」、「我想……」、「我感到……」。

2.「你覺得怎麼樣？」、「當你不理我的時候，我很生氣。」、「吃完飯不順便收拾，我會很厭煩。」、「我們要怎麼解決這個問題？」

3.「什麼使你這麼想？」此句比直接問「為什麼？」更好些。

4.「我今天要去看電影，如果你可以跟我一起去就好了。」此句比說「我想你不會想跟我去看電影吧。」更好些。

5.「今天晚上你這句話已經說四次了。」此句比「你總是嘮叨」更好些。

6.「我的經驗多，下次你最好聽老人言吧。」此句比「你從來不肯聽我講」更好些。

7.「我覺得很厭煩，你同樣的事情反覆說了一遍又一遍。」此句比「我煩死了」更好些。

*資料來源：上述範例修正自Kirsta, 1986; Charlesworth & Nathan, Nathan, 1984; Miller & Simth, 1993。

以下再用幾乎每個人都會經歷到的兩個日常生活例子，來進一步說明三種溝通模式：

例一：排隊買票的時候，有人插隊。

(一)**侵略式模式**：問對方：「喂，你沒長眼睛嗎？不知道要排隊嗎？」

(二)**消極被動模式**：不動聲色，就讓對方插隊吧。

(三)**自我肯定模式**：認為插隊者大概是沒看到別人在排隊，很客氣的對他說：「對不起，我在排隊。」

例二：一位朋友受到挫折，打電話來向你吐苦水，但你正在忙，沒時間聆聽朋友的埋怨。

(一)**侵略式模式**：覺得這位朋友在這個時刻打電話來實在煩人，就生氣的說：「算了吧！難道你不知道我也有滿肚子的苦水嗎？」

(二)**消極被動模式**：讓朋友用很長的時間慢慢說他的苦衷，但你自己一直在擔心沒時間去完成報告。

(三)**自我肯定模式：**很有耐心傾聽朋友訴說一會兒，然後很有同情心的說：「我了解，看來你今天真的是不開心。不過很抱歉，我現在正在趕報告，晚上我再回你電話好嗎？」

自我肯定的迷思

有些人會因「敢怒不敢言」，而無法做到良好的「自我肯定」。以下是一般人對自我肯定常見的迷思，我們必須先破除這些不正確的認識，才能有良好的自我肯定：

一、認為向別人說自己的需求是自私的行為。

二、認為別人應該知道我要什麼，而不必等我告訴他們。

三、認為人們不應該討論他們的感觸。

四、人們不應該改變主意。

五、假如我拒絕了，別人就不喜歡我了。

六、假如我讓別人知道我在想什麼，朋友們將會不喜歡我。

七、我不應該讓別人擔憂我的問題。

先了解自己

自我肯定行為模式是可以學習的，在討論如何學習自我肯定技巧之前，我們必須先進行自我分析。請先回答下列幾個問題：

一、你對於有創造性的批評能聽得下去嗎？能接受嗎？

二、你是否為了不使對方失望或怕對方生氣，而把原本應該拒絕的請求，卻仍答應了對方？

三、你是否對表達與別人不同的看法時，會覺得不安或是想避免衝突？

四、你是否覺得當自己表達與對方看法不同時，會導致對方疏遠、不喜歡你？

五、你覺得與別人意見不同時，就是贏家嗎？

六、當對方與你的意見不合時，你會覺得受到攻擊嗎？

做完上述的題目，再比較「自我肯定評量」中的積分，你現在是否確定自己是一個「自我肯定」的人？或者需要再接受訓練呢？自我肯定的溝通模式，能夠在處理家庭、朋友或工作上的人際關係中，適當的解決問題，脫離困境，並降低壓力。

自我肯定的人在受到他人侵犯時，知道如何去防禦，而非採取攻擊模式。歷史上最有名的兩個例子，一是印度的甘地以非暴力來表達對英國帝國主義統治的抗議，一是美國的馬丁．路德金博士以非暴力來抗議種族不平等。兩位民族與民主領袖讓對方知道他們的需求與不滿，最後也都成功的達到了他們爭取自由與平等的目的。雖然他們成功之後還有一段很遠的路要走，但他們二位之所以成為當代最偉大的領袖，正是因為他們不採取「以暴制暴」的模式，而是採取和平、不侵犯對方的「自我肯定」模式來爭取被壓制的個人權利與團體權利。

簡言之，自我肯定是指在尊重他人的感受及權利下，也有表達自己感受及肯定自我權利的能力。自我肯定的溝通是採取開放、誠實、直接、清楚的方式。有些人或許天生就比較具有自我肯定的特性，但大部分的人則須經由學習與訓練而來。能夠自我肯定的人，較能減少人際關係的衝突，亦能減少主要的壓力源。

自我肯定者的特質

了解自我肯定的本質與溝通模式後，以下再進一步分析自我肯定者的特質：

一、能自在的表達感觸、思想及需求。

二、有良好的人際關係技巧，能與別人維持友善的關係。

三、知道自己的權利，並維護自身權益，但不去侵犯他人的權利。

四、不壓制內心的憤怒，但知道如何適當的表達內心的憤怒。能以理性的態度與方式，讓對方知道自己的感觸。

五、有自尊心。

六、雖然願意與別人妥協，但也能保有自尊。

七、與朋友建立互信、互相支持的關係。

八、不去侵害、侵占別人，但也不願意受他人冒犯。

九、不會凡事都向別人道歉。

十、能洞察自己與對方的價值，因此較能與對方妥協的達到「雙贏」的情境。

十一、遇到問題時，相信自己是被授權尋求最好的解決方案，所以比其他人更具有解決問題的能力。

十二、知道自己有自主權，當事情未能達到預期的目標時，不覺得自己是受害者或受到威脅，所以他們的壓力程度也較低。

十三、具有自信心，知道自己能夠完成事情，所以也是較能採取行動的人。

十四、有能力站在對方的立場來觀察情境，所以會較有同理心。通常較受大家的歡迎，別人也較願意與之為伍。

自我肯定的技巧

中國傳統文化較為重視保守、謙虛與謙讓的美德。在這種文化的薰陶下，卻不至於造成中國人太過謙虛而不知如何表達自己的長處、過於謙讓而不知如何守護個人的權利，或過於保守而不知如何表達內心的感觸。自我肯定與侵略性是有區別的，它的差異在於平衡、過猶不及。一個人若是太有自信、自尊心太強，反而容易造成自傲、旁若無人。過於想要表現自己，也易讓人感到有敵意。若是不能適度的自我肯定，該表達的時候不敢表達，該維護個人權利的時候不能維護，反而讓別人占了便宜，這些都會成為壓力源，給自己招致挫折、憤怒與煩惱。

要擁有自我肯定的技巧，首先必須體認自己的行為確實不妥，並且有決心和毅力要改變，則新的取代性行為才能規劃、執行。以下為一些自我肯定的技巧：

一、學會說不，婉拒請求

我們的傳統道德上認為助人為快樂之本，日常生活中，我們常會碰到家人、朋友或同事請求協助的情形。由於我們活在一種信念中，認定人們必須合作，面對他人的請求應盡力幫助。這種助人的基本理念如此根深柢固，有時甚至把別人的需求看成比自己的還優先、重要。但拒絕別人絕不等同於缺乏同情心。有的人怕拒絕別人後會遭對方排斥，而勉強答應，但卻造成自己的困擾，事後又會後悔、憤怒。

自我肯定的訓練教人如何拒絕，而不要怕因此傷害到他人的感覺。個人有說「不」的權利，切記別人的問題並不比自己的重要。而且個人並不需要去解釋全世界的問題，當自己的責任與他人的請求相衝突時，則應加婉拒。

二、學會用「我」的陳述方式

自我肯定訓練教人使用「我」的陳述方式，例如「我感到憤怒……」、「我認為你是錯的……」，如此便表達的更流暢，而不壓抑自己的感覺。自我肯定訓練教我們在陳述意見時，是需要時間去構思的。不要心中一有念頭就立刻說出來，要用點時間去強化思緒，使其表達得更精準、更直接。非自我肯定的人，常避免表達自我感覺，因為怕別人會不同意。害怕被排斥，就會傾向同意對方的想法，或採取折衷的意見，而不冒險表達自我。

三、雙眼注視對方

身體語言是一種很重要的技巧，正如前章所示，不用雙眼注視對方，會被認為不誠實、缺乏安全感，或害怕被拒絕。自我肯定的訓練中，學習以雙眼注視對方，有時間性的，通常約2～10秒鐘，眼睛不看上或看下，而是平視對方，然後眼神略離開，再回視對方。若眼睛不敢正視對方，會被認為缺乏自信；但也該避免注視時間太長，以免讓對方感到被侵犯、有種壓迫感，是不禮貌的。

四、擺出自我肯定的身體語言

即使說話的語氣是顯出自我肯定，但行為上卻表現很軟弱的樣子，也會事倍功半，會被解釋為沒有安全感。言談時的姿態，具有強化或減低給對方的感覺。除了姿態之外，軀體及頭部亦是如此，它代表了無意識的自信程度。抬頭挺胸、兩眼平視對方、把雙腳平均支撐身體，是專家所推薦的，展現自我肯定的身體語言。

五、學習和平處理歧見

當雙方的意見不同時，若能「學習同意不同的看法」（learn to agree

with disagree），針對事情平心靜氣的討論，則就能達到良好的成果。自我認同的技巧，有助於促成彼此平和的對話，尤其是當自己提出異議，並希望對方能理解時，較能使對方接受。

六、避免操作

當他人在有意無意間企圖阻止我們展現自我肯定時，我們必須認清某些障礙及操作，進行拆解障礙的策略。

(一) **威脅**：自我肯定的做法可能會威脅到某些習於利用控制的手段來達成一己目的的人。他們會以提高聲音或發脾氣來回應，在此情形下，則可採用以拖待變的方式解圍，建議雙方下次再議，把氣氛緩和下來。

(二) **取代議題**：有時候對方會把話題導引到其他相關議題的討論，其目的是在逃避重要議題。這是一種模糊焦點的策略。一旦發現這種情況，應該重新拉回，聚焦於原有的議題，一直到問題解決為止。

(三) **人身攻擊（人格謀殺）**：當我們企圖解決一個議題時，或許會發現對方的回應卻是針對個人缺失而批評。對此情況，回應的方法之一是同意部分說法，再拉回主題，忽略其他部分。這種做法可模糊對方的攻擊，重新用對自己最有利的言詞反擊對方，並回歸主題。

(四) **逃避**：討論過程中，當對方全盤否認有任何問題存在，用來避開特定議題時，應針對此情況採取全面反擊，以大膽的質疑去破解他們的看法。例如：「我做了什麼事讓你如此憤怒？」

七、回應而非反應

反應是一種反射動作，幾乎是天生自然的機制，是人類行為自然的一部分。反應是自發性的情緒及想法。雖然自發性是一種優良的特質，但是隨著情緒反應，常會導致後悔的行為。在另一方面，回應是一種深思過的計畫。我們的回應常常幾乎就是反應，這是我們須力求避免的，我們應該在講出來或反應之前有深思熟慮過。對一情況的回應是在表達我們最初的反應，然後思考出一種合理的反應。雖然並非每個回應都很理想、盡如人意，但是經過努力練習這種技巧後，則有助於得到較好的效果。

上述只是自我肯定的訓練課程中所推薦的部分技巧，目的在增加及維持個人自尊，當處於憤怒、恐懼及感到被利用的時候，得以運用，並導向較理想的結果。

理直要氣和

行為模式是日積月累的習性，我們可以透過反思、訓練而使自己有較適當的自我肯定。證嚴法師《靜思語》的「人事篇」（1989：227～229）裡，其中談「寬柔」的部分，很值得我們深思。

證嚴法師認為「理直要氣和」，而非「理直要氣壯」；「得理要饒人」而非「得理不饒人」。這番教言正印證前文所比較的三種行為模式。以下引述自證嚴法師與信眾的問答：

問：「理直氣壯」會有什麼問題呢？

師言：我們若認為自己有道理，什麼都要爭到贏，這樣就太剛強了，太剛強就會破壞人與人之間的和睦。所謂「得理不饒人」，即凡是有道理就要跟人爭到底。因為執著於自己的理，反而會使自己與眾生皆造業，這是錯誤……

問：「理直氣和」，怎樣說呢？

師言：人需要愛，太嚴則會沖失了愛。有理的時候，氣度更要寬和，才能圓融愛，烘托「理」；所以做人宜「外和內正」。

所以，自我肯定訓練必須包括學習如何表達自己、如何接受批評、如何說「不」，以及如何處理憤怒。自我肯定是：

一、**知道我是什麼樣的人**。例如：A型或B型人格、內向或外向、不喜歡說話或喋喋不休者、領導型或服從型、策劃型或執行型等。

二、**知道我能做什麼**。筆者曾問一個6歲孩子會做什麼，他列出一張單子來回答我，包括：接電話、開門、整理報紙、畫圖、排碗筷、使用玩具打字機、自己挑衣服、設定鬧鐘的時間……。沒想到居然列出50餘樣的事情！這個6歲孩子的確有清楚的自我認知。

三、**知道我能改變什麼**。例如：家庭環境（燈光、空調、家具、顏色）、個人外表（服裝、髮型、體重）、飲食（葷素、濃淡）等。

正面的自我對談

面對一個壓力高的處境前，最好先讓自己的理智與心境有所準備，例如回想以前是否也曾處於高壓力的情境，最後終能成功的克服了困境？給自己一番心理建設，鼓勵自己勇於面對。就像運動會比賽之前，教練大聲的要球員們以迎戰之勢出賽一般。可以提醒自己：「我知道我能勝任，因為過去我也曾經處理過類似的情境。」、「我所面臨的是一個挑戰，但是我能面對它。」

下一步則是理性的去思考要面對的情境。問自己一些問題，然後擬出可能的選擇，如下列的自我對談：

1.「這件事到底是怎麼一回事？為什麼我受到困擾？我到底做了什麼

才導致這個情況？別人到底做了什麼才導致這個情況？」

2.「目前我能做什麼以避免將事態惡化？」

3.「也許我可以策劃一下應付這困境的一些辦法。」

4.「這個情境的最糟後果是什麼？真的有那麼糟嗎？」

5.「我必須做最壞的打算，但期望最好的結果。」

以下則是另一種心理自我對談術：

1.「我好像雙肩都緊繃了！但那是正常的現象。假如我能夠放鬆一下，也許我會比較冷靜一點。也許我可以用雙手揉揉臉部的穴道，用按摩術讓身體輕鬆一下。」

2.「也許我可以禱告一下或口中默念『阿彌陀佛，上天保佑』。」

3.「我暫且走一步算一步。」

4.「我心裡實在不舒服，但這不是世界末日，我會熬過的。」

5.「向對方發怒是不濟於事，我要用自我肯定的方法向對方清楚的表白我的想法。」

6.「我不可讓對方任意擺弄我或將我扳倒。我要自己站得穩，我也不臨陣脫逃。」

7.「我不能總是要對方來猜我的想法。我也要試著去聽聽對方的看法。」

當克服困境之後，不要忘了給自己拍拍手，慶賀一下，並且讓自己記得這段成功的過程。

以下的心理自我對談方式，有助於提升自己的自信心：

1.「大功告成了！我做對了！我要為自己感到驕傲。」

2.「我真的做得太好了！我能下功夫在重點上，並全力以赴。」

3.「事態沒有像我想的那麼不好，我其實不必那麼窮緊張。」

4.「這次是一個很好的學習經驗，下次遇到困境時，我知道如何去面對它了。」

5.「其實我是很生氣的，但是我試著去控制自己的情緒。」

6.「我要向幾個朋友說說我是怎麼克服了困境。我不是要自誇，我只是要與最好的朋友分享一下，因為我知道他們很關心我。」

上述這些自我對談，是適應壓力的好方法。看起來很簡單，但在壓力情況下，我們常會忘記提醒自己這些最簡單、最不費時間且可立即採用的適應術。壓力不是外在的，壓力是我們對外來衝擊或需求的反應。壓力也是態度的問題，先改變了態度與心念，才能採取行動，適應壓力。

自我肯定訓練是由學習發現自我，表達自我的感觸，洞察情境的本質，讓自我與對方明確的知道自己的需求，並了解當這些需求得到滿足時，它能帶來的正面後果。本書的許多章節，例如憤怒處理、理性思維、認知改變、時間管理等的壓力適應概念與技巧，都與自我肯定訓練有密切關聯，也都屬於「全方位壓力管理」概念的一環（藍采風，2003）。

9 時間管理

合理安排時間就等於節省時間。

——培根

時間的概念

看一下錶，我們就知道現在是幾點鐘。錶告訴我們時間，但時間是什麼？你如何對時間下定義？牛頓說：「時間是絕對的。」也就是說，無論宇宙存在與否，時間是存在的。哲學家尼采卻說：「時間僅是事件的次序，而不是一個實體。」愛因斯坦則說：「時間不能在我們所測量的事件次序中獨立存在。」然後，他用 「同時發生的事件」一詞來描述時間。他說：「火車並非在七點抵達車站，而是火車在指針走到七點時，到達車站。」

時間到底是什麼？字典上的解釋是：「時間是一個連續的事件，由過去、現在到未來。」時間基本要素是「事件」。吃飯是一個事件，開車是一個事件，抵達辦公室是一個事件，電話響了也是一個事件。時間是指一連串發生的事件，而我們的每日生活也是由一連串的事件所組成。所以，控制生活（或生命）等於是控制時間；而控制時間等於控制每日生活中的事件。時間的齒輪不斷的再運轉，時間是具連續性的（藍采風，2000，頁179-196）。

時間與控制

我們常說：「日子不好過。」或「我沒有辦法控制我的時間。」想想看，這個世界有誰能夠完全控制自己的時間？有誰能夠完全控制每日生活的事件？有些事我們能夠完全控制，有些部分能控制，有些則完全無法控制。控制事件程度是具連續性的，由完全無控制到完全控制。

以壓力適應的觀點而言，生活中是否有不能控制的事件並非十分重要，重要的是我們對生活事件的反應如何。面對現實的反應可說是「適應」，若不能面對日常生活事件，就會產生壓力。當我們無法面對事件、無法控制時，情緒是挫折、憤怒、害怕、有壓力的，並影響我們的自尊心。相反的，當我們能適應時，則感到高興、愉快、有成就感。

1996年後，我第一次來到美國蒙大拿州，冬天時與一夥人去滑雪，還拜託家母從日本寄來整套的滑雪服飾。我從未滑過雪，因此當電纜車到了山頂後，我站在雪地中，不會也不敢滑下，頓覺情況完全失控。這個經驗——面對一個無法控制的事件，給我帶來極大的壓力。相反的，每日生活中，有許多事件是可以控制的，例如：幾點上床、吃什麼、穿什麼、今天晚上做什麼、要看什麼電影等等。我們可以試著列出一張表，分析自己的每日生活事件中，有哪些是完全可以控制的（5分），哪些部分是可以控制的（2～4分），哪些是完全不能控制的（1分），然後將重點放在完全可以控制的事情上。有些事情是完全不能控制的，例如天候變化都不在我們的掌控之內。假如日常生活事件都能在我們的控制中，將會覺得很輕鬆，且沒有「時間的緊迫感」。若將精力放在完全不能控制的事件上，等於是「浪費時間」。

生產力與自尊心

研究指出，生產力與自尊心有密切關係，自尊心愈高，生產力愈高，反之亦然。史密斯（Hyrum W. Smith, 1994）指出，生產力與自尊心的相關性中間尚有一個變數：對事件的控制。如下圖所示：

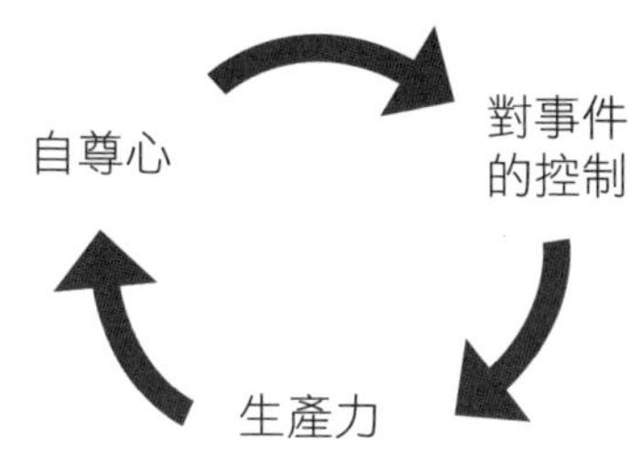

「自尊心」、「對事件的控制」與「生產力」這三個變數互成因果關係。當我們能控制每日的生活事件時，會覺得很自在；而當這些事件對我們很重要時，我們就愈覺得興奮、安慰。所以，我們應將精力與時間放在自己認為重要的生活條件上，同時必須考慮兩點：

一、平日生活中，哪一件事對自己而言最重要？亦即應設定其先後次序。

二、在這些重要事件當中，哪一個事件對自己而言最有價值？亦即要釐清價值觀。

當我們作了清楚的分析之後，下一步驟是如何完成這些重要事件，以及如何控制這些事件。同時必須注意時間的問題，有時候控制與時間可以畫上等號。

對時間的錯覺

我們已明瞭控制生活即控制時間，而控制時間則指控制每日生活事件。但是，我們幾乎都有一個經驗，認為自己無法完成某件事。我們很容易拖延完成那些我們認為很重要的事情。這有兩個原因：第一是我們誤以為「現在沒有時間，將來總會有時間做」。我自己也有這樣的經驗，一直說要粉刷牆壁，但拖了5年仍未動手；另一個原因是我們以為時間與金錢一樣，若不用還可以儲蓄下來，等累積多一點時再用，這也是一個錯誤的觀念。世上沒有比時間更公平的事了。無論是皇帝或乞丐，每個人一天都只有24小時，一分不多一分不少。沒有人能儲蓄時間，一旦過去了，絕對不回頭。我們常說：「我沒有時間去運動。」其實我們是說：「我還有其他更重要的事情要做，必須將這段時間保留給那件事情。」常常有學生到我辦公室時問我：「老師，您有時間讓我問幾個問題嗎？」我的回答總是：「是的，我很忙，但是我願意撥時間給你。」我的意思也就是：「你的問題很重要，必須用時間來處理。」

我們的文化允許我們以「沒有時間」為藉口，來拒絕參與某種活動。當我們說「對不起，我沒有時間與你去看電影」時，這是可以被接受的回答；但是，如果我們說「對不起，我有更重要的事要做」，這種說法會被人認為是不禮貌。

問題在於我們是否會對自己說：「我沒有時間去……」可是我們卻有時間坐下來看電視、打高爾夫球等。所以當我們沒有時間完成日常生活中的重要事件時，必須檢視「價值觀」及「資源」。價值觀告訴我們哪件事情重要，哪些是不重要的；資源告訴我們是否有能力去完成該重要的事件；另外，必須檢視的是動機，這告訴我們是否有意願去執行（或完成）該重要事件。但是，動機往往受制於價值觀及資源。

時間銀行

時間就像金錢。當我們決定花1小時看電視時，同時是在決定不花這1小時做其他的事情。但是，時間與金錢有一點不同：金錢可以累積，時間卻不能累積。一天的極限是24小時，沒有任何人可以超時用度。有個孩子每天被允許玩1小時，他對父母說：「昨天我沒有玩，今天可玩2小時嗎？」他們回答：「可以。」但是，實際上，小孩今天玩2小時是今天的2小時，而非昨天的1小時加上今天的1小時，玩過之後，今天他僅剩下22小時可利用了。

假如別人提取你銀行戶頭的錢，你會很懊惱；同樣的，有人耽誤你的時間，你也會很懊惱。事實上，我們經常面對一些時間的強盜，但很少刻意去檢視時間戶頭內的款項是否減少了。所以，時間管理的步驟也包括對「時間強盜」的檢視，關鍵是我們如何能防盜。以下是一些時間被剝奪或自己浪費時間的例子：

一、逼迫我們浪費時間的「時間強盜」

(一)使工作中斷的干擾（電話、未約定的不速之客等）。

(二)等待回音。

(三)工作內容不清楚。

(四)不必要的會議。

(五)在醫院診療室候診。

(六)排隊。

(七)工作太多。

(八)溝通不良。

(九)先後優先次序的變更。

(十)決策改變。

(十一)機械故障。

(十二)等待飛機起飛或降落。

(十三)尋找東西。

(十四)官僚式的規定。

(十五)優先次序的衝突。

(十六)公司員工士氣低落。

(十七)員工未接受適當的訓練。

(十八)同事及其他職員的需求。

(十九)沒有權利作決策。

(二十)他人的錯誤。

(二一)更改期限。

(二二)貨物未按時抵達。

二、自我造成的時間遺失

(一)未能授權。

(二)不知如何分工合作。

(三)態度不佳。

(四)資源不足。

(五)不知如何說「不」。

(六)健忘症。

(七)上課不注意聽講。

(八)不能果斷下決定。

(九)勞累。

(十)社交活動頻繁。

(十一)計畫太多。

(十二)缺乏自律。

(十三)中途放棄。

(十四)不能完工。

(十五)重複整理資料。

(十六)拖延。

(十七)活動太多。

(十八)辦公桌雜亂無章。

(十九)自己的目標混淆不清。

(二十)計畫不完善。

(二一)三心二意。

(二二)疲勞。

雖然有些狀況不是我們能控制的，但大部分是可以調整的。時間不夠用、感到緊迫都會帶來壓力，所以個人必須學習分配時間。試著在上述例子中標上哪些是可以控制的、可以改良的、哪些最困難，然後就可以逐漸學會如何「防盜」了。

時間可以管理

時間是我們最珍愛的資源，若要好好運用資源，首先必須好好管理資源。想想，自己是否常抱怨「時間實在不夠用」、「我有太多事情要做」、「我沒有足夠的時間陪孩子玩」……？如何運用時間，將決定自己的生活質量。若我們不能好好利用時間的話，便會覺得灰心、挫折及壓力重重。

時間管理又稱為「社會工程」的一部分，它包括分析問題、創造一些可行的選項、然後選擇最佳選項來排除容易產生壓力的因素，進而操控時間，使生產力的成果顯現出來，是時間管理的基本要素。

為了更有效率，人類的頭腦常常把時間分割成很多小段，如此才能更有效的利用及操控。神經生理專家研究左腦與右腦的認識反應時發現，右腦無時間概念，因此他們相信，時間的認知完全是左腦的功能。然而想像力及立體認知，被認為是有效利用時間的關鍵因素，是右腦的功能。因此我們能夠確定有效的時間管理需要左右腦並用。

時間管理是指優先化、安排行程，以及執行令個人滿意的任務。時間管理是在個人及專業發展上相對分類的概念。跨國公司追求較高的生產力，投資相當的時間及金錢，來教育及訓練員工如何有效的管理時間。近年有些大學對大一學生的新生訓練中，也包括時間管理與空間組織技巧的課程。

時間管理的路障

一、對時間的迷思

如前所述，對時間的錯覺與迷思，是時間管理有效進行的第一個路障。我們必須改變思維、態度、以及應用適當的技巧，才能減少時間管理過程中所帶來的壓力感。雖然改變思維與行為，常會令人不習慣及不適應，但卻是時間管理的重要步驟。

有關有效管理的可行性，人們有幾個迷思，首先是對時間的幻覺，以為時間是可調整的，而不是固定的；這種看法隱含一定會有「更多時間」

來完成更多既定的工作。第二個迷思是，或許基於個人的經驗，認為時間管理的技巧根本不可行，這種看法或許起因於時間管理技巧沒有達到預期的效果所致。時間管理技巧是要設法達到事半功倍而不失其品質。

二、個人人格特質

試圖去了解個人心態如何成為有效時間管理的路障，研究者針對個人行為如何影響人格時，發現有幾種不同的人格特質，如：A型人格、工作狂、同時進行多項工作者、完美主義者、拖延者……。幾種人格中，尤以A型人格（詳細討論見第3章）是最容易患「匆忙」的疾病，而成為時間的受害者。

(一)**A型人格**：這種人格特質包括下列明顯的行為：時間的緊迫性（永遠在趕期限）、缺乏計畫或組織能力、一心多用（同時有不同想法）。雖然時間緊迫性是時間有效管理的關鍵因素，然而這三種結合反而導致無效率的時間管理。具有A型人格，或許是有組織性的、有效力的，但是研究者指出，實際上A型人格者缺乏組織能力，比B型人格者的工作品質還低。

(二)**工作狂**：這種人花費極多時間在工作上，工作狂是一種沉溺於自我肯定，藉長時間工作以取得自尊。當一般人平均每天工作8小時，他們則工作10～14小時。工作狂用上班時間解決小問題，他們覺得需要再工作下去，以完成工作計畫，他們不會使用節省時間的技巧，因為這些技巧威脅到自信。長時間工作使他們快樂，但是不一定能增加效率。工作狂成為工作的受害者。工作對他們失去意義，沒有目標，明顯的有工作壓力，總是筋疲力盡且不知何去何從。

(三)**同時進行多項工作者**：典型的例子是開車上班，在車上一手刮鬍子，一手打電話，只有雙膝來扶駕駛盤。他會同時安排兩個約會，自以為可以混過去，他以為爭取了更多時間，但是往往損失更多時間。很多責任在雙重工作中流失。開車時一心多用，也容易造成車禍。雖然「一箭雙鵰」可以節省時間，但是「一箭雙鵰」真正的意義其實不是為了節省時間，而是一種有技巧、巧妙的運作。

(四)**拖延者：**拖延者喜歡將任務及作業拖延到最後時刻才去完成它。這是一種逃避責任或是恐懼無法完成任務的行為。這種人也抱僥倖的態度，以為拖延就可解決事情。

(五)**完美主義者：**這種人格特質是執行工作會負責任，常追求完美無缺，注意品質。固然是天大的優點，但是當完美主義者太過專精而注重細節，無法兼顧全面，此即所謂見樹不見林。根據顯示，人類的行為中有百分之二十是錯誤的，百分之百完美是一種幻想，現實並不存在，但是完美主義者卻認為容易可行。此種人格成了不切實際的理想的受害者，徒增壓力。

(六)**生活方式的行為陷阱：**這種人不能或甚至絕對不會拒絕他人，這種人呈現美好的特質，是極端的好人。他們對自我的價值觀是幫助別人，犧牲個人的需求。他們承接不適當的責任，例如：替人看管空屋、為人管理寵物、機場接送等。但若對方的回饋不如預期，感到被人利用時，則反而傷及自尊。不知如何適時的「說不」，成為「人情債」的受害者，徒增壓力，而非「助人快樂」之感（Seaward, 2004, pp.302-304）。

有效的時間管理基本原則

有效的時間管理，包括四種技巧：時間的利用、排定優先順序、排定行事計畫及時間管理的技巧執行。

一、時間的利用

時間管理的中心理念是用自己的時間，做最想做的事情或是達到目標。也就是說，善用時間去享受人生。雖然每一個人每天都有24小時，但如何利用則是很個別化的，不論男女老幼、地位高低，利用時間的原則都是一樣的。良好的時間管理技巧是指以適當的時間完成重要的事。規劃時間的時候，別忘了將休閒時間也算在內。你是否聰明的利用時間呢？不妨藉由評量1來自我檢視。

評量1　時間管理能力評量

請在下列的題目中，將符合的選項以數字填入空格中。

計分法：經常—4；有時—3；很少—0

（　）1.你是否會條列寫下「必做的事」？

（　）2.你是否按回饋或獎賞的高低，作為依序完成的標準？

（　）3.你是否把「必做的事」表列的每個事項都完成？

（　）4.你是否經常將自己的專業與個人目標依最近的計畫來調整？

（　）5.你的書桌是否乾淨整齊？

（　）6.你是否將東西放在應該放的地方？

（　）7.你是否有效的去處理那些中斷與干擾的事務？

（　）8.你能在檔案中很快的找到所需要的資料嗎？

（　）9.你是否自我肯定？

(　)10.你是否留給自己不受干擾的安靜時間？

(　)11.你是否能夠有效處理不必要的電話？

(　)12.你是否能預防問題的發生？

(　)13.你是否充分利用時間？

(　)14.你是否能夠在期限之內完成工作，並有多餘的時間？

(　)15.你是否準時上班、開會或參加其他活動？

(　)16.你是否善於授權？

(　)17.你的下屬是否依照囑咐與你充分合作？

(　)18.當工作被中斷之後，你是否能很快的繼續做下去？

(　)19.你是否每天都做一些能逐漸完成遠程目標的事情？

(　)20.你在自由的時間中是否能夠放鬆？

(　)21.你是否在精力最旺盛時，做自己認為最重要的事情？

(　)22.別人知道在恰當的時刻來找你嗎？

(　)23.缺席時，他人是否可以代替你的工作？

(　)24.你是否準時開工、準時完工？

(　)25.每份檔案你是否都只處理一次？

解說

81～100分：你在管理時間上非常妥當，大部分時間你能控制情境。

61～80分：你大致能有效的管理時間，但要注意貫徹自己的時間管理法。

41～60分：你快要失控了，必須好好學習時間管理術。

21～40分：你已經失控了！必須加強學習時間管理術。

0～20分：你已向時間壓力投降了。你一定有很大的時間壓力，應該馬上好好學習時間管理術。

＊資料來源：《Success》雜誌贈送讀者的「Time - Management Guide」。

二、排定優先順序

(一)重要與緊急

這是指將工作依其重要性或責任排定順序。將所有的責任列出清單，排出優先順序是個人時間管理策略最重要的一環。「重要」與「要緊」不能完全畫上等號，緊急任務是指某種需求必須馬上處理，或加以關注。在現代社會中，電話、傳真與寫電子郵件都可以包括在緊急任務之內，例如每次電話鈴響了，似乎對方都在呼喚：「趕快拿起聽筒吧！」因此我們會馬上停止正在進行的事情，趕忙去接電話，如果人不在電話機旁邊，也會馬上衝過去聽電話，深怕沒接到電話之前對方就掛斷了。

可是，所有的電話都是重要的嗎？答案是「不見得。」如果我們認為這電話可能不是很重要，可以不去接聽，這便是控制。

緊急不一定就是順序優先。當我們採取行動時，該事件才成為緊急的事情。例如我常對我的學生說：「這本書很重要，90%的考試內容將來自此書。」但並非所有的學生都會馬上去買，只有認為手中有此書是一件重要事的人，才會立即採取行動，而有些學生則會等到期末考前一天才去買書，這個時候，此書不但很重要，它也是很「緊急」的，即所謂「臨時抱佛腳」。所以，一件事情是否緊急，與價值觀也有關係，例如：吃完飯，輪到丈夫洗碗盤，但丈夫會等到看完報紙、電視之後才洗碗盤，妻子可能認為吃過飯之後就要馬上洗好。對她而言，這才是重要且是緊急的事；對先生而言，可能是不重要又不緊急的。當個人對某件事有不同的認知或價值觀時，容易造成溝通上的困擾。

評量2　時間緊急與重要性的分析

我們可以從下列表格將個人每日生活事件分類，請讀者以自己每日的生活事件作為例子加以分析。

緊急程度 ＼ 重要程度	不緊急	普通緊急	很緊急
不重要			
普通重要			
很重要			

我們必須了解事情的重要與緊急的分野。有些事情很重要，但從來不是緊急的；而有些事情總是緊急，但不重要。時間管理的技巧是將重要的事情滲入緊急的事列中，這樣一來，我們將可盡早完成重要的事情。至於哪些事情應該考慮列入緊急的行列，這與個人的價值觀有關，必須再釐清價值判斷上的先後次序。當某種生活事件被列為是重要且緊急時，我們可以用下列四種方法來防止拖延：

1.訂一個期限，可以刺激急迫感。

2.將不愉快的事情先完成。之後便會期待愉快或喜歡的部分，讓自己在正面的感觸中結束。

3.把這件事情當作遊戲，以「有趣」的態度來處理。

4.給自己獎賞，這可促進完成任務的動機，因為有時我們必須將一件大事情或任務分段完成。

(二)80/20**法則**

根據80/20法則（帕雷托法則，Pareto Principle），我們付出的努力中，有80％只帶來20％的收穫；而有20％的努力可帶來80％的收穫。因此我們要學習集中精力在能夠帶來80％收穫的20％努力上。

有人說，時間就是生命，浪費時間等於浪費生命。時間可以說是一連串無休止的決定，它逐漸塑造我們的生命。如前文所述，時間是很難下定義的，而我們對時間也有誤解，我們常說「光陰似箭」，其實時間並不會飛；而我們說 「時間即金錢」時，也僅發生在當你知道如何利用時間去生產的情況下。美國人說：「時間好像與我們作對。」其實時間也能成為我們的朋友，只要我們知道如何運用它。若用在個人覺得有意義的事情上，時間便是自己所能享受的。臺北有位成功的企業家，每個週末都去參加慈濟的義務工作。對這位企業家而言，他的週間「時間就是金錢」，而週末雖然也是「時間就是金錢」，但這種金錢是「無價」的社會服務，屬於社會貢獻的生產。所以，只要能在選定的時間範圍內做自己最珍惜（有價值）的事情，那就是一種時間管理。

良好的時間管理有兩個後果：富生產力及樂趣。只要做自己喜歡的事情，即使是長時間的工作也不覺得有壓力，而是「快樂的業務」。

簡言之，80/20規則是選取20％的工作，達到80％的回報或滿足，這個原則主張個人應集中於一兩個最具重要性，且值得投資時間去做的事情。

依此原則，所有工作中，每十項只有兩項能夠達成可觀的績效，此兩項必須加以關注及集中時間去做。

三、排定行事計畫

排定行事計畫或所謂的「時間表」，是指在特定時間內從事特定的工作。時間管理專家們用了「3C」及「3P」的方法來作行事計畫。

「3C」是指：

(一)時刻（Clocks）：用於短時間內的時間管理。

(二)日曆（Calendars）：用於每週、每月或每年，以預測目標及責任的安排。

(三)完成日期（Completion times/date）：用於完成某種目標或任務的特定日期或時間。

「3P」是：

(一)計畫（Planning）：任務的策劃。

(二)優先順序（Priority）：對事情輕重緩急的按時檢視。

(三)工作速度（Pacing）：完成每項工作的速度。

請切記，安排時間表是很重要的，否則將會徒增壓力。可多利用傳統的日曆、週曆和月曆，或iPhone、iPod及一般電腦內也都有用來安排時間的軟體可以讓人隨時規劃。以下再提供幾種安排時間表的方式：

(一)分段法：這個概念是將每個工作的時間劃分為3～5小時的時段，例如：上午、下午、及晚上。每一時段，設定工作項目。此法基本上是為大型工作計畫，需要較長3～5小時的時段，例如：打掃庭院、作工作報告或其他大型計畫。列示如下：

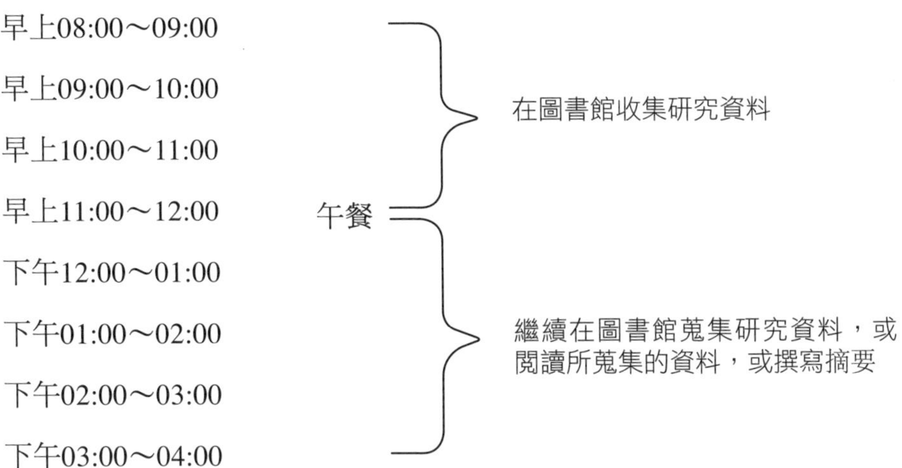

(二)第二種的詳細計畫與上述分類相似，但是規劃更詳細，以15分鐘或半小時劃分各時段能完成的工作，例如：寫信、打電話、外出辦差事。列示如下：

早上09:00－與上司簡短作每日會報

早上09:15－看電子郵件

早上09:30－打電話

早上09:45－與其他辦公室聯繫

早上10:00－與廠商接洽

(三)組群：此法通常用於屋外或辦公室外的小差事。先把所要做的事列下來，然後以地點為組群的條件。此法可以節省時間，因不必來回奔波，在同一區域要做的事，一次做完。若是開車，也可以省去汽油費。這是順路或順便的原則。

四、時間管理的技巧執行

執行任務或責任應是系統性演進，執行的每一個步驟，達到滿足完成每一項任務，更進一步而言，執行可以形容為履行所制定之行事表的所有項目。優先排序像一張藍圖或是軍事策略，執行最有效方法是設立目標。下列提供一些建議：

(一)每一項工作或計畫設定截止完成日期。

(二)將一個大型計畫，劃分為數個小型工作項目，然後依序設定完工日期。

(三)一次只做一項工作，不可兼顧兩項，直到完工為止。

(四)每當完成一件事就犒賞自己，如此才能激勵自己達成目標。

當個人要完成一件大工程時，常會擔心自己無法在預定時間內完成，而且要等很久，大功告成時，才有成就感。因此，我們要學習將大工程分成許多小工程來完成。如此，可避免緊迫感，也較容易在每完成小工程（或一小段時）就有成就感。這也可說是一種「積小成大」與「分段攻勢」的有效方法。

上班時間內的時間管理

上班族的壓力源之一是總覺得沒有足夠的時間去完成想完成之事。如何有效率的利用上班時間，也可說是一種短程的個人計畫。這種遠程計畫較偏向於長期且具未來性的，尤其是個人生涯方面的規劃。但是，短程計畫也會影響遠程計畫的實現。首先，不妨列表分析我們在上班時間所浪費的時間。

評量3　上班時間內浪費時間的分析

請列出上班時間內你覺得浪費時間的原因或來源：

____

接著，請將上述答案與下列15項內容相比較，看看是否有相仿之處？

1.電話打斷正在進行的工作。
2.未先預約的訪客。
3.已安排或未安排的會議。
4.危機。
5.無目標。
6.桌面雜亂無章，做事無頭緒。
7.做事沒有效率、辦公時間不工作、被太多細節規定牽制。
8.想在一定時間內完成多項無法完成之事。
9.溝通不清或缺乏溝通，上司交代的工作內容或目標不清楚。
10.資料不全、不正確或延遲。
11.無法作決定。
12.延誤（到最後時刻才想將事情辦完）。
13.缺乏向他人說「不」的能力，勉強接受無法勝任的工作。
14.半途而廢。
15.缺乏自律。

筆者曾在臺灣主持過一次研討會，參加者發表了一些上班時間浪費的情形，舉例如下：

1.盲目摸索著訂計畫、作業程式雜亂、非單獨作業、被不相關的事干擾、閱讀不相關的資料。
2.聊天、討論一些不必要的事情、過度與人寒暄及客套。
3.東張西望、胡思亂想、環境無隔音設備易分心、訪客太多、辦公室空間太大、走動的人太多。

4.心情不好。

5.做錯事情。

6.與主管間的溝通、需說服他人、行政工作規章繁瑣（例如作業流程需經很多人蓋章）。

7.雜物多、代接別人電話、抄公文、找資料、裝訂工作、準備活動、做重複的事務。

8.會議冗長。

9.因臨時性工作的需求，以致必須放下正在進行的工作。

10.糾正錯誤。

11.執行主管改變原計畫的工作。

12.外勤工作的交通時間、對外協調，團隊中的其他隊員速度與反應不同。

13.社交活動太多（參加同事的喜慶婚喪）、須接待與業務無關的訪客。

14.電話忙線無法傳達或討論公事。

15.經費之考慮衡量。

16.厭倦目前的工作。

17.同行不合作、代別人工作、代傳消息。

下一步驟是對工作安排的自我分析。

評量4　上班時間分配與運用分析

請列出上班時間必須負責的事務，同時對每項工作的本質作一簡要分析。

工作項目	這項任務占據了我整個工作時間的百分比	這項任務工作之優先性如何？（高、中、低）	喜歡做這件任務？或是不得已接下來的？	能好好處理這件任務嗎？	屬於自我裁決性的或非自我裁決性的任務？

填寫完評量4後，再回答下列各題（若於研習會時作此練習，請與在座的朋友或同事交換一下意見，看他們是否同意自己的分析）：

1.我是否在作（履行）一些不必要的差事（職務或作業）？

2.在這些差事中，對我而言，哪些費時最多？

3.在這些差事中，對我而言，哪些費時最少？

4.有哪些我所做的差事，別人能夠做得更好？

5.我將如何改變目前運用時間的方式？

為了進一步了解我們如何安排工作時間，我們不妨再作一個「一天時間分配」的練習。

評量5　一天的時間分配

首先將下列11項每天幾乎必做的事，填在適當的時刻（圓形圖）上：

1.睡覺。

2.工作。

3.與家人相聚。

4.與友人相聚。

5.整理雜物。

6.獨處。

7.看電視。

8.學校、社團活動等。

9.嗜好。

10.三餐。

11.其他，請列出________________

每日時間分配圖（實際）

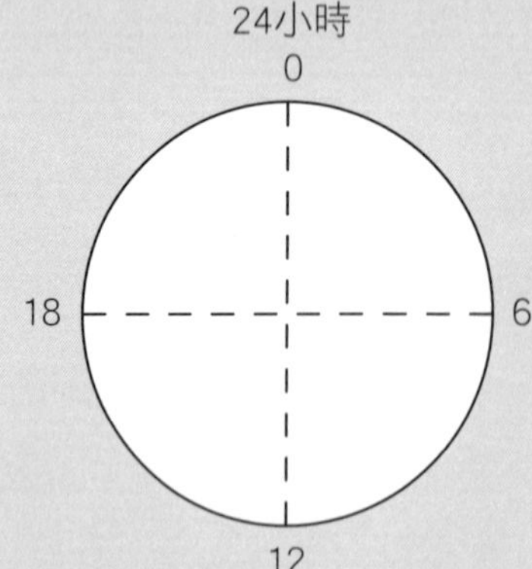

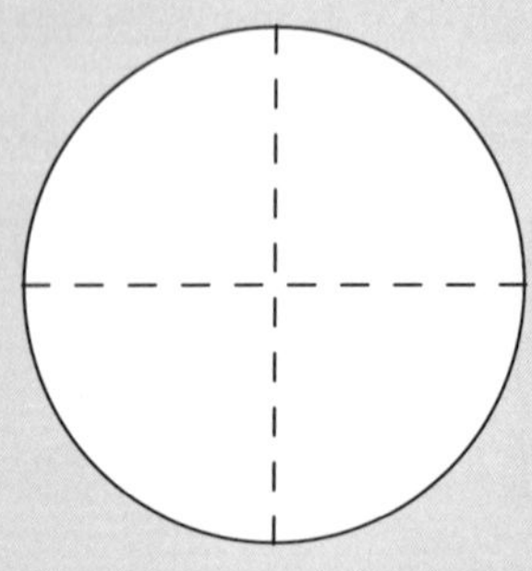

將以下6個項目分別填於工作時間（假設每日工作8小時）中：

1.有創造性的活動（工作）。

2.有興趣的活動（工作）。

3.無趣但必須完成的工作。

4.忙碌的工作。

5.社交活動（聊天、寒暄等）。

6.小憩。

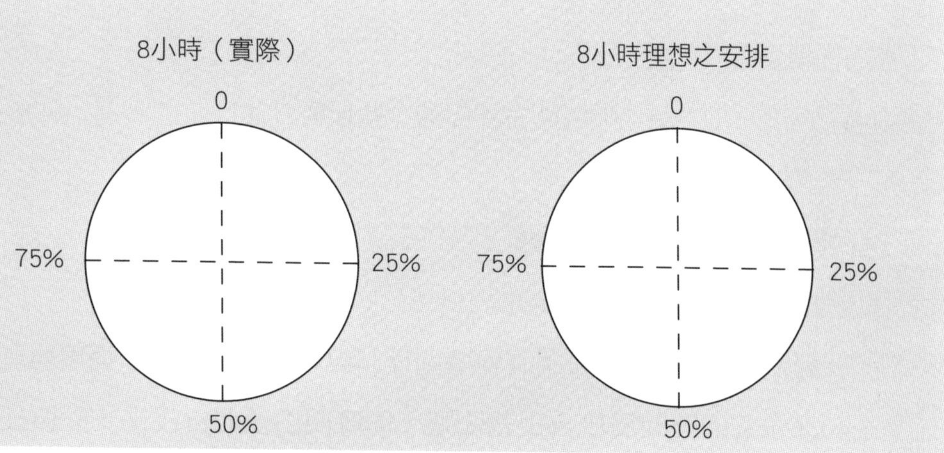

評量6　準備就緒

請列出所有想去的地方	請列出自己不是很有興趣，但必須做或想完成的事	請列出自己想做的有趣之事	請列出想學的事	請列出自己想製作的東西

請回答下列各題：

1.你有時間來完成這些事情嗎？請依序回答。

2.在上述各事中，請優先選出5項。是否有時間來完成這5件事？為什麼？

3.在上述5件事情中，請針對每件事情回答下列各題：

(1)必須做什麼準備，才能完成這些事？

(2)有人能幫忙嗎？

(3)必須先完成什麼？

(4)如何訂日期？這個期限切合實際嗎？為什麼訂此日期？

有效的工作時間管理策略

一、自由裁決時間的處理方法

魏伯（Webber, 1972）在作時間控制與利用的分析時，發現約有20％～40％主管的時間屬於自由裁決型，即時間由他們自己來支配與控制，60％～80％的時間由別人來支配。他認為浪費在平常的時間，其實多於浪費在可以自由裁決的時間（被動等著別人來裁決我們的時間）。相同的，當非自由裁決的時間可以利用時，我們卻用於毫無意義的事務上，而對別人毫無反應。

他建議我們應該盡量存積可以自由裁決的時間，而達到此目標的最佳方法，即是良好的時間安排與分配。我們可先找出這一段時間，再利用下列方式來善用它：

(一)**隔絕法**：指整理蒐集到的資料，在一天中找出特別時間將它們分門別類。

(二)**孤立法**：找出（躲到）一個不會被別人干擾的地方善用時間。

(三)**授權**：指定別人來幫忙一些較規律性的（千篇一律）的工作，自己則負責較有關連變化性，且有關自我裁決性的工作。

(四)**簡化工作**：合併幾種類似性質的工作，在同一時間內將它辦完。開會前，預先簡潔列出開會目的及臨時動議；主持研討會前，則預先列出大綱及目的。

(五)**集中精力**： 合併找出一段時間，集中精力完成優先或重要性的工作。

二、授權與分層負責

有些人不喜歡分工授權或「求助於人」，凡事都要親力親為，事事一把抓，他們或許不信任別人能將事情做得像自己做得一般好，也許他們認為授權或分層負責會失去控制權，也失去個人的認同。但這種做法，往往會帶給個人的身心疲憊，徒增壓力。

授權要先信任自己，同時也要能信任自己所授權的對象。分派哪些任務來授權，也是一種決策。

授權必須要清楚明白交代完成的時間，應避免造成說明授權所花費時間比自己去完成還多。追蹤是授權的一個關鍵事項，用以保證其成功。

三、訂定行程的妙方

由上述幾個練習，我們不難發現工作時間內，無謂的干擾是浪費時間的源頭。干擾也常影響人的心情。因此設定每次行程時，最好不要把時間排得太緊湊。保留7～10分鐘可能受到干擾。有時候，也可在辦公室門口貼個「請勿打擾」的字條。有時可到其他較清靜的地方去完成某個任務。

工作排得太密集，尤其是主管們往往有開不完的會議，日久反而有害健康。有些年輕工作者會利用午休時間去做輕鬆的健身運動或慢跑，有些人會小憩片刻，都是很好的習慣。午休之後，精神得以恢復，更有助於提升工作效率。

四、隨身用小筆記

筆者身上總是攜帶兩種小筆記本，一本是週曆與日曆，記載每日與每週的行程；另一本稱為理念書，隨時隨地想到一個好理念、好主意時，就馬上把重點記錄下來。人的腦子記憶力容量畢竟有限，隨時記錄是很好的練習。有些人用iPhone、iPad隨時寫下必須做的事情以及一些忽然想到的主意，都是很好的習慣。

五、改變思維

比較通俗的說法是「人生大檢討」的技術，另一種角度而言，則是精神層面的大出清檢討。雖然人類離開穴居的日子已經多少光年了，我們尚未拋棄原始打獵及收集的特性。我們身上攜帶著各種自古以來的包袱。修改人生觀，就是用來評估身體上、精神上、情緒上的需求。包括客觀的評估個人的關係、價值及個人需求，一旦列出此一清單，就決定了在自己生活中主要的或核心的價值，哪些因素是關鍵的，哪些只是邊際效應，徒費精力。

我們必須揚棄那些我們認為是在浪費寶貴時間的包袱。修改就是一種要減少自己生活之最簡單形式過程。我們應當體認：不是需求有多大，我「才能」生存；而是需求多少，我「就能」生存。

六、社會支持網路技巧

尋求需要完成工作的資料往往是很費時的，如果費時超過其重要性，那就更是浪費了。人們通常有不少唾手可得的資料，但關鍵不在多，而是在朝對的方向取得對的資料。時間管理需要掌握上述兩個條件，否則即使擁有全世界的網路連接，也是惘然。

連接是很重要的，而網路須借用健全的連接而成。我們需要知道什麼人能協助我們理想的完成自己無法獨力達成的工作。小從一個電話號碼、借一部小貨車、需要人手搬家，大到找工作、找投資、找合作夥伴等。社會支持網路的建立，就是個人的支持系統。

七、組織技巧

組織技巧在增進個人生產力是極重要的關鍵，以下提供一些做法：

(一)太多時間浪費在尋找東西。最好養成固定收納的習慣，如在固定的地方放帳單、存款單、書本等。

(二)了解資訊，並且知道如何取得以有助於完成工作之所需。

(三)準備一本日誌本，記錄各項工作的截止日期，藉此對自己的生活有全盤了解。不但每天要看，也要看下週的、短期的及長程計畫，隨時檢視每一項的進度。

(四)所有的工作、報告、講義及建議書均要寫摘要，包括簡介、過程和結論。

(五)將來往的信件歸檔，附注何時需與對方聯絡。桌上堆積的信件或報告，應處理一次即定奪，若擱置拖延，讓一件事分幾次處理，則太過費時。

(六)知道要接洽的人何時可聯絡，同時也讓對方知道可以在何時、何處回覆聯繫。

(七)學會了解身體上及精神上的限制。學會拒絕別人。

(八)手機已成為人們的隨身必須品，但是要謹記在電影院、飯店、教室應關閉手機。

八、知己知彼、提高效率

將「知己知彼，百戰百勝」的原則應用於時間管理，是指知道自己的優缺點、嗜好及習慣。若是自己在早上的效率最好，那麼就把最需要用腦、最具有挑戰性的任務安排在上午做，如果用來做清掃之類的雜務，那就是「浪費時間」了。

九、網路購物

利用網路購物可減少許多時間，又十分方便，但也要注意避免受騙。

所有的壓力管理取決於時間管理技巧。有關時間管理的祕訣，請參閱第5章所述及的時間壓力處理方法。時間管理等於是人生的短程目標，應注意時間的利用是否合宜，即「天時、地利、人和」，做事要合時，要把握時機（Now's the time.），則必可減低時間所帶來的壓力。

有效的時間管理，不僅可降低因時間而帶來的心理壓力，亦可提高工作績效。「一寸光陰一寸金，寸金難買寸光陰」的諺語，就是強調時間管理在每日生活中的重要性。時間是最寶貴的無形資產，因此，美國人說：「時間就是金錢。」

本章討論如何管理與利用時間，如何在有限的時間內達到無限的成果。一位能控制與管理時間的人，就是一位高效率的人。時間管理等於生活管理，而它的先決祕訣是對生活的近程與遠程目標有計畫。當代人都生活在一個「忙」字裡，但是有目標的「忙」，就是贏家；沒有目標的「瞎忙」，就是輸家。

本章分析時間的意義，並提出一些時間管理的具體技巧，希望能提供讀者成為「生活」的選手，成為高效能的人。

10 自我照護

簡單的改變生活習慣，即可降低壓力。

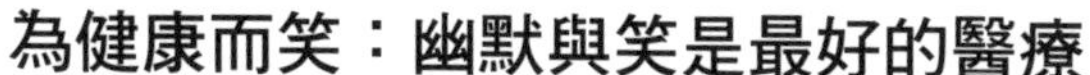

為健康而笑：幽默與笑是最好的醫療

笑與幽默能降低你的壓力，我們可以學習如何以笑來適應生活上的問題。幽默是解憂的好方法。研究也證實有幽默的工作場所，生產力較高。

大笑不僅能增加心臟的跳動次數，而且也能使全身肌肉（五臟六腑、頭頸四肢）的活動力提高。大笑之後，肢體得以放鬆，感到身心愉快。根據哈佛大學的一項研究指出，成功的人比不成功的人多用笑與幽默來克服日常生活的挑戰與壓力。

笑是會傳染的。當你與別人分享笑的時候，你也改變了人際關係。幽默與笑會改變免疫系統，增加精力，使疼痛消失，而且很明顯的可以降低壓力。笑是免費的，笑改變了整個生活氣氛。笑的優點很多，包括：

一、笑能放鬆你的肢體與筋骨。

二、笑能降低壓力荷爾蒙，增加免疫細胞及對抗疾病的抗生素。

三、笑能促進血液的流動，它能協助心臟血管的功能，降低心臟病的發病率。

四、笑能提高體內的腦啡（Endorphins）。腦啡（腦部所製造的一種物質，能控制身體對疼痛和壓力的反應，並能改善情緒）能讓人感覺心曠神怡，而且可及時止痛。

五、笑有許多社會功能，包括降低人際衝突，增進友善關係及團隊精神。

六、笑能改變個人對情緒的觀點。有時「一笑置之」正是解決衝突或問題的良方。它往往能大事化小，小事化無。

七、笑能令人減少壓迫感。

八、笑能讓人忘記去批評別人。

九、笑能讓人表達真正的感觸。

製造笑的機會

只要有心，處處都能找到讓自己開懷而笑的機會，例如：

一、參加「笑話」俱樂部。

二、聽別人講笑話，看「順口溜」，或聽相聲。

三、做一些笨拙可笑的動作。

四、與貓狗玩、與小孩玩，或玩一些有趣的遊戲。

五、看「最好笑」的電視節目。

六、不要假笑，要發自內心痛快的笑。

七、參加卡拉OK，聽自己或別人唱了走調的歌曲而哈哈大笑。

八、與有趣的人做朋友。

九、輕鬆的笑談自己做的傻事。

A型人格的人很少有時間來笑。因為他們很難將工作與消遣併在一起，他們只有工作，沒有消遣。不知消遣可帶來樂趣與歡笑。

還記得上次讓你大笑是什麼時候嗎？笑得連眼淚都流出來？笑就像

把一塊石頭丟到水裡，水波蕩漾，笑也一樣，會從內心一直波動到整個身子，使人完全鬆弛下來。下一次大笑時不妨注意一下，你會發現大笑之後竟然打哈欠，因為整個人都放鬆了。再做個觀察，當你笑時，臉上動用的肌肉其實比咬牙切齒大聲罵人時的臉部肌肉動作更少。

增加笑與幽默的方法

下面是幾種可以增加笑與幽默的方法：

一、建立自己的幽默資料庫：蒐集笑話大全和有趣的漫畫，經常翻閱，也說給別人聽。

二、看看電視喜劇：探討這些喜劇真正傳播的資訊是什麼。但是不要去看那些愚蠢的鬧劇。許多鬧劇粗糙乏味，充斥「低級趣味」，不值得觀看。

三、翻閱報紙上的時事漫畫：這些以幽默方式來描述世界大事或衝突的漫畫是很耐人尋味的。

四、觀察人們為什麼會開懷大笑：看看在公車上、人潮擁擠的地方，是否有一群人在大笑？為什麼？其他時刻聽到別人的笑聲時，詢問大家為什麼笑。笑與幽默能讓你放下憤怒、挫折、憂慮與敵對。

五、不要懼怕哈哈大笑：幽默與大笑不必含蓄，要笑個痛快與開懷，不要皮笑肉不笑。

六、享受馬戲班的小丑表演：小丑的表演常令人哭笑不得，看了好的表演，拍案叫絕，也能令人身心舒暢。

七、回憶美好的時光：多去回憶一些好玩的、可笑的，或特別的喜好。這些快樂的日子可以讓人暫時忘卻眼前的煩惱。這是很好的心智聯繫。研究也指出，若養老院的老人常常進行心智活動，壽命會比較長。這些活動讓人忘記當前沮喪的處境。參加同學會也是一個好辦法，在同學會上老同學們最喜歡回憶以前在學校時的快樂時光，以及一夥人做出的傻事。這樣談笑風生的情境，帶來愉快的感受。尤其人在不得意與有挫折的時候，最需要去回憶以前的快樂時光或自己得意的成就。

八、偶爾延期：雖然俗話說「今日事今日畢」，但偶爾將事情延期一下，反而使自己輕鬆。偶爾延期，能使我們再次洞察哪些事情是真正緊急又重要，不可延誤。延期也給個人更多的時間準備就緒，讓我們有更多的時間去思考如何將事情做得更好。但是，有關自己健康與安全的方面，則千萬不可延期。

九、嘆氣：嘆氣其實是一種深呼吸，偶爾嘆氣、伸伸懶腰，也能放鬆筋骨。

睡眠的祕密：身心的休息與恢復

睡眠是健康的重要因素。睡眠的時候，腦部得以在一天忙碌的活動後好好休息及充電，使身心得以恢復。一覺醒來，讓自己有萬物一新之感。睡眠使腦子修復細胞。如果缺乏充分睡眠，或睡眠受到干擾的話，腦細胞的修復過程就會被中斷。

現代人往往缺乏充足的睡眠時間，或無法好好的睡一覺。當睡眠被剝奪時，個人的日常機能，甚至個性都被干擾，受到影響。疲倦是睡眠被剝奪最明顯的後果。其他失去的功能，包括脾氣易暴躁、注意力無法集中、記憶力衰退、容易生病，以及發生意外事件。根據《內科紀事》期刊（Annals of Internal Medicine，2012年10月16日）的研究報告顯示，睡眠太少會損害人體的脂肪細胞，使人易患肥胖和第二型糖尿病。睡眠不足導致人體饑餓荷爾蒙的水準提高，降低了滿足感的荷爾蒙水準，從而導致食量增大和體重增加。此外，睡眠不足降低了脂肪細胞對荷爾蒙胰島素的正常反應能力。睡眠太少後，脂肪細胞正常運用胰島素的能力也受影響。如果脂肪細胞不能對胰島素做出正常反應，就會導致血液中的血脂過高，從而引起第二型糖尿病和其他疾病。此外，彰化基督教醫院中醫部童司懿君醫師（10月1日，2012）指出當個人工作壓力過大，睡眠不足，加上營養不良，會導致毛髮逐漸脫落。

美國國家睡眠基金會估計在美國約有三分之一的成年人每晚睡眠時間少於6.5小時，而人體通常是需要8小時的睡眠時間。女性的睡眠時間比男性少。尤其是須兼顧家庭的職業婦女，白天工作一整天，下班後還要忙著做家事及照顧幼兒。因此職業婦女很難能「享受」每晚8小時的充分睡眠時間。

當睡眠被剝奪時，壓力荷爾蒙，例如青春激素（Cortisol）及腎上皮質促進素（adrenocorticotropic hormone）分泌增加，將使人感到疲倦及壓力感。一項美國國家健康機構的研究發現，不眠症者的壓力荷爾蒙的濃度比未患不眠症者為高（Cherewatenko & Penny，2003）。壓力荷爾蒙的長期增高，會降低脫氫異雄固酮（Dehydroepiandrosterone, DHEA），會使個人對壓力及其他生活問題的適應度降低。（注：DHEA是人體最多量的固醇類荷爾蒙，它能轉化成男性荷爾蒙睪固酮〔testosterone〕和女性荷爾蒙雌二醇〔estradiol〕、雌酮〔estrone〕，因此DHEA的效用被認為主要作用機轉是經由這些代謝物。還有研究發現，DHEA也可直接作用於血管內皮細胞，生成一氧化氮擴張血管，此作用或許可以改善血管性的勃起功能障礙。另外，DHEA在腦脊髓液的濃度比血液高6～8倍，它能影響神經傳導物質，因此也對情緒、記憶及認知功能有幫助。）

失眠的原因

在睡眠問題中，最常見的是失眠。失眠的原因與生理、心理、行為及睡眠的周圍環境有關。睡眠問題與性別有關，如前所述，擔憂是女性失眠率較男性高的主要原因，它與女性的生理週期與社會角色有關。最近一項臺灣女性護理人員的研究發現，工作壓力是護理人員失眠的最大原因（郭淑珍、陳怡君，「失眠與工作壓力：深度訪談使用安眠藥物的女性護理人員」，臺灣雜誌，2010，V01，No.2，131-144）。

失眠的原因大致可歸納為下列幾種：

一、高科技產品的干擾。高科技帶給人們即時、不間斷的作業與溝通，它使生活變成無晝夜之分。當電子郵件、臉書（Facebook）、iPhone等高科技產品隨時的傳送資訊，人們彷彿也不由自主的「被強迫」去立即回應。

二、太滿的時間表。一天只有24小時，可是現代人常將時間表排得過滿，就像一天不只有24小時般，以致缺乏休息時間。

三、越洋旅行。長途的越洋旅行搗亂了生物時鐘，由於時差，晝夜顛倒，該睡時不能睡，該醒時又醒不過來。

四、心理因素。日有所思，夜有所夢。尤其擔憂某件事時，易讓人輾轉難眠。

五、睡眠呼吸中止症（Sleep Apnea）。美國約有1千8百萬人患有睡眠呼吸中止症，它有三種情況：(一)喉嚨後面的肌肉太鬆弛，以至於干擾了呼吸，也導致鼾聲大。這種現象會在整夜中重複出現；(二)中樞型睡眠呼吸中止症，它是指大腦不能發出呼吸指令，而導致無法產生呼吸動作，患者因缺氧而在睡眠中醒來；(三)這是前述(一)與(二)的綜合，肥胖者較易患此症，因過多的脂肪積於上呼吸道及舌根，使呼吸道關閉。睡眠呼吸中止症者在日間因前晚睡眠時候中段而導致睡眠不足、精神不佳、脾氣易受到刺激。由於氧氣不足，易引起頭痛、無性欲及其他心臟相關的疾病。

六、腿抽筋。由於懷孕、貧血或糖尿病者夜間在股部（腿之上半節，自胯至腿之部分）及小腿容易抽筋或有刺激性的肌肉蠕動，使人不斷的想移動腿而干擾了睡眠。這種症狀稱之為「不寧腿症候群」（Restless Legs Syndrome, RLS）。（注：俗話說「男抖貧，女抖賤」，若就醫學論，抖個不停，無關錢財，很可能是罹患「夜間性肌陣攣症候群」（nightic myoclonus syndrome）。雙腿抖個不停千萬不能大意，若罹患「不寧腿症候群」會出現腿痠腿麻的症狀，必須抖腿才會感到舒服，其中又以糖尿病患比例最高。不寧腿症候群應該是因為體內缺少鐵質，導致腦部掌管統整感覺的視丘出現病變，引起肢體不正常抖動，因此連睡覺時也會抖一抖雙腿。）

七、胃痛、胃灼熱、反胃。當胃酸沖回食道，也會干擾睡眠。

八、睡眠恐懼症。患此症者會在半夜忽然大叫或拳打腳踢，好像作噩夢。每次持續約15分鐘。第二天醒來又不記得半夜發生了什麼事。

九、打鼾。約有三分之一的成年人有打鼾的現象。有時太大聲了，把自己也吵醒。根據賓州州立大學醫學院的研究，打鼾者也較容易得高血壓症（Cherewatenko & Penny，2003）。

十、輪班工作者。根據美國勞工統計局對輪班工作的定義，是指在下午4點到次日早上8點工作，且此時間占個人工作表一半以上的時間。根據臺灣勞工安全衛生研究所（2000年7月7日）的報告，不規則工作時間的輪班作業員工，易造成睡眠障礙、生理不適應、三餐時間改變、人際關係受干擾。而其中，換班或輪班者的睡眠品質明顯的較日常班工作者差，且容易感到精神緊張、胃腸不舒服。

如何提升睡眠品質?

健康的睡眠，是指高品質及充分時間的睡眠。下面列舉一些提升睡眠品質的方法：

一、運動。每天做20～30分鐘的運動，可促進睡眠並減少壓力，因為適度的運動可以提高血液內氧氣的濃度，提高體溫，令人就緒入眠。

二、按摩肌肉。週期按摩可令人筋骨鬆弛，對關節炎及纖維肌痛症患者更有助益。（注：纖維肌痛症〔Fibromyalgia〕為常見的非關節風溼痛，以肌肉、肌腱附著和毗鄰軟組織疼痛、壓痛和僵硬等特徵。纖維肌痛是指纖維組織、肌肉、肌腱、韌帶和其他部位疼痛，以枕部、頸部〔頸痙攣〕、肩部、胸廓〔胸肌痛〕、下背部〔腰痛〕，以及股部大腿痛與頭肌僵硬較為多見。多發生於女性、過重的體力勞動、精神緊張、睡眠不足、外傷、潮溼、寒冷等均能引起或使病況加重。全身性疾病〔通常為風溼痛〕偶爾也能誘發此病。病毒或其他全身感染〔如萊姆病〕也會誘發易感者發病。）按摩時腦內會分泌讓人感到舒服的化學物五羥色胺（serotonin），有助入眠。

三、做瑜伽。瑜伽可促進呼吸並減壓及鬆弛神經系統。

四、睡前不喝含有咖啡因的飲料，如咖啡和茶。酒對某些人可鬆弛神經系統，但對另一些人則反而是刺激品，會干擾入眠。

五、建立睡眠的習慣。例如每日在固定時間上床，按時進行睡前的儀式（如：禱告念佛、喝熱牛奶、洗熱水澡等）。但有時睡前飲料可能會導致半夜想上廁所。即使在週末也應該遵守睡眠的習慣。

六、按摩雙腿。尤其患有不寧腿症候群者更是必要。睡前按摩雙腿、散步或洗熱水澡，都有助於睡眠。

七、提早吃晚餐。若患有反胃毛病者，提早晚餐時間可延長消化時間。睡前不宜吃太油、刺激性的酸辣食品。喝一杯牛乳才上床，有助睡眠。

八、不要擔憂。睡前不去談或想令人擔憂不安的事情。日有所思，夜有所夢。學習鬆弛技巧。

九、養成小睡的習慣。白天定時小睡30分鐘，反而能使人下午精神振作、不過勞，晚上更容易入眠。

十、控制藥物攝取時間。有些藥物是刺激品，反而不利入眠，這些藥物不應在睡前服用。例如：血壓藥品、治療甲狀腺的荷爾蒙、避孕藥、治療支氣管病症的藥、減肥藥、含咖啡因的止痛藥，以及某些抗組胺藥物（antihistamines）。

十一、理想的睡眠環境。室內溫度太高或太低、燈光太亮、吵雜，或時鐘滴答聲太響等，均會影響入眠與安眠。

十二、白天要看到充分的陽光。陽光會影響我們的生理時刻。在地下室或無燈光工作室的人，應設法在一天中有機會看到日光，才不會導致晝夜顛倒的情境。

十三、控制晚餐時間。太晚吃晚餐或晚餐量太大，都會影響入眠。如果入睡前感到饑餓，可食用含有氨基酸色氨酸（amino acid tryptophan）的食品，例如牛乳、火雞肉、香蕉、蜂蜜、蛋白、鮪魚、豆類、花生及綠葉蔬菜等。避免含有酪胺（tyramine）（酪胺作用類似於腎上腺素，可刺激交感神經）食品，例如煙熏的豬肉、乳酪、糖、火腿或番茄，因這些食品會刺激腦，更加清醒。（有關預防壓力食品，見藍采風，2003，頁201）。

十四、看醫生。如果患有睡眠不正常的病症時，應該求助於睡眠專科醫師。即使必須用安眠藥協助入眠，亦應先與醫師討論。有些安眠藥不須醫生的處方，如褪黑激素（melatonin）。

十五、調整輪班工作時間。如有可能，盡量避免上夜班。

十六、克服越洋旅行時差。筆者的個人經驗是在飛機上多喝水，不喝橘子汁或含糖的蘇打飲料，不喝茶或咖啡等刺激飲料，它們會妨礙個人在飛機上入眠。如果抵達目的地的時間是上午，則下機前飲用茶或咖啡，保持下機後清醒一直挨到目的地時間是晚上時才入眠。下機時若有陽光，亦可協助個人適應時差。第一晚睡前按上述的第一、二、三、四、七項練習。

十七、該休息時就應休息。熬夜或開夜車不一定會增加效率。有了充分的休息，才有精神再接再厲。

十八、避免人際衝突。人際關係衝突會帶來不安，並影響睡眠品質。

睡眠不足與不眠症均會帶來壓力，反之亦然。因此，上述一些預防不眠症的良方應切記，並隨時應用。高品質的睡眠與充分時間的睡眠，是促進健康的基本條件。

簡易的健康飲食法：增加你的免疫力

國人對健康已有相當的意識，有關健康的飲食法與理想營養值的文獻也非常多，因為國人已經意識到飲食與健康的關係。平衡的飲食能使人身心愉快，提升體能健全。增加體力、鍛鍊肌肉、促進呼吸循環，有助於預防疾病。專家建議一些健康的飲食法， 以協助提升人體內自然的免疫系統的能力，並排除體內毒物。

均衡的飲食能增進健康，降低壓力。雖古諺有云：「讓你的食物當你的補藥，也讓你的補藥當你的食物。」然而不幸的是，現今的大部分民眾不是把食物當補藥，而是吃「毒藥」。工業化的結果，環境汙染，將毒物排入河川。而這些毒物經海產品進入人體後，經年累月，人體受到的傷害，不堪設想。食用含抗氧化劑高的食品，例如Beta-Carotene、維他命C及E、Selenium等，這類食品可抵抗那些能摧毀細胞膜及DNA的體內自由離子（free radical）。抗氧化劑可以從水果、蔬菜及草藥中攝取。以下提供一些健康飲食的原則：

一、食用高纖維的食品及蔬菜。纖維是指一系列含有碳水化合物的食品，包括鮮果、蔬菜、穀類、麥片、麥類製作的麵包、烘烤的豆類、紅菜豆及五穀米等。纖維能清除結腸有毒物質，否則若被吸收進入血液中，反而對人體不利。纖維能夠降低膽固醇及阻止膽固醇留在腸胃中。纖維食品的另一好處是，煮後亦不失去其纖維質。這些食品的維他命及營養成分也高。成人最好每日攝取30克的纖維質食品。

二、每日喝大量新鮮的水。充分的飲水，有排出體內毒素的功能。

三、避免食用含有農藥或殺蟲劑肥料的食品。如果有可能，改食有機食品。

四、減少食用加工及處理過的食品。例如含高糖分且無營養價值的食品（即所謂的「垃圾食品」），這種食品多含添加劑及防腐劑以延長食物保存日期，但卻是對人體有害的食品。

五、食用高蛋白質的食品，以保證有足夠的氨基酸。它是建立身體組織的泉源。

六、避免含有抗生素或荷爾蒙的食物，如乳製品、牛肉及雞肉。近年有些養殖魚蝦也灌有荷爾蒙的養料，多吃反而成了致癌毒品。

七、食用含有大量亞麻籽及w-6（蔬菜油）的食品。

八、避免食用含有飽和油脂的食品，例如乳製品及肉類。脂肪有二種：飽和脂肪多見於肉類、乳類食品、豬油、甜餅、巧克力、蛋糕；不飽和脂肪則多見於葵花油、玉米油、沙拉油、核桃及油質魚類（如沙丁魚）。

九、避免用含泛油脂酸（trans-fatty acid）。大部分的速食品均用這種元素，但美國政府已禁止使用。

十、吃各種顏色的新鮮蔬菜及水果。新鮮蔬果含有大量的抗氧化劑及生物類黃酮（bioflavinoid）。關於健康飲食的要素，以及有助於健康的「彩虹食品」，請參見表1及表2。（健康飲食的詳細探討請參閱藍采風，《挑戰壓力》，〈各類營養素及其對人體健康的功能〉，2000，頁278-284）

表1　健康飲食要素

成分	主要來源
維他命與礦物質 * 協助肢體的功能 * 維他命內含有20種化學要素 * 官方有規定每日應吸收的維他命	* 維他命C：柑橘類、番茄、瓜、草莓 * 維他命D：綠色蔬菜、油質多的魚、牛乳、蛋 * 維他命B：肉類、豆類、綠葉蔬菜、魚類
碳水化合物 * 包括糖和澱粉 * 每日食物應至少包括50%的碳水化合物	* 全麥麵包、糖果、餅乾、麵條、蔬果、玉米、紅菜豆、青椒、香蕉、馬鈴薯、花生、乾果、糙米
植物中的蛋白質 * 身體需要蛋白質中的胺基酸（amino acids）以促進細胞的成長與補修，製造抗生素及荷爾蒙之酵酶	* 豆、豌豆、麥、核桃、番茄 * 由於不是所有的蔬菜與水果均含有蛋白質，所以需要以豆、核果類食品來補充
動物中的蛋白質 * 動物中的蛋白質均完全，因此它能提供各種的胺基酸以促進健康	* 紅肉 * 豬肉、魚、蛋、牛乳產品，例如乳酪、奶油、牛乳及優酪乳
脂肪 * 提供精力 * 健康飲食應含30%的脂肪 * 脂肪太高時，易造成肥胖症及心臟病	* 魚、鴨肉、菜油、酪梨等含多量的多元不飽和脂肪。而奶油、肉、蛋、全脂牛乳則含高量的飽和脂肪，對健康反而不利

表2　彩虹食品

紅　　色	枸杞、紅棗、紅豆、紅地瓜、西瓜、草莓、櫻桃、辣椒、水蜜桃、蘋果、紅甜椒、李子、蓮霧、番茄、紅肉火龍果、紅茶、牛肉

青（綠）色	綠豆、綠葉蔬菜、海帶、青豆、橄欖、九層塔、青椒、絲瓜、秋葵、茴香、豌豆苗、毛豆、過貓、川七、A菜、韭菜、胡瓜、菠菜、青蔥、蘆筍、奇異果、芭樂、青蘋果、綠茶、青木瓜、青葡萄、哈密瓜、酪梨
藍　　色	藍莓
紫　　色	茄子、紫色高麗菜、山藥、紅薯、紅杏葉、紫玉米、紫糯米、芋頭、桑椹、紫萵苣、莧菜、紫蘇梅、紫櫻桃、葡萄
黃　　色	小麥、糙米、玉米、地瓜、黃豆、花生、芒果、金針、榴槤、小玉西瓜、黃甜椒、枇杷、木瓜、金桔、鳳梨、黃金奇異果
白　　色	白米、麵類食品、薏仁、白木耳、蓮子、白芝麻、馬鈴薯、豆腐、高麗菜、白菜、白蘿蔔、白玉米、人參、豆芽菜、花枝、鱈魚、香蕉、白柚、西洋梨、椰子、半天筍、檸檬、荔枝
黑　　色	黑芝麻、黑豆、黑糯米、黑木耳、黑棗、巧克力、海苔、香菇、髮菜
橘（橙）色	柿子、橘子、南瓜、葡萄柚、哈密瓜、柳橙、金桔、胡蘿蔔

（修改自藍采風，2003，頁 318）

少吃影響情緒的食品

有些食品，例如鹽、糖、酒及咖啡，對人的情緒有刺激作用，吃多了這些食品容易提高壓力程度，應盡量節制。

一、鹽：每人每日需攝取約1公克的鹽分，但我們平均攝取至少10公克。大多數這些鹽分是來自製造商在食品加工過程中加鹽的結果。太多鹽分可造成高血壓，繼而導致心臟病及中風。

二、糖：糖分的食品雖可暫時提神，但進食太高糖分的食品，反而導致腎上腺過勞，不但會耗損精力，也會導致過敏反應、注意力無法集中，以及情緒不穩。糖分還會增加體重，也是造成蛀牙的主因。

三、酒：短期間內，許多人會覺得喝酒可以放鬆身心，但長期多量的酒精卻能使人發胖、沒有食欲、頭痛、嘔吐、傷害器官（尤其肝）。酒也是壓力源之一。

四、其他：咖啡、可口可樂、茶等飲料內的咖啡因是典型的刺激品，它刺激腎上腺的活動，使血壓上升，刺激心臟活動。咖啡因太多時，易造成一些副作用，例如：心慌、偏頭痛及心臟急速跳動等。

養成好的飲食習慣

飲食影響身體與心智狀態，好的飲食習慣可以保持身心健康，也能減少壓力。良好的飲食習慣如下：

一、吃少量食品，每次控制在七、八分飽即可，定食定量。

二、了解自己的身高應有的適當體重，保持身高與體重的比例。

三、注意身體脂肪與肌肉的指數。

四、飲食以適量為主，不暴飲暴食或過分節食。

五、兩餐之間不要吃零食，尤其有糖分的食品。

六、家中不存放糖果類的食品。

七、三樣食品盡量避免：鹽、糖及白麵粉類食品（如：白麵包）。

八、不可偏食，飲食均衡最重要。

減少環境壓力

環境是壓力源之一。環境因素，如噪音、光線、空氣品質、空間及色彩等，都能影響我們的感官機能及情緒。大多數的人在陽光下都較快樂且健康，陽光不足則會導致壓力與憂鬱。自然光線能使我們體內的褪黑激素有規律。當自然光線不足時，體內會累積褪黑激素，使人困倦及憂鬱。醫學上的專有名詞「季節性情緒失調」（SAD, Seasonal Affective Disorder），即指因季節（很長無陽光的冬天）的原因而造成情緒不正常的現象。又如長時間在空氣不流通的房內，亦會使人皮膚乾燥、昏迷、頭痛、鼻塞等。這是因為長時間在空氣不流通的屋內，室內空氣產生正離子，影響身體的血液循環。

此外，房間的顏色對感觀的刺激、室內家具如桌椅的高度和硬度會影響肢體的舒適，都是構成環境壓力的因素。

長壽之道

百歲老人崔介忱先生分享他的健康長壽之道，包括四個要件：營養充足、睡眠充足、適當運動、心情愉快。此四者，缺一不可。崔老先生提供大家的長壽養生之道如下（資料來源：http://tw.myblog.yahoo.com/miomio-mio/article?mid=3515&l=d&fid=9，2-10-2013 下載）：

一、第一是開心樂觀、不計較的態度；第二是生活規律、順天地；第三是多運動，累了也要動。

二、每日練床上保健功二十式（胎息、梳頭、揉眼、擺臂、搓耳根……等二十個動作）。

三、龜息法是呼吸細、長、勻、自然、有恆，藉由完全放鬆，產生自我修護力。

四、早餐一定要吃，豆漿、稀飯什麼都可，不奢侈。

五、早餐飯後在住家附近的公園散步。

六、走得到的地方，一定徒步。

七、飲食以多蔬果為主，什麼都吃，不挑食。

八、少吃肉類、油炸、冰冷、重辣、重鹹的食物。

九、不吃甜的食物。

十、不迷信有機產品，買一般市場的蔬菜，先泡水20分鐘，再沖洗、烹調。

十一、不吃鮑魚、魚翅等高貴食品，粗茶淡飯。

十二、晚上7點以後除了喝水，什麼都不吃。

十三、不抽菸、不喝酒、不吃檳榔。

十四、健腦保健法一：10指由前額往後腦梳頭108次。

十五、健腦保健法二：雙手分別置於前額及後腦，左右橫搓108次。

十六、健腦保健法三：打麻將，但只打8圈，而且絕對不熬夜。

十七、牙齒保健法一：上大號時，專心的咬牙切齒，這樣牙齒不會退化。

十八、牙齒保健法二：不用牙膏，只用牙刷沾鹽來刷牙。

十九、眼睛保健法一：拇指尖壓按眼內角睛明穴108次。

二十、眼睛保健法二：中、無名指置眼眶上，由內向外磨擦108次。

二十一、眼睛保健法三：鹽乾刷牙時所流出口水來擦拭眼球。

二十二、聽力保健法一：食指中指夾住耳朵上下搓揉108次。

二十三、聽力保健法二：中指在耳前中上部位搓揉108次。

二十四、聽力保健法三：雙手搓揉整個耳朵36次。

二十五、胃腸保健法一：雙手中間3指放在肚臍上，順時鐘轉81圈。

二十六、膀胱保健法一：雙手重疊放在肚臍下，搓揉108次。

二十七、腰痛保健法一：躺下，雙腿向腹部伸回再踢出108次。

二十八、痔瘡保健法一：躺下，雙腿腳尖扳向身體，同時縮肛10次。

二十九、腿力保健法一：躺下，右腳腳尖扳向身體，同時整腿伸直上提36 次。

三十、肩膀保健法一：兩手交叉握住，由腹部往頭上舉36次。

三十一、臂腰保健法一：伏地挺身36次。

三十二、疾病自癒保健：盤腿靜坐深呼吸36次（舌抵上顎肉，鼻吸口吐）。

前東海大學校長梅可望博士，也提供他95歲高齡長壽的飲食與健康要訣（梅可望，2013 ）是「只要會動、會吃、會管、會鬆、會笑，你也可以不生病，青春永不老。」他說的「健康十訣」包括：一、立如松；二、坐如鐘；三、行如風；四、臥如弓；五、營養豐；六、運功充；七、精神蓬；八、情緒鬆；九、菸酒空；十、大便通。這些原則雖然簡單，但卻有其道理（頁13-15）。

近年來，臺灣法鼓山的「自我超越禪修營」以佛教的打坐禪修法，教導參與者靜心、放鬆，並思考生存與生命終極歸屬的問題。這也是訓練我們如何達到高度心智靜、肢體鬆、無念的超然、淡定之境。

有規律性的運動及鬆弛術，能增加體內的循環功能，降低疲倦及壓力，因為在運動的時候，體內能產生可以對抗壓力的荷爾蒙。運功也能提高自我形象及外表評價，並增加自信與精力。有關運功與鬆弛法等的詳細討論，請參閱《挑戰壓力》（藍采風，2000，頁275-276）及《全方位壓力管理》（藍采風，2003，頁 152-171）。

注重心理健康

壓力與心理不健康，是一連串生活事件的改變與生活需求的綜合體，再加上缺乏良善的生活技巧所造成的。大部分面臨壓力與情緒問題的人是沒有身體疾病的，他們的問題是不知如何以生活技巧來應對生活需求。除了生活技巧之外，思維與信念也影響我們看待生活事件。思維與信念左右我們的行為。近二十年來在歐美與亞洲地區有一項新興的運動，稱為「自我協助」（self-help）。當個人有心理健康問題時，不一定需要立刻去做心理治療，有些「自我協助」的方法即可協助個人去適應、去經驗快樂。什麼是快樂？它不一定是物質面，當代人所追求的是精神面的快樂。而精神的快樂則取決於個人的思維與信念。有時候很簡單的一個看法，也能解開心中鬱結的情緒。此外如觀察動物界的行為，也能給我們靈感去面對壓力源。以下是提供一些用「自我協助」的方式來提升心理健康，進而促進生活品質的方法：

一、對自己負責。應對自己的思維、信念、感觸、決策、行為及後果負責。遇到問題光責備別人是無濟於事的，能夠自己負責才是自己的主人。

二、實行有彈性的思維。凡事有彈性的話，就像橡皮筋一樣，能伸能縮，隨遇而安。學習去改變你能改變的，適應你不能改變的。避開「絕對」的思維，例如：用「絕對」、「非～不可」、「僅有這個辦法」等的字眼。

三、接受世界上的事是好與壞的綜合體。世界上不公平的事可多了，整天去埋怨那些不公平的事是無濟於事的。接受許多情境不是「黑白」兩極的；有許多事是介於黑白之間。有時候只要接受「差不多」就行了。

四、停下來，思考一下。現代人整日忙個不停，但往往是「瞎忙」。有時候找個寧靜的地方，稍微休息並做反省。想想：人生的目的是什麼？未來要往何處去？自己到底在追求什麼？有多久不曾坐下來眺望晚霞嗎？

五、學習接受挫折。人生不如意十有八九，應拿得起，放得下。看開了，把挫折當作是一種挑戰。即使有些處境不喜歡，但也能試著與它同在。再重新定義自己的處境，也許事態沒有想像中的那麼糟。視挫折為成長的必經過程。不須對挫折發怒。

六、接受自己。你必須先接受自己，才能期待別人接受你。人無十全十美。不必對自己的缺點太苛求。好好照顧自己。生命是很脆弱的。什麼事何時會發生在你身上，只有上天才能預知。肯定自己的優點與才華，盡量去發揮與昇華。

七、誠實的、自由的表達自己的感觸。以自我肯定的方式開誠布公，表達自己的想法與感觸。不去占別人的小便宜，也不去侵犯別人的權利與自由。

八、朝目標邁進。定下自己的人生目標，包括短程與長程，定期去溫習與調整。給自己立下許諾，並將保持健康的身體放在目標之內。

九、以理性及創造性去思考。去摸索自己解決問題的方法。思考是否有其他的選擇，再評估過去的一些經驗與作為。以前的經驗就是今日的導師。

十、取中庸與平衡之道。在工作與休息、工作與家庭、嚴肅與輕鬆、與人為伍或孤單獨處、施與捨等之間找到平衡點。不走極端，清楚的知道自己在追求什麼，為何目的在追求它？要如何去達成此目標？什麼活動真正能帶給自己快樂？人生的意義何在？

十一、發展嗜好與興趣。嗜好與興趣不一定是自己的特長，但卻能給你帶來快樂。計畫休息的時間。

十二、發展並維持良好的人際關係。人不能夠離群而索居。珍惜並維護友誼。友誼是你的重要支援系統。接受別人而不要去改變別人。不可對別人苛求或批評。避免人際衝突。當人際關係緊繃時，應想想：退一步，就海闊天空。

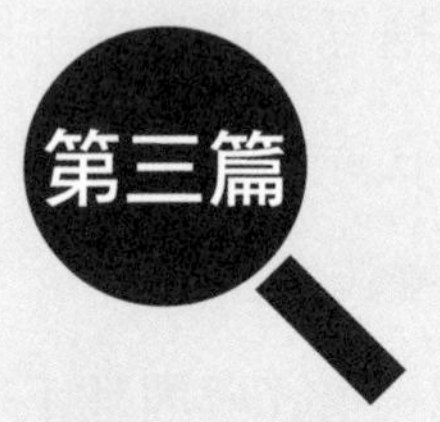

家庭與工作

11 家庭壓力：雙薪家庭壓力與管理

新時代女性就業的動機之一，是追求更豐富的生活形式。

家庭中的壓力

生活環境不斷在改變，個人與家庭必須學著去適應；改變帶來壓力，不論變好或變壞，壓力總是存在的。因為家庭必須面對各種需求，所以家庭期待也成了個人的壓力來源。不久前（2013年1月29日《世界新聞網》）的一則新聞〈催婚、催子、催工作，七成80後成被催族〉頗耐人尋味：

「過完年該找工作了吧」、「年齡不小了，該結婚了」、「都結婚幾年了，該有孩子了吧」……，這些話猶如「炸彈」，源源不斷的從父母、親戚、朋友嘴裡說出來。 根據《大河網》報導，「90後」、「00後」迅速成長，「80後」最年長的已經33歲了，他們當中不少人成了「被催族」，也就是到了該結婚生子的年齡卻沒有 「成家立業」，因而受到父母或親人的催促，有些人不得不違背自己的意願，去滿足父母的要求。他們恐懼回家，恐懼過節，更恐懼家庭聚餐。年關將至，「被催族」大呼又要「被催（悲催）」了。據報導，最近，在網路上暴紅的一張被稱為《親戚聚會發言大綱列表》的樹狀圖流傳於「被催族」中，他們紛紛轉發、評論。春節臨近，媒體隨機調查50名「80後」，有76%的人表示自己還沒到過年就已經「倒地不起」了。春節假期，和親戚朋友一起聚會娛樂，本是件快樂的事情，但不少「80後」卻心有隱憂，面對親戚朋友的詢問，他們承受不小的壓力。

本章首先以家庭社會學的理論來探討家庭壓力理論，以協助我們對壓力與適應有進一步的了解，然後再以雙生涯家庭為例來分析當代家庭所面臨的挑戰。

家庭壓力理論

家庭研究社會學家魯賓．赫爾（Reuben Hill）在其《壓力下的家庭》（Hill, 1949）及《壓力下的家庭面面觀》（Hill, 1958）等文中，探討在非常情境下因家庭因素而引起的危機。赫爾將危機分為兩類：第一類是因家庭外在因素而引起的危機，稱為「家庭外在危機」，例如：戰爭、水災、經濟蕭條或宗教迫害；第二類是因家庭內在因素而引起的危機，稱為「家庭內在危機」，例如：遺棄、離婚、外遇等。赫爾所討論的危機狀態，是指當家庭受到外在環境因素或家中成員所造成的或面臨的事件，引起家庭與個人不平衡狀態時，就稱為危機（藍采風，1978, 1986 &2000）。

赫爾（1958, 頁141）所提的家庭壓力「ABCX模式」如下：

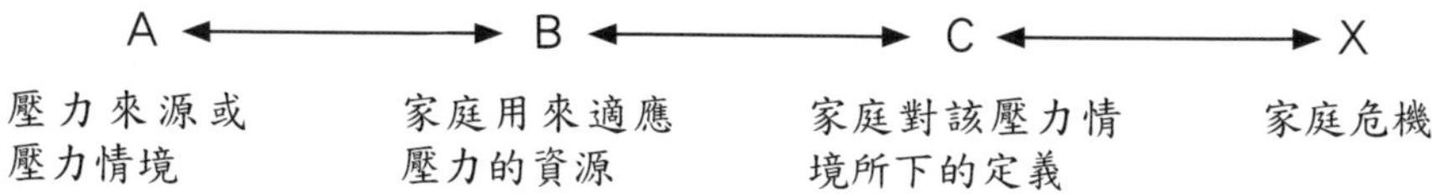

在上述理論模式中，赫爾對壓力來源所下的定義為：當危機產生時，家庭對此危機在心理上或資源上，沒有或僅有極少的事先準備；因此，當家庭面臨危機時，他們無法應變，此時家庭便產生困擾（壓力）。赫爾的原理其實與本書第4章提到的生活事件改變的原理極相似，赫爾提出壓力程度與危機經驗的比重關係。50年來，研究者持續研究上述的壓力觀念，將家庭危機的發展過程分為四個步驟：

一、對「生活事件」下定義

此處的「生活事件」是指壓力來源或生活需求，包括：

(一)家庭成員中某人或某些人的生活事件，帶來家庭系統不平衡的狀態。

(二)家庭所面對的困境。這是指家庭在適應生活事件的改變過程中，所必須面對的困擾。

(三)過去家庭曾面對的壓力。此種壓力可能屬於累積性或者與目前壓力無直接關係的生活事件，但它成為目前壓力的導火線，或加重目前的壓力程度。

二、家庭與個人解組

當因生活事件改變，而對家庭的需求程度超過其所能負荷時，便造成家庭與個人解組。這也是人們對壓力的一種反應。例如，當個人突然遭解雇時，難免心裡慌亂，而引起情緒化（哀傷、否認、退縮、悲觀、憂慮等）或可能較嚴重的暫時性精神症症候，脾氣變得急躁、易怒。這些反應說明個人可能已竭盡其力，卻依舊無法解決內心的緊張與傷痛。然而，這其實是最容易接受外來援助的時期。此時，若無資源又無人相伴，則壓力程度劇增，常導致家庭衝突與憤怒。

三、重組時期

經過一陣慌亂之後，接下來就到了整頓時期。它的第一步驟為個人與家庭成員對情境重新認識與下定義，也許可對自己的能力與興趣重新評估，再作計畫；亦可視此時為轉型期或過度期，趁此機會撥一些時間與家人相聚，使壓力經驗導向正面反應。

四、尋求並接受別人的協助

筆者曾在《健康的家庭生活》一書中（藍采風，1987）指出，健康的家庭並非沒有困境。健康的家庭在面臨困境時能勇敢的去面對它、承認它，且家庭成員能共同為解決困難而努力。其中有效的運用資源亦包括接受別人的協助。有關這方面的理論探討，請參閱《危機調適理論與應用》及《失的經驗：化悲痛為力量》二書（藍采風，1976及1987）。

家庭壓力理論學者拉維、馬克裘賓及帕德森（Levee, McCubbin & Patterson, 1985）後來更進一步提出家庭壓力理論的「ABCX雙層模式」（藍采風，2000，頁136-138）。這個理論模式廣為學界所採用。此模式將家庭發生危機的前後（即雙層之意）的適應（xX）均列入考慮，它最主要的概念是「壓力來源累積」（stress pile-up）。按此理論，當家庭面臨危機（壓力）時，家庭不僅是對當前的壓力來源反應，也對家庭以往的困境與緊張（hardship and strain）反應。壓力來源、困境與緊張，合起來形成「壓力來源累積」，它使家庭面對的壓力來源（例如家庭度假）成為小題大作般的異常災禍事件，而度假計畫中的打包行李、旅行預算、出門前房子的安全設施等煩人的預備工作，均成了家人間的衝突。這些問題包括因溝通不良而引起（例如：我不是說要坐走道的位置嗎？為什麼沒有照辦？）、家庭權利分配不平衡（例如：總是由你決定度假時間與地點！）、代溝因素（例如：每次都是選大人要去的地方？）、經濟問題（例如：這個行程太貴了，我們付不起！），以及親職角色問題（例如：你為什麼不去幫小孩整理行李？）等等，導致假期也變成了「困期」。此外，即使家庭有資源，也常不知如何去運用，因而徒增家庭壓力。「ABCX雙層模式」也強調家庭對壓力來源的認知（即cC的因素）的重要性。因為是透過家庭對壓力的認知個人才能決定如何運用資源，達到適應階段（xX）。筆者在《健康的家庭生活》一書中指出健康的家庭為「對壓力管理的有效家庭」；而要成為「對壓力管理的有效家庭」，首先必須會利用支援系統，有豁達的認知及善用資源、良好的溝通技巧（藍采風，1966，頁47-60）。

家庭壓力量表

以下將採用提出「ABCX雙層模式」理論的研究者及其同僚（McCubbin, Patterson, &Wilson, 1981）所設計的「家庭生活事件變化累積量表」（The Family Inventory of Life Events and Changes, 簡稱FILE），它是用以測量整個家庭單位過去一年內所經歷的各種正常與不尋常的家庭需求，來分析討論的家庭壓力量表。FILE按研究目的之不同，以下列五種方式記分：

一、**家庭生活事件分數**：由家中成人一起答題，每題答「是」則記1分，以此方式類推，每一類別即可算出總積分。

二、**配偶生活事件分數**：由配偶按每一類別項目分開答題。如果配偶的答案中有一人或二人均答「是」時，記分為1，然後計算總積分，此計分法是將家庭視為一個系統的概念而設計，也就是當家中有一人曾歷經某生活事件時，其他家人亦多少會受影響。

三、**配偶不一致性分數**：由配偶分別答題，當配偶對同一題目回答的答案相反時，該題記分為1，由此積分可預測配偶間衝突或意見相異的情形，亦可預測配偶間是否高估或低估家庭的壓力程度。

四、家庭再適應分數：由家中成人共同答題。此測量是由侯門斯與瑞和（1967）的設計修飾而來，它對71個項目均給予比重分數，然後計算各項積分（見表1）。

五、配偶再適應分數：由配偶分別答題，然後再計算積分（見表1）。

表1　家庭對壓力再適應標準比重表

壓力事案	分數
1. 丈夫或父親不在家的時間增加	46
2. 妻子或母親不在家的時間增加	51
3. 家庭成員中有一人似乎有情緒上的問題	58
4. 家庭成員中有一人有酗酒及藥物依賴性的情況	66
5. 丈夫與妻子衝突有增加的情形和趨勢	53
6. 親子之間爭執有增加的情形和趨勢	45
7. 家庭中子女間相互衝突有增加的情形和趨勢	48
8. 對管教青少年子女有逐漸困難的情形	55
9. 對管教學齡子女（6～12歲）有逐漸困難的情形	39
10. 對管教幼兒（1～2歲）有逐漸困難的情形	36
11. 對管教學齡前子女（2～6歲）有主見困難的情形	36
12. 對管教嬰兒（0～1歲）有逐漸困難的情形	35
13. 子女對外活動有增加的情形和趨勢	25
14. 對家庭成員的朋友或其活動有逐漸不認同的情形和趨勢	35
15. 家中的困難或爭論點有逐漸無法解決的情形和趨勢	43
16. 家中必須辦的事或雜務有逐漸無法完成的情形和趨勢	35
17. 與姻親及其他親戚間衝突有增加的情形和趨勢	40

18. 配偶或父母親分居或離婚	79
19. 配偶或父母親有外遇	68
20. 與前配偶（分居或離婚的）要解決某些問題時，有逐漸困難的情形或趨勢	47
21. 夫妻間的性生活有逐漸困難的情形	58
22. 配偶意外懷孕或懷孕期間發生困難	45
23. 家中一位未結婚的成員懷孕	65
24. 家中一位成員墮胎	50
25. 家中一位成員生產或領養子女	50
26. 已貸款或準備再貸款，以應付逐漸增加的費用與開支	29
27. 開始依賴社會福利救濟金過活	55
28. 因經濟上、政治上或氣候的改變，而影響家庭事業	41
29. 農產市場、股票市場或土地價值等改變，而影響家庭的投資或收入	43
30. 家庭成員有人開始經營一項新事業	50
31. 購買或建造新居	41
32. 家庭成員有人購買一部車子或其他大項目	19
33. 由於過分使用信用卡而債臺高築	31
34. 醫療方面的開支使家中經濟感到拮据	23
35. 食品、衣物、水電、屋子整修等開支，使家中經濟感到拮据（壓力）	21
36. 家中子女的教育費用使家庭有金錢上的壓力	22
37. 延遲收到子女奉養費或離婚贍養費	41
38. 家庭成員有人改變生涯或轉行	40
39. 家庭成員有人辭職或失業	55
40. 家庭成員有人退休	48
41. 家庭成員有人開始工作或再回到工作崗位	41
42. 家庭成員有人因被解雇、罷工或休假而長期未工作	51
43. 對工作或生涯逐漸感到不滿	45

44. 家庭成員有人逐漸在工作上出現與人不合的情形	32
45. 家庭成員升職或工作責任加重	40
46. 搬家	43
47. 家中有子女或成人轉入一所新的學校	24
48. 父母或配偶患重病或受到重大傷害	44
49. 子女患重病或受到重大傷害	35
50. 近親或朋友患重病或受到重大傷害	44
51. 家庭成員有人成為殘障人或患慢性疾病	73
52. 對照料身心障礙或患慢性疾病的家人有逐漸困難的情形	58
53. 家人或近親被送入療養院或老人院	44
54. 對丈夫或妻子一方父母親的奉養費增多或責任加重	47
55. 對托兒安排方式感到更加困擾、不滿意	40
56. 配偶或父母一人死亡	98
57. 夫或妻的父母或近親去世	48
58. 子女一人死亡	99
59. 家庭的好友死亡	47
60. 已婚的兒子或女兒與其配偶分居或離婚	58
61. 家庭成員有人與其好友的關係破裂	35
62. 家庭成員有人結婚	42
63. 家庭的青年、成年人離家	43
64. 家庭的青年、成年人開始上大學或高職以上的技職訓練	28
65. 家庭成員有人搬回家住，或有家庭新成員搬來同住	42
66. 父母或配偶在離校很久以後，重新返校或開始接受一項訓練	38
67. 家庭成員有人入獄或進感化院	68
68. 家庭成員有人被捕或被送去警察局	57
69. 家庭中有虐待或暴力情形	75
70. 家庭成員有人離家出走	61
71. 家庭成員有人輟學或被退學	38

*資料來源：McCubbin & Patterson, 1983, p.285-286

對家庭壓力理論及如何測量家庭壓力程度有初步的了解後，下節將特別以當代家庭模式之一「雙薪家庭」來深入了解家庭生活的一幕。

雙薪家庭的壓力與適應

在今日高度工業化和都市化的社會，雙薪家庭已是十分普遍的現象，這是指家庭裡的夫妻二人均從事領有薪俸的職業。隨著女性參與勞動的比率增加，以及更多女性接受高等教育與專業訓練，再加上一般人對男女平等概念的接受，雙薪家庭的生活形式愈來愈多，尤其在許多年輕一輩的小家庭中，雙薪已是維持家計的必要條件。然而，由於社會對家庭婦女角色仍然受某種程度的傳統觀念所束縛，以及實際問題的困擾（例如：子女教養問題、夫妻間與親子間的相聚時間、家庭收入、家庭分工，以及來自外在的職業壓力等），使得一般雙薪家庭的成員均感到多方面壓力。

雖然雙薪家庭因個人、職業與家庭組成的不同，所面臨的壓力各有差異，但大體上仍有類似的壓力來源模式。這些壓力來源可歸納為兩種：一種為內在壓力，指壓力來源或結構直接與家庭內在因素有關；一為外在壓力，指壓力來源或結構直接來自家庭以外或工作環境（藍采風，1981，1996）。以下將分別敘述這兩種壓力。

一、內在壓力

(一)過度負荷的問題

家庭中夫妻兩人都有專職工作，再加上所有家務，每天活動的負荷量顯然是過重了。其實問題不在於「過度負荷」，而是職業婦女若將事業、工作當作第一「專職」，而把家務當作第二「專職」，或是為專業之外的

「加班」，在這種情形下，極易造成身心疲憊。這種家庭的壓力和壓力的程度，又因個人及家庭而異。根據研究雙薪家庭最著名的美國社會學家拉薄波特（Rapoport）夫婦所作的分析，有四種因素是決定雙薪家庭對過度負荷的感受，以及對壓力程度的不同經驗（Rapoport & Rapoport, 1967）：

1.家庭對生育子女的期望程度，以及對生活情趣的重視程度。

2.夫妻對家庭生活水準高低的嚮往程度。

3.夫妻對家庭內重新分工合作後的滿意程度。

4.夫妻與工作中造成心理上的過度負荷，進而形成生理上過度負荷的情況。

除上述四點之外，筆者再加上三點供讀者參考：

1.職業的種類，以及夫妻在工作時間之安排與相互配合的情形。

2.夫妻對個人工作的態度與抱負，以及夫妻兩人對彼此工作的態度與期待情況。

3.丈夫對妻子成為職業婦女的支持與鼓勵程度。

對上述七種條件若有很理想的安排，雙生涯家庭不僅不會加重家庭的額外壓力，反而對家庭的組織與功能有正面影響，例如：因雙薪家庭而增加對婚姻生活的協調、親子之間的溝通，以及增強整個家庭的凝聚力。在家庭角色負荷過重的情況下，傳統上由婦女所負責的家務必須重新作適當的安排，才能協助個人與家庭減少壓力。同樣的，當婦女扮演非傳統的新角色（職業婦女）之後，不宜以新的經濟獨立能力、工作地位與抱負等給丈夫有形或無形的壓力，因為它們可能會引起家庭與婚姻的衝突（Higgins, Duxbury & Lyons, 2010; Crossfield, Kinman & Jones, 2005）。

由於社會環境的改變，使得職業婦女往往必須內外兼顧，在時間、體力難以負荷的情況下，只好在無形中降低家務的處理水準。其實，父母可訓練年紀稍大的子女幫忙做些家務，這是雙薪家庭帶給子女的一種正向的社會化學習過程。

(二)認同的問題

社會對傳統男女角色的偏見，是造成認同上產生困擾的主要因素，不僅是一種內在壓力，也是外在壓力。在今日社會中，「男主外，女主內」的觀念依然強烈，使得雙薪家庭中有「雙性角色」（androgynous roles）傾向者感到無形的壓力。雙性角色是當代新男女角色平等的概念之一，指男女均可互相扮演對方的角色卻不失去本來的性別角色，例如：女性可一方面扮演家庭經濟支撐者，同時又扮演能幹的家庭主婦；而男性則一方面維持其傳統的男性角色，一方面也為了實際需要而勝任「家庭丈夫」的角色。這種概念並不僅僅局限與家庭內的重新分工合作，亦可廣泛的影響今後男女在擇業方面的新方向，例如：按個人天分及教育背景，我們逐漸接受女太空人、男護士、女工程師、男幼稚園老師等。雙性角色正是指個人同時具有傳統男女兩性的特質。另一個與雙性角色有關的概念為「男女兩性同化的角色」，這是指女性融入傳統男性職業的角色，而不受歧視或被另眼看待。第三個概念成為「男女兩性多元化的角色」，是指女性與男性按其個別專長與嗜好而扮演最適當的職業角色，且接受與男性一樣的酬勞。上述三項角色的觀念對促進男女地位平等有很大的影響，因它們已跳出傳統的觀念（Lin & Moore, 1983; Lin and Moore, 1985）。

家庭角色與職業角色的轉換，也是造成認同困擾的因素。根據研究，雙薪家庭往往將家庭與職業角色作明確的分野，即職業婦女回到家後，會盡量卸下其職業角色，設法專注於主婦的角色，否則將造成過度負荷與角色認同的雙重壓力。研究指出，在家庭中，雖然時間的運用與控制須謹慎安排，但雙薪家庭比單薪家庭的夫妻間有較開放式的溝通，也較能互相討論家庭決策問題。許多職業婦女的壓力是來自無法接受或扮演傳統的「廚娘」或「某先生的太太」的角色；或男性無法接受「家庭主夫」的角色。照理論而言，雙薪家庭內的女性與男性均會面對認同上的衝突問題，但研究指出，女性所面對角色認同衝突的壓力遠較男性為高。

(三)角色週期的問題

角色週期的問題，是指雙薪家庭如何將個人生涯週期與家庭生活史（發展史）週期互相協調配合。雙薪家庭的壓力經常源自某種壓力產生的轉折點，例如職業婦女若婚後繼續工作，第一個孩子誕生後，就成了雙薪家庭壓力的轉折點，即新生兒的出現造成女性須面臨抉擇。即使新生兒在學齡前一段時期能覓得保母或其他支持系統（例如由婆婆照顧新生兒），但在安排上仍須費盡苦心；若妻子在孩子們成長、較不須照顧時，才開始工作或回到原有的工作崗位，其壓力程度當較前者為低。

雙薪家庭必須試著協調家庭生活史與個人（或夫妻二人）的工作生涯週期，以減少生活壓力，例如有些婦女會在家庭經濟及心理各方面均有充分準備後，才計畫生育；有些婦女則在婚後十年間將全部精力奉獻於家庭與養兒育女上，待家庭生活週期進入第三階段（有學齡兒童階段）或第四階段（有青少年子女在家階段）後，才進職場工作。雙薪家庭角色週期的問題亦會因夫妻一方生涯上的轉折點而引起，例如當夫妻一方在事業上另有高就而須遷移他地、某一方的工作負荷量突然劇增、某一方的工作時間上有巨大變動，而配偶在作息時間上無法配合時，均會造成家庭內更多更大的壓力。此外，工作與家庭發展過程中所遭遇的各種危機經驗，是屬於突發性還是長期性、正常性還是不正常性的危機等，也將影響家庭壓力的程度與長度。

(四)家庭特質的問題

現代社會由大家庭轉為小家庭制度，在許多方面增加了雙薪家庭的壓力，尤其在養育子女時更是缺少親人幫忙（Philp & Wheatley, 2011）。

雙薪家庭是否應有子女，以及子女年齡與夫妻工作上的發展（即家庭生活史與個人事業生涯史的比照），也造成了雙薪家庭的複雜性。根據海克模（Heckmal, 1977）等人所作的研究指出，僅有老一輩的雙薪夫妻以及無子女的家庭才會感受到雙薪家庭的優點。為了照顧孩子、尋覓理想的保母，常使年輕一輩的職業婦女感到萬分困擾。有一項研究（Movius,1976）更指出，職業婦女會以不生育子女為「手段」來發展個人事業（稱為「支援無子女家庭」）。但是，這必須經過夫妻間不斷的相互妥協，因為這仍被社會視為一種反抗傳統的選擇，社會或親人常會指責年輕的母親對親職（懷孕、生育及教養子女）逃避責任。

二、外在壓力

(一)社會規範的問題

無論社會觀念如何改變，雙薪家庭仍然逃不過社會對傳統男女角色的期待。雖然許多雙薪夫妻在知識、經濟方面，得到公婆或一般社會不錯的評價，但是他們往往發現有時社會深層結構仍然不能完全接受這種新的生活方式。也因此，常使雙薪夫妻（尤其妻子）感到緊張不安，甚至有罪惡感。許多研究也證實了超越傳統的社會規範，的確會造成個人不安與罪惡感（Philp & Wheatley, 2011）。

(二)職業結構的問題

因工作地點（地理上的分布）帶來的壓力也是很常見的，不論在國內或國外，目前所謂「假日夫妻」的情況也愈來愈多。雙薪夫妻因工作關係無法每日相聚，而只能每星期或不定期的相聚，稱為「假日夫妻」。在美國與中國大陸地域廣闊、交通費昂貴的情況下，許多相隔兩地的夫妻只能久久團聚一次，或雙方約在兩地的中點共度週末假期。這種情況不僅造成夫妻身心上的隔離，還因事實需要形成兩個「家」。

另外，調職到其他城市，或因工作關係有一方必須經常出差不歸或晚歸，以及夫妻在職業上的地位差異過大（尤其是妻子職業地位與收入遠高過丈夫）時，均會造成家庭的壓力。另一種較特殊的情況是夫妻一方或雙方因工作關係必須經常應酬，而應酬時需要配偶配合參與，也會造成對方在時間、精力與興趣上的衝突。

很多原因會造成雙薪家庭不能如往昔般與親戚朋友保持密切聯絡，或參與較多的社交活動。其中一項原因即前述所指的工作負荷過重，它不僅造成時間上的限制，還常會欠下「人情債」。雙薪夫妻寧可將多餘的時間與精力用於孩子身上，而與親友來往則常是由於人情或社會義務的關係，這並不是與親友交惡，只是往來不如從前密切。

雙薪家庭壓力的正、負後果

由前述分析可知，雙薪家庭的壓力來源是多方面的，但它與危機的後果一樣，能帶給家庭正面與負面的生活經驗。以下將依雙薪家庭如何適應壓力、如何接受挑戰，以及如何對情況作出正面解說來分析。

首先，根據研究數據指出，雙薪家庭的收入比單一收入家庭為高；其次，職業婦女覺得工作使自我及人生更美滿。可惜的是，雙薪家庭內的家務雖然由家庭成員共同分擔，但大部分的家務仍然落在女性身上。不過，在家庭決策上，雙薪家庭比單薪家庭更趨平權。此外，從多項研究報告指出，職業婦女比家庭主婦對婚姻、工作更覺滿足，人生觀也採取較正面取向（Chen & Lin, 1994）。

另外一個值得關心的議題，則是壓力對子女的影響。

雙薪家庭壓力增加的原因之一，是夫妻倆一方面有工作上的壓力，另一方面又想盡量多花時間與精力照顧孩子。研究指出，雙薪家庭並未直接給予子女壓力，而是父母為了顧全內外而壓力大增，以致有些父母不自覺的將壓力投射在孩子身上。雙薪家庭對孩子的壓力，可說是一種間接性的壓力。

簡言之，雙薪家庭的四個社會需求為：

一、對性別角色再下定義，以減輕對女性工作過度負荷。

二、有理想的托兒設施。

三、重組工作結構，以認識雙薪家庭及父母的特別需求。

四、政府及工作單位應有相關的家庭政策，以協助雙薪家庭在工作與家庭間的需求有理想的安排。

雙薪家庭的壓力適應

雙薪家庭的壓力是不可避免的，因此適應的重點應放在如何將壓力減到最低程度、如何將負向的壓力轉變為正向的壓力，以及如何控制壓力等方面。最基本的方法是這種家庭應對情境、個人角色及新角色（如：家庭主夫、職業婦女）有所認識，並且重新學習每個角色的期待與承諾。

一、對情況與角色的再認識

當個人面對壓力情況時，可採取以下幾個方法來調適：

(一)如何改變態度並斟酌輕重，是適應良方之一。例如職業婦女應比較所付出的「代價」與換得的後果，並且衡量是否還有其他的選擇。

(二)決定各件事（或角色）的輕重緩急，一般職業婦女在職業與家庭的需求發生衝突時，均以家庭為重。

(三)盡量將工作上的煩惱或工作事務留在辦公室，回家後就暫時擱下。

(四)設法妥協工作上的前途與期待，以滿足其他角色的需求。在婚姻關係中，妻子為家庭暫時或永久放棄事業是常見的事，但近年來，丈夫為家庭而放棄升遷或爭取其他更好的機會，也時有耳聞。

新時代女性就業的動機，大略可歸納為下列幾種：

(一)增加家庭收入。

(二)學以致用。

(三)追求自我發展與自我認同。

(四)發揮專長，貢獻社會。

(五)追求更豐富的生活形式。

這些動機均屬正向（當然也可能有負向的動機），若能與個人的家庭需求配合，婦女就業應當屬於有利的活動。

二、職業角色與家庭角色的配合

考慮與協商事情的輕重緩急，是雙薪家庭最常用來適應壓力的方法，不僅可以減去角色的直接衝突，亦可減少角色間不同種類與程度的需求。例如，當夫妻工作太過忙碌時，便稍微降低家務水準，房間原本每週打掃一次，可改為兩週打掃一次。但這些協調的大前提是，夫妻都能體認到雙薪家庭對家庭的凝聚力及建設有正向的功能。

三、對時間的控制與彈性

為了應付忙碌的生活與工作負荷，雙薪家庭最珍惜的是時間，以及對時間的控制。

四、家庭目標的擬訂與修改

雙薪家庭為了達到家庭和諧，成員間必須能有效溝通、互相諒解、維護共同目標，以及能為其他家人所接受的個人目標。根據拉薄波特夫婦（1978）的研究，在雙薪家庭中，夫妻常會有意無意的定出「忍耐界限」，若對方超出界限，個人便「忍無可忍」了；若在該界限內，則多半還能為了家庭幸福而忍耐或協商。例如丈夫雖贊成並鼓勵妻子就業，但若妻子必須上夜班，丈夫就會堅決反對。

為了解決托兒或一些因夫妻就業而衍生的問題，學者們也建議夫妻之一可減少工作時數，或分別安排在不同的工作班次，以交替支援對方（White & Keith, 1990）。

外在力量支持與協調

雙薪家庭還是極需外在的協助，以減輕工作負荷量，而他們多半願花錢請傭人或保母。

在筆者與同道所作的臺灣女醫生生涯研究中，發現雙薪家庭下的女醫生多仰賴幫傭及父母（或親戚）的協助，以照顧幼齡子女及家務事（藍采風、藍忠孚、劉慧俐，1985）。

一般雙薪家庭為解決過重的負擔，常採取相互分擔家務、運用自動化的電器用品、買現成的熟食或已調配好的菜餚等方式，以減少整理家務與烹飪的時間和精力。而請親戚協助照顧孩子或讓孩子暫居親友家，也是國內雙薪家庭常見的方式。

相關文獻建議，雙薪家庭在工作上及其他方面，宜盡量作有彈性的安排，以減少壓力。但是最大的適應原則，仍是基於對雙薪家庭生活形式的優點與缺點，不斷的檢討和改善。

理想的雙性角色生活

現今的家庭生活逐漸趨向雙性角色，這似乎是許多雙薪家庭解決壓力的理想方式。這種取向並非要男性變得軟弱、女性變得強壯，或男性失去男性特質、女性失去女性特質，而是指女性在家庭中也扮演傳統的男性角色，而男性亦扮演傳統的女性角色，這是現代社會最理想的雙性角色家庭生活。

此外，時間是雙薪家庭最欠缺的資源，所以，如何建立支持系統（如：親戚、朋友、鄰居等）是很重要的。在美國有一些雙薪組織互助團體，協助年輕的雙薪父母們如何開「家庭會議」，並與子女溝通及共同建立適應壓力的方案（華爾街日報，2013年2月9日，頁C1）。

「雙薪」對一個家庭來說，不只是增加或維持家庭的經濟收入，也是受薪的個人對其工作有一種長期性、專業性及發展性的承諾與誓約。所以，雙薪家庭壓力的調適亦包括個人的自我認知、自我肯定、專業訓練、工作的選擇、人生遠程計畫及對職業的認同（藍采風，1986：365～389）。雙薪家庭在現代化社會中已是必然發展的家庭型態，我們不必否認或逃避它所帶來的壓力，而應設法融合事業與家庭這兩個世界，讓自已擁有更豐富、更理想的生活。

12 工作壓力管理

不懂得工作意義的人常是視工作為勞役，
其身心也必多苦惱。
——蘇格拉底

工作壓力與工作壓力適應模式

職業壓力、工作壓力、工作有關的壓力，以及職場壓力，這4個名詞可以互相通用（occupational stress, work stress, job stress, work-related stress）。工作壓力是指因工作而帶來的心理創傷或疾病。醫學上是否視壓力為一種疾病，各國不一，但在澳洲則視壓力為一種疾病，即英文的「disease」，為「不舒適」（dis-ease）之意（Kendall, et al., 1976）。

過去20年來，工作壓力以及工作場所的健康問題，已在國際上引起各方的重視與關注。當代社會人們工作時間長，工作人口占總人口比率逐漸增加，工作量與工作本質（生產力及生產效率）與一國的經濟繁榮息息相關。因此，與工作有關的議題，尤其因工作而帶來的壓力及其後果，是工作者及提供工作的組織機構不可忽視的議題，因為工作壓力不僅涉及個人的身心健康與安全，它也與經濟成長率及生產率有極大的影響。

有關工作壓力的研究，國外自1970年以來，已有上千篇的論文報告。再觀臺灣「CEPS中文電子期刊服務」網頁中，自1990～2013年與工作有關的論文也超過300餘篇。而博士、碩士論文網以工作為篇名的中文期刊也超過千篇。由學術論文的數目便可了解工作壓力議題的重要性。研究者採用許多由歐美引進的壓力量表及調查表，例如：

一、職業壓力指標 Occupational Stress Indicator, OSI（Cooper, Sloan & Williams, 1988; Lu, 1997; Kao & Lu, 2011）

二、環境個人適應模式 Person-Environment Fit Model（Kroeger, 1995）

三、付出挫折模式 Effect-Distress Model（Frankenhauser & Hardell, 1976）

四、負荷控制支援模式 Demand-Control Support Model, JCQ（Karasek, 1970）

五、付出和回饋失衡模式 Effort-Reward Imbalance Model（Siegrist, 1996）

六、壓力情況因應量表 Coping Inventory for Stressful Situations, CISS（Ivancevich & Matteson, 1980）

七、馬氏職業倦怠量表 Maslach Burnout Inventory, MBI（Stalker, et al., 2007）

八、臺灣人憂鬱量表 Taiwan Depression Questionnaire TDQ（Lee et al, 2000）

九、工作壓力問卷表（洪鈺娟，2005）

十、生活事件與壓力量表（Holmes & Rahe, 1967）

學者陸洛與高淑芳（1999, 2011）所設計的「統合性的壓力模式」的理論架構以拉扎勒斯（Lazarus, 1984）、庫柏（Cooper, 1988）、藍采風（2003）等所提出的「壓力是個人與壞境互動的結果」的概念擬定而成。這個模式設計完善，已用來作為測量職業壓力的指標。此模式及其量表已廣泛的在臺灣許多相關研究中採用（高旭繁、陸洛，2011）。筆者亦曾於2000年與2003年提出壓力與壓力適應的全方位模式，參見圖1與圖2。

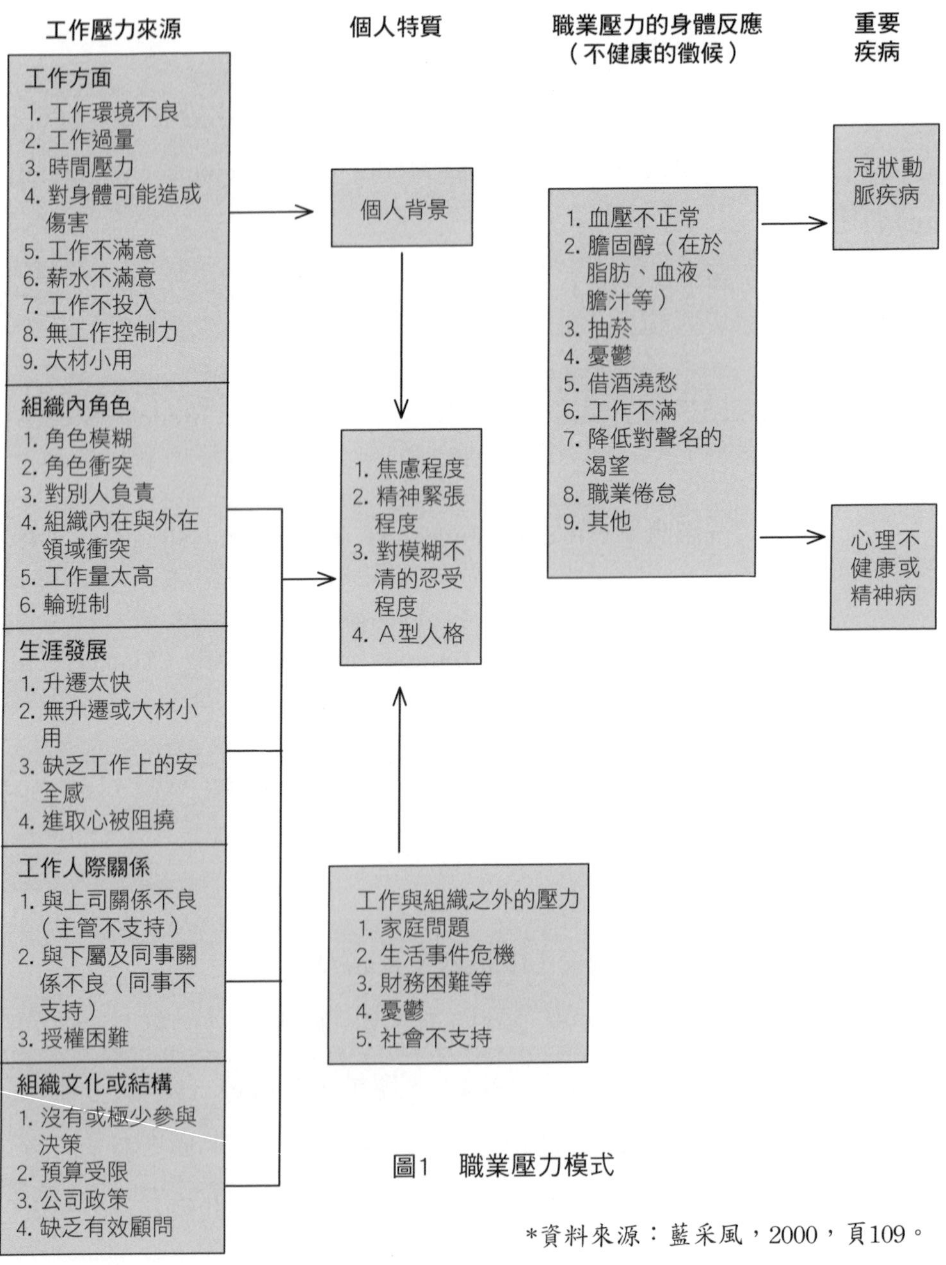

圖1　職業壓力模式

*資料來源：藍采風，2000，頁109。

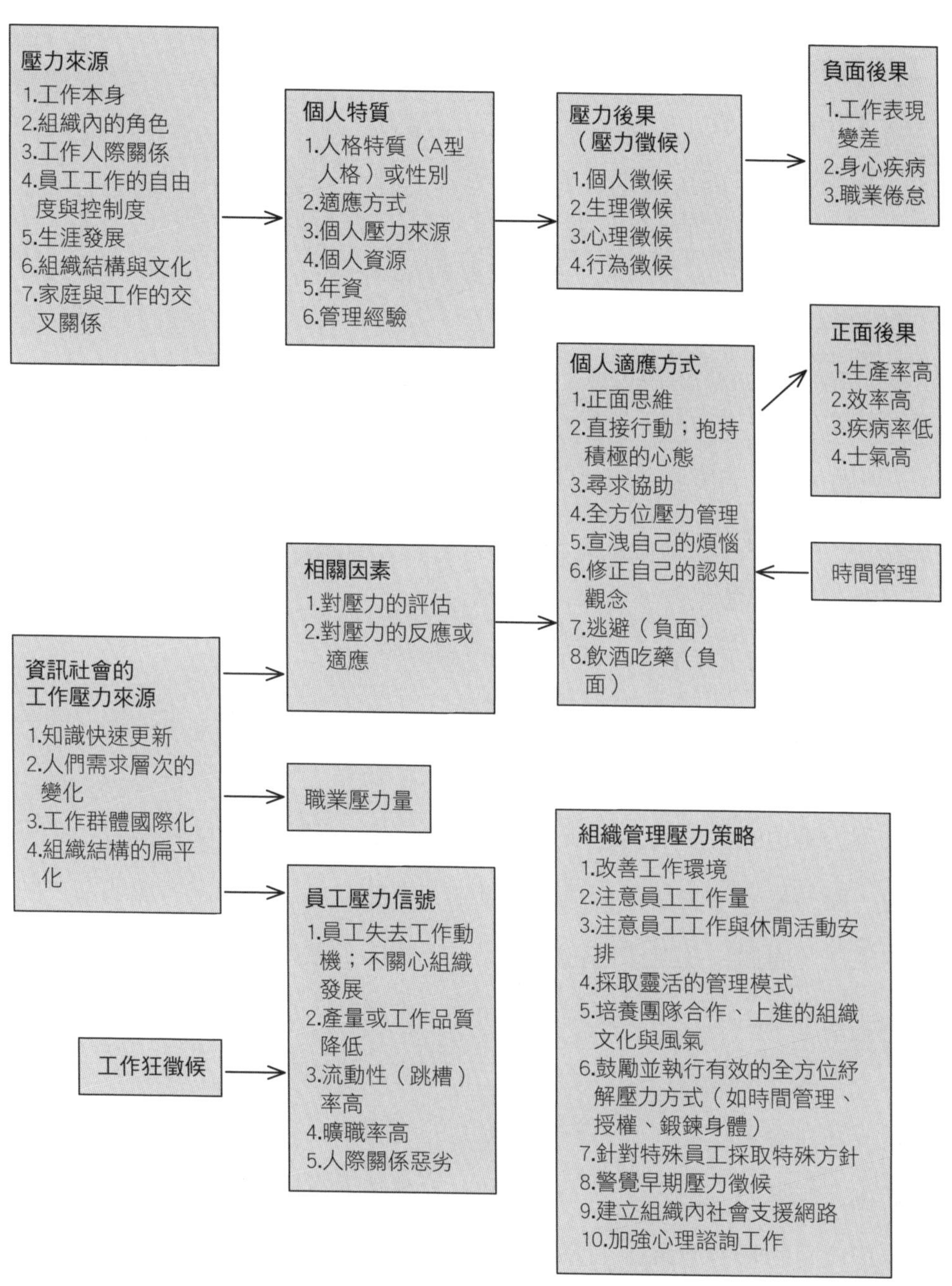

圖2　工作壓力與適應之全方位模式

*資料來源：Greenberg & Blunthardt, 1996, p.256（藍采風，2003，頁99）；修飾自藍采風、廖榮利，1994，頁487-532。

工作狂與壓力

一、工作狂的特質

所謂「狂」即是超乎常態，甚且是一種「病態」。工作狂的人很矛盾。看來似乎喜歡工作，卻是工作的「奴隸」，他們的世界只有工作。工作狂有下列特質：

(一)專注於工作，並且精神旺盛，但往往體力透支而不自知。

(二)經常睡眠不足；除了睡覺，就是工作；有時也一邊吃飯，一邊工作。

(三)不願休假；若度假或作休閒活動時，就心生不安。

(四)工作與休閒分不清。

(五)隨時隨地都能工作，也都在想工作。

(六)負擔沉重的工作壓力，甚至導致「過勞死」。

感到壓力並不代表個人的弱點。任何人都會經歷壓力，不知如何去應對壓力而成為壓力的受害者，這才是個人的弱點。壓力是會傳染的。當你與受困於壓力的人一起工作或生活，久而久之，自己也會感染壓力。簡單的說，壓力是日常生活中有過高的需求，再加上無法得到家人或朋友、同事的支援，而個人在無法應付的情況下，就成了壓力的受害者，各種身心不適症也相繼出現。所以長期而過大的工作壓力，很可能形成健康的「殺手」。個人很容易去否認或忽視自己正面臨巨大的壓力，不過家人、同事或朋友往往會先觀察到個人正受到壓力的侵襲。沒有任何處方能夠讓我們生活在「無壓力」的社會下，但我們有許多處方可以協助我們降低壓力，也能將負面的壓力源轉為正面的「優壓」。照顧自己的第一步，是先去察覺自己的壓力信號：自己飲食起居習慣是否有明顯的改變了？人生觀是否改變了？體重是否改變了？我們要機敏的去洞察「改變」。盡量不要把工作帶回家，也不要把家庭問題帶到工作場合。理想的嗜好與興趣，能促進個人高昂的精力與愉快的心情。當面臨高壓力時，個人很容易用一些無益於健康的方式來面對，例如：抽菸、喝酒、暴飲暴食、抑鬱或亂發脾氣等。我們要向別人學習減壓方法，再調整為可以適用於自己的減壓方法。進一步觀之，組織（公司）與個人一樣，也會成為壓力的受害者。組織（公司）最明顯的壓力信號是員工出現高缺席率、高跳槽率、高病假率、士氣低落、公司的公共關係不良，及不佳的品質管制等負面現象。

二、如何改善工作狂症？

專家馬克洛維茲（Machlowitz, 1980）曾對有嚴重工作狂的人提供以下建議：

(一)將精力放在最喜歡的工作上。把不喜歡的工作授權給別人。

(二)問自己：「哪些工作我可以不拿工資，義務去做？」然後試著往那個方向進行。

(三)利用時間，而不為時間所利用。決定一天要用多少時間在工作上，然後確實遵行。

(四)在工作環境中建立朋友網路。平日應與朋友有實質的互動。

(五)不要把工作時間表排得太緊。留出兩項工作之間的空檔時段。

(六)學習說「不」。

(七)把工作環境布置得舒適宜人。

(八)時時回顧工作上的正面後果；給自己獎賞。

(九)適當的與公司討論如何來調整工作環境；思索並重新評估自己的工作計畫。

工作狂其實不是勝利者。他們是工作的奴隸。他們已「失去」自我，因為工作對他們已無實質的意義。他們是很努力的工作者（hard worker），卻不是「聰明的工作者」（smart worker）。本書的前幾章（時間管理、憂慮管理、自我肯定訓練）應可協助工作狂適應其過度的工作壓力現象。

上司如何協助員工維持工作與家庭的平衡？

當上司發現員工有下列症候（信號）時，應該警惕對方可能面臨了壓力，包括：身體不適（腰痠背痛、消化不良症）；憂慮、驚慌、憂鬱；經常感冒、生病；失眠、過勞、失去下決策的能力；記憶力變差；失去自信心；生產力降低；意外事件頻繁；增加藥物用量；與別人溝通困難；衝突與暴力次數增加等。

工作與家庭生活的平衡與否，是上班族的主要壓力源之一。支援系統（財力、物力、精力與其他人力）是重要的資源。如果上司能夠協助員工在工作與家庭生活之間有一個平衡點，將會發現員工的精神更愉快、生產力也提升。以下的作法可供主管參考：

一、讓員工有適當的假期，並鼓勵員工休假。

二、不鼓勵員工成為工作狂。

三、讓員工預先知道他們有時必須延後下班時間。

四、提供員工事假，以處理必要的私事（如看病或處理家事）。

五、鼓勵員工利用彈性上班制。例如：彈性上下班時間、二人分擔一項工作，或可在家上班。

六、提供員工諮商及健康活動計畫。

七、表揚員工的成就。

八、授權。

九、鼓勵並實行開放式的溝通。

十、與員工分享時間管理技巧。

十一、建立一個比較輕鬆且支援員工的工作環境。好的工作環境也表示公司對員工的關心，例如：調節適度的燈光，可以減少疲勞；降低噪音；調節室溫；調節桌椅的高度與硬度，以避免腰痠背痛；調整空間的安排，使員工也有隱私；建立好的檔案系統，以減少找檔案的時間或找不到檔案時的壓力感；溫暖與友善的辦公室布置；更新已壞掉的工具，以提高效率。

十二、不可對員工的福利（退休金、加薪、假期、獎金等）刻薄。

十三、定期為員工安排壓力管理、溝通及組織變革的相關研習課程。

十四、不可因員工的性別、種族、年齡、年資等而歧視他們。

工作壓力是免不了的。我們必須設法免除不必要的壓力，並促進有製造「優壓」的機會，這是公司對員工最好的投資。另外，公司應編列預算，辦理壓力與管理的相關策略和活動，定期為員工作培訓。培訓的內涵有兩種：

一、主動的適應策略：包括解決問題技巧、認知重組、建立社會支援網路等。

二、被動或避免的適應策略：包括如何迴避問題、避重就輕；避免某種食物或飲料，使自己吃得健康等。

培訓的活動安排可分15個單元：

一、第1～4單元：教導員工如何改變壓力源，包括對壓力的認識、分析壓力源並了解壓力後果。運用一些真實情境來分析有效的解決問題的方法。

二、第5單元：教導員工壓力管理技巧，包括呼吸鬆氣法、心靜練習、禪坐靜修、深度放鬆，以及生理回饋法等。

三、第6～9單元：教導員工有效的溝通技巧，以控制及改變工作壓力源，並提升人際關係，包括憤怒管理、衝突管理及時間管理等。

四、第10～14單元：教導員工改變思維與認知技巧，包括自我認知訓練、改變思維與認知法則，以及自我肯定訓練等。

五、第15單元：教導員工設立一個最適合自己的壓力調適策略，即全方位壓力管理策略（請參閱藍采風，2003；Loehr, 1997）。

職業倦怠

一、認識職業倦怠（崩懊）

因過度工作而耗盡精力，造成身心俱疲、極端挫折與懊惱，猶如崩潰的現象，就稱為職業倦怠（崩懊〔Burn Out〕），它是工作壓力的原因及後果。

職業倦怠（崩懊）是指情緒、心智、身體在長時間受到過多壓力的煎熬，而產生身心疲憊的現象。長久下去，個人對所做的事情將失去興趣與動力，接著是無力感、無助感，甚至對所做的事感到毫無意義，因而造成工作士氣、生產力與效率都降低，轉業率高，工作本質貧乏。

若是發現自己的心境處在下列幾種情況的話，那麼就很可能已陷入職業倦怠（崩懊）之境了：

(一)情緒陷入低潮。心灰意冷，覺得生活中沒有美好的事，無論做什麼事都是浪費時間、精神。日子是一片黑暗，乏善可陳，感到每日所做的事情毫無意義，不僅自己不能欣賞，也覺得別人不會感謝自己所做的一切。身心極度疲倦，失去自尊心，憂鬱、充滿挫折感，像是被困在圈套裡一般。悲觀、固執、孤單、罪惡感，以及在作決定時常有千頭萬緒之感。

(二)失去幽默感。身心疲憊、工作受挫，以致連笑都笑不出來。

(三)略過休息時間及午餐。擔心工作不能及時完成，而犧牲休息及午餐時間，但往往反因未能休息及進食，導致身心更加的倦怠。

(四)增長加班時間與取消假期。難以開口向公司表達不願意加班，只好勉強自己加班，或犧牲假期來工作。

(五)身體不舒適的情形增加。愈來愈容易出現疲倦、易怒、肌肉緊張、腸胃不適及感冒的症狀。

(六)從社會退縮。職場導致的崩潰心境，往往會延伸到家庭及其他社會關係上，逐漸遠離同事、家人或朋友，沒有心力參加社交活動。

(七)自我醫療。自己用不當的方式來解決問題，有的人會開始多喝酒、服用安眠藥、鎮定劑，以及其他控制情緒的藥物。

(八)工作表現變差。缺席率增高、遲到早退、請病假次數頻繁、工作生產力降低。

職業焦慮高者，包括社會工作者、醫療人員（尤其是護士）、航空指揮站工作人員等，較容易患職業倦怠症。女性專業者較男性專業者的職業倦怠症高，此與社會對女性的職業性別角色期待有關。此外，須兼顧家務的職業婦女往往「一根蠟燭兩頭燒」，顯然更容易發生職業倦怠。

二、造成職業倦怠的原因

造成職業倦怠（崩潰）的因素有三種，包括工作上、人格特質，及生活模式，分析如下：

(一)工作上的因素

1.無法控制工作。

2.在工作上的貢獻未受到主管認可或獎賞。

3.對工作的目標不清楚，任務不明確。

4.工作沒有挑戰性及變化性。

5.在混亂或有敵意的環境下工作。

(二)人格特質

1.完美主義者。總是不滿足自己的表現。

2.悲觀主義者。

3.個性固執、不願授權，凡事要掌控在自己手上。

4.A型人格，高競爭性、極重視成就的人。

(三)生活模式

1.過勞、沒有時間放輕鬆，只有工作沒有休閒。

2.承諾太多事情，不知如何說「不」。

3.缺乏睡眠。

4.沒有近親好友及社會支援網路。

工作壓力與職業倦怠的差異

職業倦怠雖然是由長期工作壓力所引起，但壓力並非都是負面的後果，當壓力恰到好處時，可帶來正面的後果。而職業倦怠則完全是負面，如感到心灰意冷、前途茫茫、事倍功半、無助又無望、身心崩潰、精神枯竭，嚴重者甚至有輕生的念頭。職業倦怠是情緒上完全失控，完全負面。

工作壓力與職業倦怠，同樣會發生一些類似的身心反應，下面以看護者為例作分析：

一、看護者的壓力與職業倦怠

看護者的壓力是很大的，尤其遇到個人無法控制的情境時，如果不及時注意自己身體上與精神上的長期壓力，看護者很容易感到職業倦怠或身心崩潰。當你崩潰時，連自己都無法照顧，如何再去照顧別人呢？因此，照護者不僅要能照顧別人，也不要忘了先照顧自己——好好休息、放鬆，以及再充電。

要照顧別人是一件很有意義、令人讚賞且有愛心的工作，但是它卻面臨許多的壓力，例如：家庭關係的改變、家務事的干擾、家庭作息時間的大變動、經濟和財務上的問題，以及工作量的增加等。如果是在醫院或為別人的家庭當看護者的話，要面臨的壓力更大，因為大部分的情況是看護者必須照顧有慢性病、特殊疾病，或年紀非常大的病人。長期照護病人，最容易造成身心疲憊。尤其是已知道病人的病況無法轉好時，生命的延長其實只是生命的拖延。每日面對絕望與失望的情況下，必然造成心情低落，絕無快樂可言。如果看護者不能得到較好的支援系統，甚至不能兼顧自身健康的話，長此下去將不堪設想，也在無形中影響看護的本質（Wardian, 2013）。

二、看護者的壓力症狀如下：

(一)不安、憂鬱、易怒。

(二)無法入眠。

(三)疲倦、無力感。

(四)對芝麻小事感到困擾或反應過度。

(五)無法集中精神。

(六)逐漸有厭倦與怨恨之感。

(七)各種疾病。

(八)開始酗酒、抽菸、暴飲暴食或無食欲。

(九)對其他事情不感興趣。

三、看護者的崩懊症狀如下：

(一)比以前更沒精神，總是無精打采。

(二)對疾病缺乏抵抗力，很容易傷風感冒。

(三)即使剛睡醒或休息過，仍感疲倦。

(四)各種過勞的現象。

(五)生理上出現與面臨高度壓力者的後果相同，例如：長期頭痛、失眠、無食欲、筋骨痠痛等。

(六)對凡事都不感興趣。

(七)疏忽自己的需求或任其不管。

(八)每日的生活都在看護病人，但並未得到任何的滿足感。

(九)容易發怒。

(十)無法鬆弛身心，即使有替班，也無法好好休息，永遠在緊張狀態。

(十一)逐漸對自己所照顧的人感到厭煩，沒有耐心，甚至對受顧者發怒。

(十二)絕望、失望與悲觀。

如何調適及管理職業倦怠？

管理職業倦怠最理想的方法有四個「R」，即：

一、Recognize（洞察）：察覺倦怠的信號。

二、Reverse（轉舵）：藉由壓力管理與尋求支援，來協助轉變困境。

三、Resilience（韌性）：以有韌性的適應方式來面對壓力，以促進身心的健康。

四、Recovery（恢復）：運用壓力適應的方法，以消除身心上的疲勞。

看護者的職業倦怠或崩潰，是長期壓力下所承受看護責任（工作）的負面態度與身心的疲倦。對此適應的方式，除了一般壓力管理方式及上述四個「R」之外，也可採用下列五個方法：

一、尋求協助

長期與過多的工作負荷量，會使看護者的身心無法負荷，解決的第一步是求助於人。請別人或家人來分憂及分工，拜託好友或家人幫助處理一些私事、煮一頓飯（或送個午餐），及其他雜務。讓自己有一點休息的時間。不要逞強，開口求助或找輪班的人。至於如何讓別人知道自己需要協助呢？以下提供幾個作法：

(一)說出來。不要以為別人都知道自己已經陷入崩潰了，應坦白告訴好友或其他家人，讓他們知道自己是「心有餘而力不足」，需要一位幫手以便能夠休息一下。如果這個工作是照顧家中老邁的父親，試著與其他的兄弟姊妹舉行家庭會議，討論如何處理困境，或訂一個輪流照顧的時間表。

(二)分工。讓更多的家人或親近的朋友一起參與照顧的工作。如果經濟條件許可時，再安排第二位定期的照護者來輪班從事照護工作。將必須做的事情（如每日看護作息規劃、看醫生、上藥房、準備三餐等）列表與家人及親友討論如何分工。

(三)設定聯繫網路。除了請一位幫手負責將被看護者的情況告訴大家之外，用電子通訊聯繫則是現今最方便與省時的方法。

(四)接受幫助。當有人主動提供協助時，就不要客氣的接受，但要注意避免「越幫越忙」。

(五)願意放棄一些責任與控制。授權是好的，但是我們要學習當授權給別人時，不可仍然想要「控制」一切，例如一切都想按照自己的方式來做。抱持「你做事，我放心」的態度，既然授權請別人來分擔自己的重擔，就應接受對方按他們的方式來完成。

二、給自己休息的時間

忙碌與有效率不一定是等號。人不是機器，不能一天二十四小時不停息的工作，就算是機器也必須休息，不必因為給自己一個休息時間而有罪惡感。

(一)每日定時休息30分鐘。用休息的時間小睡片刻，或做自己喜歡做的事情。

(二)享受。趁休息的時候到辦公室外走一走，選擇自己喜歡的事情享受一下，如吃頓美食、洗個熱水澡、按摩、看電影或訪問好友等。

(三)幽默與笑是最好的藥方。人疲累的時候實在笑不出來，不妨看看笑話書、觀賞喜劇，與別人聊一些好笑的事情，鬆弛一下。

(四)避免整天在電腦前工作。暫停接電話，暫停用電子郵件。

三、學習接受不可改變的事

當面對被照護者不治之症或日益快速衰老時，很容易讓人傷心、失望，甚至憂鬱，因此應試著學習接受不可改變的事，例如：

(一)將精力集中在自己能控制的事情上。學習去接受無法控制後果的事實，例如被看護者的病症已無法挽救，或是兄弟姊妹中有人根本從未關心或真正參與看護。面對這些無可奈何的現實，也只好去接受它，然後將精力放在如何可控制的部分，例如設法讓被照護者在生命的後期仍然可以享受更高品質的生活。學習去面對不可控制的現實，並將可控制的現實層面提升到更理想的境地。

(二)往正面想。將精力放在從照護中所感觸到的意義，如因為照顧父母，才有機會更深入的彼此認識，珍惜與家人一起的時刻，才有機會傳達反哺之恩。

(三)不要忘了照顧自己。自己要能養精蓄銳，否則無法照顧別人。注意維持有規律與健康的飲食起居。

(四)加入支持團體。加入支持團體的定期活動，是減除崩懊很有效的方法。支持團體不僅能與你分憂，而且能與你分享他們的經驗。網路也有許多支持團體，他們都能提供許多的資訊並給予精神上的支援。

(五)減緩生活的步伐。訂下生活的目標，分析輕重緩急、本末先後，再依序實行。

四・重新評估工作的意義

職業怠倦並不是短期內產生的，它多是長期的工作壓力累積與「煎熬」，而使人筋疲力盡。因此除了上述的管理方法之外，我們必須再設法去減少工作量，並對工作的意義重新評估。派區克（Patrick, 1981）在討論醫療人員的職業怠倦現象時，作了以下的建議：

(一)檢討工作真正的動機：探討自己到底為了什麼而工作。工作的動機是什麼？工作的意義是什麼？工作的價值是什麼？

(二)按程度列出自己最喜歡做的事情：列出後並說明最後一次做這件事是在何時。

(三)尋求支持團體的協助：社會支持網能夠安撫、紓解個人頹喪的情緒。設法與支持團體或互助團體定期相聚。

(四)開始進行身體自我照護計畫：包括運動、飲食及其他保健計畫。

(五)開始進行心理自我照護計畫：包括鬆弛訓練、談判技巧、憤怒管理、時間管理，及自我肯定訓練等。

(六)每週做一些輕鬆有趣的事：例如逛街、享用美食、看輕鬆的電視節目等。

五．採用一般減低工作壓力的方法

(一)不要把工作帶回家。

(二)中午休息時間要真正休息。

(三)午休及午餐時不要討論公事。

(四)與可信任的同事討論自身的工作壓力。

(五)分清「必須」與「希望」做的事。

(六)查明某些事情是否真正有期限，在何種情況下可以延期？若無法趕上期限，有什麼補救辦法？

(七)與他人分擔工作，不要以為僅有自己才能完成工作。

(八)選擇適當機會，好好的與上司談一談自己面臨的問題。

(九)組織（公司）會不斷的改變、改組或更新產品，因此個人也必須預先有心理準備，並預先學習新技巧以應對新的期待。

(十)假如住家離工作場所不遠，就走路去上班吧。

人類基本需求與工作滿足

工作支配著我們的生活，工作也是人們發展自我想像的橋梁，提供個人與他人建立關係，是個人在社會的一種指標，也是個人與廣大社會融合的過程。也就是說，工作不僅提供個人的生計，還提供個人滿足於喜悅或苦惱的泉源。簡言之，當代社會下，工作建立個人自我認同的礎石。當代人所追求的乃是工作中的自我成就感及自我實現的機會（藍采風，1987）。當工作不滿足時，很容易影響情緒，而造成工作壓力。表3再進一步說明人類的基本需求與工作滿足的相關性。

表3　人類需求與工作滿足來源

階層	工作滿足來源	
五、 自我實現需求	* 發揮個人潛能 * 獨立 * 達成有創造性的工作 * 有對能影響工作的專案作決策的權利	* 能參與工作計畫 * 有成長及發展的機會 * 能表達自我
四、 尊嚴需求	* 責任 * 自尊 * 被肯定 * 有成就感 * 有升遷的機會	* 地位象徵符號 * 有功必賞 * 工作具有挑戰性 * 分享決策
三、 社會需求	* 伴侶 * 被接受 * 愛與關懷 * 團體歸屬	* 有機會與別人互動 * 團隊精神 * 友善的同事

二、 安全需求	＊對自我與所擁有的 有安全感 ＊不必冒險 ＊避免受傷害 ＊避免痛苦	＊工作情境安全 ＊公司福利 ＊正當的督導 ＊公司有健全的政策、計畫及實務
一、 身體需求	＊食物 ＊衣服 ＊居處 ＊舒適 ＊自保	＊愉快的工作情境 ＊適當的薪水或工資 ＊有休息時間 ＊有省勞力的工具 ＊有效的工作方法

本章討論工作壓力與適應。無論是狹義或廣義言，對工作壓力的調適其實也可提高生活的本質、身體的健康、自我的昇華。這也是本書想要與讀者共勉的理念。

結　語

本書的出版宗旨在提供壓力管理與適應的方法，協助讀者排解壓力帶來的負面影響，進而提升更理想的生活品質。在本結語，將統合歸納一些與壓力概念及適應相關的通則，下述資料或許並不完備，讀者可在閱讀後，補充個人的想法與感受，作為自己壓力適應的座右銘，並成為個人最適用的通則。

一、認識壓力、壓力來源與壓力反應

(一)認識壓力與洞察壓力的來源

1.降低壓力的第一步，是能夠洞察身體上有哪些症候正在告訴我們已經受到壓力的威脅了。

2.無論壓力對我們有何影響，它的模式是：壓力→症候→疾病。

3.對於自己的挫折或不安之感，不可忽視或不聞不問，更不可置之不理。

4.找出究竟是哪件事使自己感到挫折或不安，即是「壓力感」的所在。想想自己是否因某事而變得緊張兮兮或不愉快？如果是，那又是什麼樣的感受？

5.找出壓力來源，包括人、物、地點、時間、活動，並且要設法減少或消除壓力。

6.找出壓力模式，想想是否因為我們從事某種活動，是如何做哪種活動或是從事活動時間的長短才造成壓力？

7.分析日常生活中的事件，是否有過多或不及的情況，是否為造成壓力的原因之一，自問是否過度忙碌、過度安排活動、過度負荷？如果是，應設法減緩實現人生目標的期限與衝勁。

(二)聆聽自己的壓力信號，察覺個人對壓力的反應。

1.留心自己在面對壓力時所產生的反應，包括心理和生理上的徵候。

2.對目前的個人嗜好、生活習慣作分析，審視自己對每日生活中所面對的壓力、不舒服及對厭煩無趣的生活究竟已付出什麼樣的代價。

3.特別注意可能引起高壓力的個人嗜好及特殊習慣，例如：說話太快、必須隨時保持個人的競爭力、忽略自身的疲憊或否認自己已過於疲憊、總想同時進行很多事情、將時間表排得太緊密、有咬牙切齒或緊握拳頭的行為等。

4.過度或不足的壓力會對個人造成不良的結果，所以應設法找出對個人最能產生正面功能的壓力階段。

二、認識自我，對生活採取正面的態度

(一)建立自己認為有意義的人生目標，而非為別人而活。

(二)明瞭人生過程中難免會遇到挫折、失敗與失落。

(三)對自己要溫和與仁慈，不必過分克己。

(四)辨明自己的思慮與感觸。

(五)對自己的職責誠實分析，並作出評價。

(六)接受自我的感觸。

(七)訂下優先順序，在擁有的時間與精力範圍內好好享受人生，或平衡、

發展能控制與能完成的許諾。

(八)對可能發生的壓力與危機有心理準備。當危機發生時，如何面對它、如何運用有效的資源等，都應有計畫。切記：控制與適應壓力的能力是來自於自己，應試著發揮自己的潛能去適應。

(九)衡量自己的能力與資源之後，再擬訂人生目標。誠實的自我分析什麼是可能達到的目標，或為了達到此目標，個人須作哪些必要的改變。

(十)自我的再教育。持續閱讀有關人類行為發展、危機調適的理論與應用、生活的藝術等書籍，以協助個人對壓力作更為有效的調適。

(十一)集中心力在精神上的發展

1.常懷「萬事必有解決之道」的態度。

2.有規律的沉思。

3.對無關痛癢的事不要牽腸掛肚。

4.樹立有目的及方向的人生觀。

5.陶冶心性，樂觀進取。

6.學習超越壓力的情境。

7.相信自己。自己為成功下定義，但不要與真實世界脫節。

8.對宇宙萬物的互賴性有所認識。

9.克服女強人的徵候：

(1)好好照顧自己。

(2)計畫自己的時間與效率。

(3)留一些時間給自己。

(4)尋求別人的協助。

(5)找出自己能力的極限。

(6)了解家中與工作環境裡的角色關係（期待與許諾的關係）。

10.治癒「匆忙的疾病」：

(1)重新調整自己的心理時間。

(2)減少工作的負荷量。

(3)停止逃避問題。

(4)參與一些不必計分或無競爭性的消遣娛樂活動。

(5)了解自己的人格特質，積極的生活。

11.學習「拿得起，放得下」。學習採取放鬆、悠然及從容的態度與生活形式。有人說：憂鬱是最糟糕的敵人，憂鬱與緊張就像一個人坐在搖椅上，前後不斷的搖動，使人似乎有事情可做，但卻不能搖到別處去，因為搖了半天仍在搖椅上。

三、決定自己能如何改變

(一)是否能夠改變壓力來源？能夠完全除去它或避免它嗎？

(二)是否能夠在一段時間內（並非僅有幾天或幾週），逐漸降低壓力來源的強度？

(三)是否能夠減少壓力來源（是否用「三十六計走為上策」或暫時不做一些事情，以降低壓力來源的強度）？

(四)是否有餘力來進行改變（包括設定目標、採取行動或延期獎賞）？

(五)學習面對事情時能夠彈性處理，並且適應良好。

(六)學習技巧：包括憂慮管理、衝突管理、憤怒管理、時間管理、自我肯定，以及自我照護等。

(七)採取行動之前，請先簡答下列各題：

1.壓力是個人對必須改變而帶來的緊張與不安，而自己是否被壓力弄得焦頭爛額？

2.是否希望博得某人的歡心？

3.是否過度反應？是否非占上風或非贏不可？

4.是否能夠設想自己有能力克服壓力，而不是被壓力所克服？

5.腦海中是否一直不斷想著「假如萬一……」而不是採取較樂觀的態度？

(八)對自己的生活負責。對生活採取積極正面的態度，將壓力視為「正能量」。

(九)學習在挫折中成長。了解人各有志、人各有長，並學習接受自己。

(九)管理時間，平衡生活。

(十)發展嗜好與興趣。

(十一)衡量自己的能力與資源後，再擬訂生活目標。誠實的自我分析要達成什麼樣的人生目標後，再想如何去改變。

(十二)自我再教育。活到老，學到老。常讓自己浸淫在文化與人文層面，不斷的提升生活品質。

(十三)孔子在《論語・里仁》說道：「見賢思齊焉，見不賢而內自省也。」我們每日生活也要不斷的自省和完善自己。

四、建立社會與家庭支持網絡

(一)不要壓制內心的感觸，應認識並接納這些感觸，與別人分享。

(二)與同病相憐者分擔並分析類似的經驗。

(三)改進人際關係，學習以坦誠與開放的方式與人溝通，並試著表達自己的感觸，將氣憤（或情緒）以建設性的方式表達出來。

(四)建立一個能與密友近親相互依賴的支持系統，不要埋怨或批評別人，甚至偶爾「投降」也無妨，並為別人做一點事情。向密友或專業者說出內心的困擾，以協助個人放鬆並控制不安之感，同時也可以澄清問題所在。

(五)請求直接的協助，當別人提供協助時，應虛心的接受。

(六)對別人產生體諒之心。

(七)對自我的需要及目前所接受的協助作適當的評估。

(八)列出6位自己願意與他們建立與促進良好關係的名單，並列出如何與他們促進良好關係的步驟。

(九)放棄那些會損毀自己的人際關係。

(十)建立工作上與非工作上良好的人際關係。

(十一)對朋友的支持與協助表達感激和珍惜之意。

五、改進環境，做好自我照護，促進個人健康

(一)人生的態度與生活模式宜採中庸之道；不暴飲暴食。

(二)避免不必要的噪音與刺激。

(三)充分的睡眠與休息，以便能機警的應付壓力。

(四)避免採取被動或依賴性的方式來減除壓力，例如服用鎮定劑、吸菸、喝酒等。避免酗酒及濫用藥物，因為這些暫時性減除壓力的方式，將來可能造成更大的壓力，應設法控制壓力而非為壓力所控制。

(五)營造舒服輕鬆的家庭氛圍，若能力允許，不妨考慮遷居或重新裝潢，並使自己在住屋環境有舒暢神怡之感。

(六)避免處在會增加壓力的居住環境中，因為不適當的居住環境會帶來不必要的壓力，例如：房子太大或太小、搬到一個與以前迥異的房子、屋內顏色不協調、過多的噪音等。

(七)改進健康狀況，做好自我照顧：

1.定期而有恆的作體操或運動，如跑步、散步、游泳、騎腳踏車、瑜伽等有氧性的運動，皆有助於紓解壓力。由於每種運動所活動人體肌肉的部位和程度都不同，因此在選擇運動項目時，應先徵詢專家的意見。

2.遵行一套平衡且有營養的飲食習慣；了解基本的營養知識，持續的採用適當的飲食計畫。暴飲暴食或營養不均衡，都會對身心發展造成不良的影響。

3.放鬆。對自己應仁慈些，不要為自己帶來不必要的緊張，試著設計每週的活動，內容宜包括健美操、韻律活動或其他運動，並盡情享受自己所選擇的放鬆方式。

4.定期作健康檢查

5.以指壓法來紓壓、放鬆肌肉，以及減輕肢體部位的疼痛。

6.定期作運動與體操。

六、採取有系統的方針解決問題

(一)明確指出問題癥結所在。不僅要找出問題，更要發現問題的根源，然後將問題的本質分門別類，以便作有效的適應。

(二)蒐集相關資料，以便透視問題癥結處，並策劃改善良方。

(三)設法找出問題發生在自己身上的原因。

(四)發展出一套可能解決問題的方法，並予以評價。

(五)選出最有效的解決之道，並採取實際行動。

(六)按部就班的逐漸改變。

(七)採取能控制並易辦到的改變。

壓力是一種過程，壓力適應也是一種過程。適應壓力的方法必須持之有恆，才能產生良好的效應，並確立以下的概念：

一、應先了解壓力概念，包括壓力本質、壓力來源、壓力反應與壓力後果。

二、應認知每一個人均有其獨特性、經驗、資源，以及生活習慣，每個人對壓力的反應或對危機事件的感觸也不同。因此，壓力適應的方法是很個別化的，有時一種適應的方法對張三很有效，但對李四可能就行不通了。因而本書一再強調我們必須先了解壓力概念並洞察個人對壓力的反應（感觸），以及當個人面臨壓力時，會帶給個人在心理上、肢體上，及情緒上有哪種後果，然後再去衡量個人有什麼資源能夠應對壓力，挑戰壓力。

個人對壓力的認知也是一種無形的資源，因為壓力是個人對壓力來源的評估後才對此來源（或情境）作出反應。心念、思維與社會支持網絡都是無形的資源。有形的資源包括財力、物力、健康的身體。壓力適應必須先有自我認知，再有紀律的去改變一些生活模式，並且持之以恆的去履行與練習各種技巧。

我們如何知道壓力已讓自己身心不舒服，甚至生病呢？生活可能是一連串長期或短期的困擾，包括：工作壓力、家庭衝突、經濟穩定、社會治安、健康狀況、環境與交通問題，以及空氣汙染等。這個世界似乎充滿了令人頭痛的情境，這些情境都是壓力的泉源——不論是長期或短期，與工作有關或無關，與環境有關或無關，與家庭有關或無關，大大小小，無休無止。現代人彷彿都成了壓力與日常需求的受害者，甚至日常飲食都有可能會有食安問題。有時候生活上的種種資訊真是把我們弄得心驚肉跳，寢食不安，壓力接踵而來。

現代人生活在壓力中，有些壓力是不可避免的，有些是周而復始的，有些則是某些事的副產品，有些則是來自人情債的。無論哪種壓力來源，重點是我們可以學習如何去應對外來的壓力，去面對挑戰。我們可選擇積極的或消極的方式，我們也可改變思維，或利用自我肯定訓練及時間管理來適應壓力。不論如何，我們所要了解的是我們可以製造、避免、降低，或提高壓力。我們是有選擇的。我們可以改變習慣和生活模式，覓求更多的資源及向人求助。壓力能夠提高效率，能讓自己的表現達到頂點，正如小提琴弦的張度必須恰到好處，才能拉出最好的音樂。

本書以理論與實務的取向討論壓力的本質、壓力來源、壓力後果，以及各種壓力適應的有效方法。全方位壓力管理涉及多門學科（社會學、臨床心理學、健康科學、社會工作學、組織管理學、公共衛生學、社會醫學、家庭與婚姻學、工作社會學等）領域的理論。本書採取多科技、理論與實務的取向來探討壓力管理的技巧。

本書的哲理是：壓力管理即是生活管理；壓力管理即是讓我們成為生活的選手；壓力管理即是學習如何生活的更輕鬆，更快樂，更無憂無慮，更有品質。「低壓力的生活」與「高品質的生活」是成反比的。生活壓力愈高，生活品質就愈低。生活品質是精神面重於物質面。生活品質必須將生活藝術化、健康化、合理化、平衡化，以及和諧化。壓力管理是為了要改善人們的生活。任何種類的管理都是要解決問題，壓力管理也不例外。壓力管理與學習新的生活模式是可以畫上等號的。當我們習慣了新的生活模式之後，我們就是壓力的主人，我們即可控制壓力而非為壓力所控制。

壓力無所不在，但仍可以處理與控制。即使不能改變壓力的本質，也可改變與壓力源的關係。真正會影響身心健康的並非壓力或情境，而是我們身體與心理對情境的反應，以及我們的態度。壓力並非完全是負面的，只有不能控制壓力來源才會造成壓力。學會選擇，選擇避免壓力，作出「明智之舉」，就是壓力管理。希望本書能與讀者們分享多年來的研習心得，共勉之。

附 錄

成為冠軍，超越成功

海峽兩岸EMBA校友菁英論壇會

臺北科技大學

主講人：藍采風博士（Phylis Lan Lin, Ph.D）

美國印第安納波里斯大學國際計畫協理副校長

2012年9月29日

各位貴賓好。一個月前，呂教授到敝校訪問時，他邀請我來當今天大會的主講人，謝謝。我很榮幸。因為我是念社會學的，並沒有企業管理的背景，能以外行人的身分和各位分享自己的人生經驗和學習心得，非常榮幸，也真的非常不安。但話說回來，社會學與企業管理有許多共同的學術領域。我以前也曾在敝校的商學院企業管理碩士班開辦進階「組織行為學」的課程。1994年在臺灣的三民書局出版了《組織行為學》一書。聽說至今有些院校仍然採用它為教科書。總的來說，面對來自兩岸EMBA菁英校友講話，不僅令人興奮也頗具挑戰。各位都是兩岸名校EMBA課程的高材生，在各自的領域都是成功者，都是佼佼者。我今天想與各位分享的是「如何超越成功」，以個人的淺見，討論如何永續目前已擁有的非凡成就與成功。

既然談成功，就會有一個避不開的話題，那就是「成功的定義是什麼？」、「什麼叫作成功？」。儘管每個人的人生目標不同，評價事物的價值標準也各不相同，但對成功也有共通的認識：成功不是靜態的，而是一種過程，一個旅途。它不是終點站，而是一個終點的起點。各位已掌握到的成功，如成功的完成了EMBA及MBA的學位、成功的找到一份理想的工作、成功的晉升、成功的創業。從畢業到今，已經締造許多輝煌的成就了，那麼下一步的人生目標是什麼呢？您們如何能夠超越成功呢？有一次呂教授邀請我到他在瀋陽的EMBA班上談「目標設立與組織分析」這堂課時，呂教授說：「這些學生中有許多都是公司的董事長、都是億萬富翁呀！」

是的，各位都是很成功的企業家，都是各領域的冠軍。各位是否曾經在不斷追求成功之際，靜坐下來認識一個嶄新的自我嗎？曾經想過去創造一個新的組織、一個新的世界嗎？遨遊在繼續冠軍（成功）之旅時，是否獲得哪些啟發？億萬的財富能夠帶來幸福嗎？我們有良好的人際關係來維持社會關係嗎？中國社會靠五個「F」來維繫人際關係：Face（面子）、Family（家庭）、Friend（朋友）、 Fate（命運）及Favor（利害關係）。而人際關係的運行是非常奧妙的。關係的運行要恰到好處，否則會弄巧成拙，甚至惹來殺身之禍。另外，若希望透過財富帶來幸福，我們需要有健康的身體才能具備日理萬機的精力。

成功可以用不同的領域來衡量，例如：事業、財富、家庭生活與人際關係。我們可能在某一方面成功，另一方面落在人之後。成功是一個旅途，它有許多山峰讓我們去攀登。但是成功並沒有一個特定的頂點。成功是累積的，當我們達到了某個想要征服的山頂時，我們還想繼續去追求另一個更高的山峰，去追求另一個山頂。我們永無止息的去追求成功，追求頂點，成為冠軍。

蘇東坡有詩云：「橫看成嶺側成峰，遠近高低各不同，不識廬山真面目，只緣身在此山中。」世上的事是多角度的，並無絕對的觀點。究竟是「峰」抑是「嶺」？全以觀者角度而定。人走到山頂時，俯瞰天下，更要客觀，要用相對的角度來觀察一切，並擬定如何踏上下一步（藍采風，2003，頁257）。

今天我們生活在充滿挑戰和矛盾的世界舞臺。當今科技迅猛發展，有的國家正處於內戰，全球經濟呈現衰退趨勢，眾多國家步向民主化進程，但是還有一些國家仍然缺乏自由的氣息，各國競相建設超高大樓，失業率卻居高不下。我們所生活的世界，就像狄更斯小說《雙城記》描述的一般：「這是最好的時代，也是最壞的時代；這是智慧的時代，也是愚蠢的時代；這是光明的季節，也是黑暗的季節。」

在這種充滿變化也充滿願景的環境下，我們不得不做一些嚴肅與批判性的思考，首先，什麼樣的人才是真正成功的人？什麼樣的人才是真正的冠軍？我們如何去超越成功？

第一，超越成功的人能知己知彼，百戰百勝；養生修性；終生學習

成功者能夠掌控自己的人生（包括自己的信念、感情與行動），盡自己所能，滿懷熱情的去做事，並為自己取得的成績感到自豪。成功者在更多的時候是與自己競爭，而不是與他人競爭。要成為冠軍，未必一定要當第一名，但一定要按照自己的標準和期望，成為最好的。「最好的」這一衡量尺度不是由裁判設定的，而是由我們自己設定的。只有我們最清楚自己的優勢所在，只有信任自己，才能充分發揮我們的優勢。

沒有人生來就能當冠軍。冠軍是後天造就的，甚至在逆境中堅強成長。這些逆境包括身體問題、心理問題、突發問題、資源短缺等。在戰勝這些逆境，付出艱辛和代價之後，人的性格和力量都獲得了提升。冠軍的人格是剛毅性的，即：（一）他們能面對挑戰（Challenge），拿得起，放得下，不屈不撓；（二）能控制情境（Control），了解情境的主觀與客觀面，掌握局勢；（三）能下承諾（Commitment），說到做到，誠信務實；（四）能應對時局及大環境的變遷（Change），能以不變應萬變；有彈性，有韌性，面對危機，處之泰然；（五）能承擔責任（Charge），敢做敢當，進退自如。因此，我們必須下定決心，爭取達到想要的結果，這會給我們帶來自豪感。成功者具有很強的自尊心，但不會妄自尊大。成功者（或冠軍者）不斷培養內在的精神力量，他們不僅需要健全的身體，更需要健全的心智。正如馬拉松運動員要同時兼備良好的體力和心智，才能跑到終點。他們了解自己的局限，但不為之所限。他們有勇氣超越局限，打破自己的紀錄。

成功者了解大環境，並能善用大環境的優勢。佛里曼（Thomas Friedman）在他的新書《我們曾經輝煌：美國在新世界生存的關鍵》描述美國最成功的企業家之一——巴菲特的成功之道，他說：「巴菲特提到自己成就非凡事業時，總是一再強調，他能以投資人的身分賺到數十億美元，大部分要歸功於美國的環境，因為這個國家的彈性制度、自由市場、法制規範，以及繁榮方程式。」（佛里曼，2012，頁81-82）。所以，巴菲特不僅成功，而且更超越成功。因為他能洞察大環境的優勢，去利用、去把握機會。

成功者會接受別人的讚揚，但是不會被讚揚所蒙蔽，也不會因讚揚而沾沾自喜，不求上進。成功者珍惜他人對於其目前成績給予的讚揚、獎勵或回報，並會把這些作為動力，作為新基準，以便以後更穩健的走向成功。我的學校與中國大陸有合作課程，我常向應屆畢業生說：「你們中有很多人為申請研究生學習或工作而拿到了教授的推薦信，你們不要只是謙卑的接受別人給予的認可，特別是來自寫推薦信的人。在閱讀有關你的推薦信時，不必感到羞怯，你應該問你自己：『我真有信裡寫的那麼好嗎？我是否真的發揮了我的潛力？』這些推薦信將促使你更好的展示自己。你一定要繼續努力，不斷奮鬥，追求卓越。」愈是成功的人，愈是要靜心的認識一個嶄新的自己。許多奧運冠軍拿了金牌後，反而躊躇在人生的十字路口：我是否要在下屆奧運會捲土重來，以確保我冠軍的頭銜？我已經走到了山頂，我是否要往下走了，或再去尋覓一個更高的山頂再往上爬呢？當奧運閉幕之後，是否曾想到與我競爭的對手其實不是其他的運動員，而是自我？我就是我的競爭對手。冠軍的真正對手是自己。我們要無時無刻檢視並反省自己的本質與潛能。

微軟亞洲研究院創辦人李開復常受邀為大學生演講，並鼓勵青年人琢磨、啟發有用的創新。他的一句箴言：「挫折不是懲罰，而是學習的機會。」是的，有時候冠軍要能夠接受失敗。從未嘗過失敗滋味的人，是那些無所事事的人。為了有最佳表現，我們必須要願意承擔風險、壓力以及失敗的可能。要成為成功者，就必須有面對失敗的勇氣。成功者是願意不斷學習，不斷完善自我，吸取以往經驗教訓，虛心向他人學習的人。成功者還會接受額外培訓，博覽群書，聽取良師益友的建議。許多教練會在一場比賽開始前和結束後，讓他的隊員徹底研究他們的對手。透過研究，可以了解對手取勝的原因，得到啟發，這就是「知己知彼，百戰百勝」的取向。冠軍最善於學習，他們不僅學習技能，而且學習規則、態度、道德準則和責任。冠軍為人謙卑，他們願意向其他冠軍學習，並聽取良師益友的建議。世上真正的冠軍不計其數，林肯、甘地、馬丁・路德・金、愛因斯坦、柴契爾夫人……，這些鼓舞人心的例子中的英雄無一不是能面對失敗，虛心學習的人。

新東方教育科技集團創始人俞敏洪曾提出「水的精神」。他說：「不管你現在的生命是怎麼樣的，一定要有水的精神：像水一樣不斷積蓄自己的力量，不斷衝破障礙。」俞敏洪以他的成功經驗，勉勵一些到新東方學習英語或學習如何考GMAT的學生一句名言：「採用一種方法並進行嘗試，是一種常識。如果失敗了，就坦然的承認並嘗試另外的方法。」（文章〈成功人的特質〉，2012）。

有眼光、敢冒險與夢想，使成功者對未來挑戰，也對現狀挑戰。成功者都有明確的目標、振作的精神，他們鍥而不捨，敗而不餒，相信自己是個無可限量的人。失敗時不恥下問，以前車為鑒。將重點置於個人的長處，而對那些不傷大雅、不礙全域的短處則「一笑置之」。管理大師彼得・杜拉克（Peter Drucker）認為：「未來的基礎經濟來源，不再是資本或天然資源，也不是勞力，而是知識。」國際知名趨勢大師大前研一指出：「愈是在這種沒有中心思想的混沌時代，是否具備新知識和新視野，就成為工作表現上的關鍵影響力。」（大前研一與柳井正合著，《放膽去闖：大前研一和柳井正給你走到哪都能生存的大能力》，2010）。

因此，成功者與成功者的企業必須投資在增進知識與獲取技巧。二十一世紀的觀念是：「知識是力量，分享知識即是授權。」

成功者雖然向別人學習，但是，最重要的是鑄造自我，而不是被別人鑄造；創造自己，而不是模仿別人，拷貝別人；敢作敢當，拿得起，放得下；敢冒險，敢嘗試。根據領導學大師華倫・班尼斯（Warren Bennis, 1981），「領導者（成功者）不僅出生一次，而且要出生第二次」。要成功，你必須先成為你自己，成為製造你自己生命的創造者。你必須先自我實現，方能「知己知彼，百戰百勝」。成功者最大的共同點是「他們都知道自己的人生方向，全力以赴」。

第二，超越成功的人有使命感，熱愛工作與服務眾生

有不少學生常問我：「藍教授，你也是上了年紀的人了，為何總是那麼精力充沛，不知疲倦呢？」我的回答是：「我熱愛我所從事的工作，工作是我的生命。」事實上，我熱中於自己所選擇的使命。麻省理工學院資深教師喬納森．伯恩斯（Jonathan Byrnes）曾說過：「熱情是產生變革的必備因素之一。」他說：「首先，你要有一種熱情，要把事情做得更好，實施變革是一個繁重而累人的過程，熱情會助你堅持到底。」

成為成功者，就要成為一個有最佳表現的人。你必須要有使命感，它會激發你的熱情和責任感。知道你想要什麼，然後盡力為之奮鬥。做自己喜歡的事，享受自己做的事。不要擔心成敗，你應該為自己沒有全力以赴而擔心害怕。別人可以鼓勵你，支援你，但只有你才能到達終點。成功者必須有計畫的去冒險，盲目冒險是不明智的。當你有計畫的去冒險時，你就會掌控全域。

幾年前，有個應用社會學系的學生克里絲汀．拉得爾採訪過我，她問：「您給您的學生傳遞什麼樣的資訊？」各位朋友，在此請允許我重複一下我對她說的話：「以你自己為榮。你要先相信自己，別人才會相信你。你所從事的都是最重要的。你的所為可能影響某一人，而他可以影響更多的其他人。要熱中於你的所為，珍愛你的工作，全心投入。你塑造個人，而個人繼而影響社會，成為一個全面發展的人。活到老，學到老。不論個人的社會經濟地位如何，不論個人從事何種職業，我們都應客觀平等對待。」

克里絲汀接著再問：「那麼你的教育理念是什麼？」我說：「我的教

學目標是希望學生培養成：（一）有創新的能力；（二）有批判性思維的能力；（三）有出色的執行力；（四）有強烈社會責任感的人。我告訴畢業生，你們已經達到了這個目標。」我也期許我的學生：「希望你們能開始將所學到的心得、專業技巧與知識，切實的運用，它們將成為你們以後的生存工具。擁有這些工具，不僅會對你們今後的生活產生影響，同時將造福於你們所居住的地區、所工作的單位，或一般的周圍環境。當你們獲取新的知識、技能，特別是這兩年中所學習的或曾經再加強的一些傳統價值觀時，你們一定會問一個問題：『我怎樣可以創造一個更好的居住環境與工作環境？』」

「能對你的社會產生影響」這句話已經被引用許多次，但是這句話的真諦是什麼？一個人如何能對社會產生積極影響？幫助弱者，貢獻自己的心力給那些需要幫助的人。服務社區不是浮誇表面的舉動，而是對社區的人產生實在的幫助和正面的影響，它們比那些只為贏得一些虛名的行為更重要。往大處講，真正成功的人對國家承擔著責任；而從小處講，承擔著對居住在我們身邊的人的責任。這些責任不僅提供人們衣食住行的需求，也包括道德意識提升，例如環保的意識以及各種商業道德的遵行。

美國二十世紀六〇年代的總統約翰·甘迺迪（John Kennedy）曾經說過：「不要去問你的國家能為你做什麼，而是去問你能為這個國家做什麼。」真正成功的人是要對社會與國家作出貢獻的。人類歷史上首位登陸月球的太空人尼爾·阿姆斯壯（Neil Armstrong）於2012年去世時，美國總統歐巴馬（Barack Obama）盛讚他是真正的美國英雄。歐巴馬表示，「阿姆斯壯勇於接受看似不可能的任務，並一一完成。」另一位登陸月球的太空人伯茲·艾德林（Buzz Aldrin）則讚揚阿姆斯壯「能力卓越，具有奉獻和無私精神」。阿姆斯壯是永遠的冠軍，他超越成功。

當今，有一個全球性的問題擺在我們年輕人的面前。在中國和美國，我們稱大學生這一代人為「自我中心的一代」。青年人有著強烈的自我意識，更關注自己，傾向於以自我為中心。其實，我們應該尋求關心他人，以服務他人的價值觀取代自我為中心的思想。替他人著想，並致力於提高他人的生活水準，對一個現代文明社會的發展與成長是至關重要的，這也是我們對當代知識分子的期待。在這個競爭激烈的社會，我們會不可避免的偏重自我。但是今天，我想與各位分享一句人生哲學的名言：「總是少考慮自己一點，但是不要看輕你自己。」英文的說法是：「Always think yourself less, but never think less of yourself.」但是最重要的是要做一個有智慧的人。證嚴上人在《自在的心靈》（1991，頁119）書中提到：「每個人心底都有一股清淨泉流，都有一塊福田，不要計較。不要計較，就沒有心事，沒心事，你自然就有智慧。」

從塑膠工業到全球華人首富，香港的李嘉誠先生談「做人，做事，做生意」（2011）說：「成功並非一步登天，而是堅持不懈，勤學而來。」他強調成功之道之一是「要有助人為樂的強烈道德感，要以服務為目的，不可以自我為中心」（頁95-97）。曾被《時代》雜誌評為2011年度全世界最具影響力的一百人之一的臺灣佛學大師證嚴上人曾經說過：「帶著一顆真誠的心去無私奉獻才是『真』，無條件的幫助別人是『善』。當一個人擁有『真』和『善』，那麼就散發著『美』。」聖嚴法師也說：「人的心念意境，如能時常保持開朗清明，則展現於周遭的環境，都將是美而善的。」

享譽國際的臺灣編舞家林懷民，他的藝術生涯曾經歷了不少挫折，但他說：「希望幾十年後，我不在了，我的名字記不記住不重要，但還有一個舞臺，老百姓還有東西可以看，年輕人可以來玩」（採訪，〈林懷民：

挑舞者入團就像結婚〉，2009）。林懷民在藝術界所留下的足跡正是「真善美」的最好寫照。德國哲學家史懷哲（Albert Schweitzer）說：「你將永遠幸福快樂，如果你試著去尋求並找到如何服務人群的方法。」

第三，超越成功的人能成為挑戰壓力的選手，不斷的追求生活的品質

壓力是現代社會的副產品。我們有太少的時間、太少的資源，以及太少對大部分事情有控制的能力。壓力會對身心帶來許多不良的後果與影響。我們能夠對壓力有所了解以及學習如何去適應壓力，便能提升生活的品質，而且能成為更有效率的人。現代人學習適應壓力，必須先免去「匆忙」與忙碌的疾病。一位成功的人必須懂得將每日急速的生活步伐放慢下來，抽出時間以寧靜的心性去享受優閒與大自然。要活得悠然自得，無憂無慮。莊子說「聖人之心靜乎」，與大自然為伍能令人心靜。孟子說「養天地浩然之氣」，超越成功的人，必須有遼闊的視野，能忙裡偷閒，享受遊山玩水之樂，居高臨下，大開眼界，陶冶與大自然浩然之氣，秉持天人合一的哲理。

現代人在每日匆忙的生活中，最需要的是要能以生活的情趣來陶冶心性，來調節緊張的生活步調。品茗、聆聽優美的音樂、觀賞藝術，以陶冶君子之優雅品德。

現代人忙碌的追求物質與金錢，而容易忘了精神上的寄託，容易失去內心的和平。達賴喇嘛在接受諾貝爾獎時，提到內心和平的真諦。他說：「內在和平氣氛由我所創，然後擴及家庭、社區以及全地球。」達賴喇嘛這番話正與我們中國的「齊家治國平天下」的理念相符合。

總而言之，高尚的生活品質是指個人能夠修身養性，能心靜且平和，忙碌中求優閒，精神有寄託，不斷的追求與創造個人，家庭與社會的福祉。

我在美國住了將近50年，愈來愈感受到文學大師林語堂在其《生活的藝術》一書中所說的中國人最懂得生活的情趣。我在1970年初完成了博士學位，又晉升到正教授的職位，但是這40年來，我所追求的不是名與利，而是中國人「心念的種子。」我的父親在1966年我大學畢業後到美國留學時給我一句弘一法師的格言：「度量如海涵春育；持身如玉潔冰清；襟袍如光風霽月；氣概如喬嶽泰山。」這就是我留學異鄉，數十年如一日，惦記在心上的座右銘。家父也告訴我真善美的哲理：「儒家教人心安理得，道家教人心平氣和；儒家以善為美，道家以美為善。」

各位海峽兩岸的菁英們，今天我以個人在美國生活的體驗與您們分享淺見。希望我們都能夠提升我們的生活品質，成為人上人，超越成功。最後，敬祝各位健康、幸福，並敬祝大會圓滿成功。

作者聯絡資訊：
Phylis Lan Lin（藍采風教授）
1400 East Hanna Ave.
University of Indianapolis
Indianapolis, IN 46227 U.S.A.
lin@uindy.edu

參考書目

中文部分

高旭繁，陸洛， 2011年，「工作壓力及其後果的族群差異： 以OSI模式為理論基礎之大樣本分析」，臺大管理論叢，2（1），239-272。

藍采風，1977年，《兒童福利研究——寄養家庭與社會工作》，臺中：基督教兒童福利基金會。

藍采風，1978年，《危機調試的理論與應用（上）》，臺北：幼獅文化事業公司。

藍采風，1981，《生活的壓力與適應》，臺北：幼獅文化事業公司。

藍采風，1986年，《婚姻關係與適應》，臺北：張老師文化事業公司。

藍采風，1987年，《失的經驗：化悲痛為力量》，臺北：耕者出版社。

藍采風，1988年，「虐待兒童問題與其救治方法」，臺北：張老師文化事業公司。

藍采風，1996年，《婚姻與家庭》，臺北：幼獅文化事業公司。

藍采風，2000年，《壓力與適應》，臺北：幼獅文化事業公司。

藍采風，2001年，《社會學》，臺北：五南圖書出版公司。

藍采風，2001年，《挑戰壓力》，北京：紡織出版社。

藍采風、廖榮利，1994年，《組織行為學》，臺北：三民書局。

藍采風，2003年，《壓力管理》，臺北: 幼獅文化事業公司。 藍采風、藍忠孚、劉慧俐，1985年，臺灣女醫的事業、婚姻與家庭觀的初步研究。

趙麗榮，2010年《舍與得》， 北京：華夏出版社。 柯槐青，1947年，《成語手冊》，上海：新魯書店。

陸洛，1997年，〈工作壓力之歷程：理論與研究的對話〉，中華心理衛生學刊。10（4），頁19-51。

證嚴法師，1989年，《靜思語》，臺灣：九歌出版社。

郭淑珍、陳怡君，2010年，《失眠與工作壓力：深度訪談使用安眠藥物的女性護理人員》，臺灣雜誌，V01，No.2, 131-144。

梅可望，2012年，《九十五歲長壽大師的不老祕訣》，臺灣：平安文化出版社。

世界新聞網，1月29日，2013年。〈催婚、催子、催工作7成80後成被催族〉。

世界日報，7月23日，1999年。
華爾街日報，2 月9 日，2013年，頁C1。

英文部分

Alberti, R. (1970). *Your perfect right: A guide to assertive behavior.* NY: Impact Publishers.

Braham, B. J. (1994)13. *Managing stress: Keeping calm under fire*. New York: Irwin.

Cannon, W. B. (1935). *The wisdom of the body*. New York: W. W. Simon.

Carver, C. S., Scheier, M. F., & Weintraub., J. K. (1989). Assessing coping strategies: A theoretically-based approach. *Journal of Personality and Social Psychology, 56* (2), 267-283.

Charlesworth, E. A. & Nathan, R. G. (1982). *Stress management: A comprehensive guide to wellness*. Houston, TX: Biobehavioral Press.

Chen, J. M., Lin, P. L. (1991). Daily life demands, stress, social support, and life satisfaction: A comparative study of working women and housewives in Taiwan. *In Selected Papers of Conference on Gender Studies in Chinese Societies* (pp. 99-118). HK: Hong Kong Institute of Asia-Pacific Studies and the Chinese University of Hong Kong.

CNN. (Jult 7, 2013). News

Coe, G. (1981), *Stress management; A positive strategy*. New York: Time Life Films, Inc.

Cicognani, E. (2011). Coping strategies with minor stressors in adolescence: Relationships with social support, self-efficacy, and psychological well-being. *Journal of Applied Social Psychology, 41*(3), 559-578.

Ciarlo, J. A., Brown, T. R., Edwards, D. W., Kiresuk, T. J., & Newman, F. L. (1986). *Assessing mental health treatment outcome measurement techniques*. Rockwille, MD: U. S. Department of Health and Human Services, PHS, ADAMHA.

Cohn, F. (1987). Mesurement of coping. In S. V. Kasl & C. L. Cooper (eds.), *Stress and health: Issues in research methodology*. New York: John Wiley.

Cohen, S. (1988). Psychosocial models of the role of social support in the etiology of physical disease. Health Psychology, 7, 69-297.

Cohen, S., Kamark, T., & Mermelstein, T. (1983). A global measure of perceived stress. *Journal of Health and Social Behavvior, 24*(2), 385-396.

Cooper, C. L., Sloan, S. J., Williams, S. (1988). *Occupational stress indicator management guide*. Windsor: NFER-Nelson.

Crossfield, S., Kinmam, G., & Jones, F. (2005). Crossover of occupational stress in dual-career couples. *Community, Work & Family. 8*(2). 211-232.

Ellis A. (1979). *Rational emotive self-help techniques*. NY: BMA.

Folkman, S. K., & Lazarus, R. S. (1988). *Manual for the Ways of Coping Questionnaire*. Palo Alto, CA: Consulting Psychologists Press.

Folkman, S. & Lazarus, R. S., (1985). If it changes it must be a process: Study of emotion and coping during three stages of a college examination. *Journal of Personality and Social Psychology, 48*, 150-170.

Gillespie, P. R., & Bechtel, L. (1986). *Less stress in 30 days: An integrated program for relation*. New York: New American Library.

Glynn, L., Christenfeld, N., & Gerin, W. (1999). Gender, social support, and cardiovascular responses to stress. *Psychosomatic Medicine, 61*(2). 234-242.

Greenberg, J. S., & Bluthardt, A. (1996). *Comprehensive stress management*. Chicago: Browan & Benchmark.

Heckman, N. A., Bryson, R. Bryson, J. (1977). Problems of professional couples. A content analysis. *Journal of Marriage and the Family, 39*, 323-330.

Higgins, C. A., Duxbury, L. E., & Lyons, S. T. (2010). Coping with overload and stress: Men and women in dual-earner families. *Journal of Marriage and Family. 72*(4). 847-859.

Hill, R. (1949). *Families under Stress*. New York: Harper & Row.

Hill, R. (February-March 1958). Generic features of families under stress. *Social Casework*, 39, 139-150.

Holmes, T. H., & Masuda, M. (1974). Life changes and illness susceptibility. In B. S. Dohrenwend & B. P. Dohrenwend (Eds.), *Stressful life events: Their nature and effects* (pp. 45-72). New York: John Wiley.

Holmes, T. H., & Rahe, R. (1967). The social readjustment rating scale. *Journal of Psychosomatic Research, 11*, 213-218.

Ivancevich, J. M., & Matteson, M. T. (1980). *Stress and work: A managerial perspective*. New York: Scott Foresman.

Karasek, R., & Theorell, T. (1990). *Healthy work: Stress, productivity, and reconstruction of working life*. New York: Basic Books.

Kendall, P. C., Finch, A. J., Jr., Auerbach, S. M., Hooke, J. F., & Milkulka, P. J. (1976). The state-trait anxiety inventory: A systematic evaluation. *Journal of Consulting and Clinical Psychology, 44*, 406-412.

Kirsta, A. (1986). *The book of stress survival*. NY: Simon & Schuster, Inc.

Kobasa, S., Maddi, S. B., & Kahn, S. (1982). Hardiness and health: A prospective study. *Journal of Personality and Social Psychology, 42*(1), 168-177.

Kroeger, N. W. (1995). Person-Enviornment Fit in the final jobs of retirees. *Social Psychology, 135(5)*, 545–555.

Lazarus, R. (1966, 1991). *Pathological stress and the coping process*. New York: McGraw-Hill.

Lazarus, R. S., & Folkman, S. (1984). *Stress, appraisal, and coping*. New York: Springer Publishing Company.

Lee, Y., Yang, M. J., Lai, T. J., Chiu, N. M., & Chau, T. T. (2000). *Chang Gung Medical Journal, Nov. 23*(11), 688-694.

Levee, Y., McCubbin, H., & Oattersib, J. M. (November 1985). The double ABCX model of family stress and adaptation: An empirical test by analysis of structural equations with latent variables. *Journal of Marriage and the Family,* 811-825.

Libert, R. M., & Morris, L. W. (1967). Cognitive and emotional components of test anxiety: A distinction and some initial data. *Psychological Reports*, 20, 975-978.

Lin, P. L., & Moore, M. (1983). *Integrated women: A study of college women's views on marriage, family, and career.* Unpublished Monograph.

Lin, N., Simeone, R. S., Ensel,, W. M., & Kuo, W. (1979). Social support, stressful life events, and illness: A model and empirical test. *Journal of Helath and Social Behavior, 20*, 108-119.

Loehr, J. E. (1997). *Stress for success: The proven program for transforming stress into positive energy at work*. NY: Random House.

Lu, L., Cooper, C. L., Chen, Y.C., Hsu, C. H., Wu, H. L., Shih, J. B., & Li, C. H. (1997). Chinese version of the OSI: A validation study. *Work & Stress, 11*(1), 79-86.

Lu, L., & Kao, S. F. (1999). Group differences in work stress: Demogaphic, job, and occupational fators. *Formosa Journal of Mental Health, 12*(2), 23-66.

Lu, L., Kao, S. F., Siu, O. L., & Lu, C. Q. (2011). Work stress, Chinese work values, and work well-being in the greater Chinese. *Journal of Social Psychology, 151*(6), 767-783.

Machlowitz, M. (1980). *Workaholics, living with them, working with them*. Boston, MA: Addison-Wesley.

Matthews, K. A. (1980). *Workholics: Living with them, working with them*. Reading, MA: Addison Wesley.

Mayo Clinic. (March 19, 2011). Stress management: Learn why you feel stress and how to fight it. http://www.mayoclinic.org/healthy-living/stress-management/basics/stress-basics/hlv-20049495.

McCubbin, H. I., & Patterson, J. M. (1983b). The family stress process: The Double ABCX Model of family adjustment and adaptation. *Marriage and Family Review, 6*(1), 7-35.

McCubbin, H. I. Patterson, J. M., & Wilson, L. R. (1981). *FILE: Family inventory of life events and changes: Research instrument*. St. Paul: Family Social Science, University of Minnesota.

Miller, C. H. & Smith, A. L. (1993). *The stress solution*, NY: Pocket Books.

Moos, R. (1992). *Coping Responses Inventory Youth Form preliminary manual*. Palo Alto, CA: Center for Health Care Evaluation, Department of Veterans Affairs and Stanford University Medical Centers.

Movius, M. (1976). Voluntary childlessness: The ultimate liberation. *The Family Coordinator, 25*(1), 56-63.

Mind Tools. (2013) Stress management resources from Mind Tools. http://www.mindtools.com/smpage.html.

National Enquirer (1985). *Conquering stress*. New York: The Pocket Book.

Newsweek. (June 14, 1999). 56-63.

Ng, C. S. M., & Hurry, J. (2011). Depression amongst Chinese adolescents in Hong Kong: An evaluation of a stress moderation model. *Social Indicator Research*, 100, 499-516.

Patrick, P. K. S. (1981). *Health care worker burnout: What it is, what to do about it*. Chicago: Blue Cross Association-Inquiry Books.

Powell, T. (1997). *Free yourself from harmful stress*. New York: DK Publishing, Inc.

Rapoport, R., Rapoport, R. N., & Bumstead, J. M. (1976). *Dual-career families re-examined*. NY: Harper & Row, Publishers.

Rosenman, R. H., & Friedman, M. (1977). Modifying Type A behavior pattern. *Journal of Psychosomatic Research, 21*(2), 323-331.

Seaward, B. L. (2004). *Managing Stress*. Sudbury, MA: Jones and Bartlett Publishers.

Selye, H. (1956). *The Stress of life*, New York: McGraw-Hill.

Siegrist, J. (1996). Adverse health effects of high-effort/low-reward conditions. *Journal of Occupational Health Psychology, 1*(1), 27-41.

Smith, H. W. (1994). *The 10 natural laws of successful time and life management*. NY: Warner Books, Inc.

Smith, M. (1975). *When I say no; I fee guilty: How to copy using the skill of systematic assertiveness therapy*. Publisher unknown.

Soderman, A. K., (1989). Stress and change. Home economic Program, Michigan State University. Tape.

Spielberger, C. D. (1977). *State-Trait Anxiety Inventory, STAI Form Y.* Palo Alto, CA: Consulting Psychologists Press.

Stalker, C. A., Harvey, C., Frensch, K., Mandell, D., & Adams, G. R. (2007). Confirmatory factor analysis of Maslach Burnout Inventory: A replication with Canadian child welfare workers. *Journal of Public Child Welfare, 1*(3), 77-94.

Sussman, & J. M. Patterson (Eds.), Social stress and the family: Advances and developments in family stress theory and research (pp.7-37). New York: Haworth.

Time. (February 11, 2013). 42-45.

Toffler, A. (1970). *Future shock*. NY: Random House.

USA Today. (January 23, 1990). 1A, ID.

Wardian, J., Robbins, D., Wolfersteig, W., Johnson, T., & Dustman, P. (2013). Vaildation of the DSSI-10 to measure social support in a general population. *Research on Social Work Practice, 23*(1), 100-106.

White, L. & Keith, B. (1990). The effect of shift work on the quality and stability of marital relations. *Journal of Marriage and the Family, 52*(2), 453-462.

Whorf, B. (1956). *Languuage, thought, and reality*. J. B. Corroll (ed. Cambridge, MA: MIT Press).

藍采風所著書籍（中、英文）

1.《危機調適與理論》，1976
2.《兒童福利研究：寄養家庭與社會工作》，1977
3.《藥物問題的社會觀》，1978
4.《生活的壓力與適應》，1981
5.《親職與家庭生活》，1982　（共著者：廖榮利）
6.《臺灣的社會工作教育》，1983　（共著者：廖榮利）
7.《醫療社會學》，1983 / 1990　（共著者：廖榮利）
8.《婚姻關係與適應》，1986
9.《健康的家庭生活》，1987
10.《失的經驗：化悲痛為力量》，1987
11.《生活的壓力與適應》，1981
12.《醫學社會學》，1990　（共著者：樓欽元、郭永松）
13.《組織行為學》，1994　（共著者：廖榮利）
14.《婚姻與家庭》，1996
15.《社會學》，2000
16.《壓力與適應》，2000
17.《挑戰壓力》，2000
18.《全方位壓力管理》，2003
19.《服務－學習：在高等教育的理論與實踐》，2011　（共編著者：許為民）
20.《壓力管理：提升生活的品質》，2014

21. *Families: East and West* 1992 (co-editors: Winston Y. Chao, Terri L. Johnson, Joan Persell, & Alfred Tsang)
22. *Marriage and the Family in Chinese Society* 1994 (co-editors: Ko-wang Mei & Huai-chen Peng)
23. *Marriage and the Family: A Global Pespective* 1995 (co-editor: Wen-hui Tsai)
24. *Stories of Chinese Children's Hats*: Symbolism and Folklore 1996 (co-author: Christi Lan Lin)
25. *China in Transition* 1997 (co-editor: David Decker)
26. *Islam in America: Images and Challenges* 1998 (editor)
27. *Operational Flexibility: A Study of the Conceptalizations of Aging and Retirement in China* 2004 (co-editor: Cheng Fang)
28. *Journey with Art Afar: Au Ho-nien Museum Catalog* 2004 (editor)
29. *Service-Learning in Higher Education: Paradigms & Challenges* 2009 (co-editor: Mary Moore)
30. *Service-Learning in Higher Education: National and International Connections* 2011 (editor)
31. *Service-Learn in Higher Education: Connecting the Global to the Local* 2013 (co-editor: Mark R. Wiegand)

國家圖書館出版品預行編目資料

壓力管理：提升生活的品質 / 藍采風. -- 初版. -- 臺北市：幼獅, 2014.04
面； 公分. --（生活閱讀）
ISBN 978-957-574-951-4（平裝）

1.壓力 2.抗壓

176.54 103003171

・生活閱讀・

壓力管理——提升生活的品質

作　　者＝藍采風（Phylis Lan Lin, PhD）
出 版 者＝幼獅文化事業股份有限公司
發 行 人＝李鍾桂
總 經 理＝王華金
總 編 輯＝劉淑華
主　　編＝林泊瑜
執行編輯＝朱燕翔
美術編輯＝游巧鈴
總 公 司＝10045台北市重慶南路1段66-1號3樓
電　　話＝(02)2311-2832
傳　　真＝(02)2311-5368
郵政劃撥＝00033368

門市
●松江展示中心：10422台北市松江路219號
電話：(02)2502-5858轉734　傳真：(02)2503-6601
●苗栗育達店：36143苗栗縣造橋鄉談文村學府路168號（育達科技大學內）
電話：(037)652-191　傳真：(037)652-251

印　刷＝崇寶彩藝印刷股份有限公司
定　價＝350元
港　幣＝117元
初　版＝2014.04
書　號＝954216

幼獅樂讀網
http://www.youth.com.tw
e-mail:customer@youth.com.tw

行政院新聞局核准登記證局版台業字第0143號

幼獅文化公司／讀者服務卡／

感謝您購買幼獅公司出版的好書！
為提升服務品質與出版更優質的圖書，敬請撥冗填寫後（免貼郵票）擲寄本公司，或傳真（傳真電話02-23115368），我們將參考您的意見、分享您的觀點，出版更多的好書。並不定期提供您相關書訊、活動、特惠專案等。謝謝！

基本資料

姓名：＿＿＿＿＿＿＿＿先生／小姐

婚姻狀況：□已婚 □未婚　職業：□學生 □公教 □上班族 □家管 □其他

出生：民國＿＿＿＿年＿＿＿＿月＿＿＿＿日

電話：（公）＿＿＿＿（宅）＿＿＿＿（手機）＿＿＿＿

e-mail：＿＿＿＿＿＿＿＿

聯絡地址：＿＿＿＿＿＿＿＿

1.您所購買的書名：**壓力管理——提升生活的品質**

2.您通常以何種方式購書?：□1.書店買書 □2.網路購書 □3.傳真訂購 □4.郵局劃撥
（可複選）□5.幼獅門市 □6.團體訂購 □7.其他

3.您是否曾買過幼獅其他出版品：□是，□1.圖書 □2.幼獅文藝 □3.幼獅少年
□否

4.您從何處得知本書訊息：□1.師長介紹 □2.朋友介紹 □3.幼獅少年雜誌
（可複選）□4.幼獅文藝雜誌 □5.報章雜誌書評介紹＿＿＿＿報
□6.DM傳單、海報 □7.書店 □8.廣播(　　　　)
□9.電子報、edm □10.其他＿＿＿＿

5.您喜歡本書的原因：□1.作者 □2.書名 □3.內容 □4.封面設計 □5.其他

6.您不喜歡本書的原因：□1.作者 □2.書名 □3.內容 □4.封面設計 □5.其他

7.您希望得知的出版訊息：□1.青少年讀物 □2.兒童讀物 □3.親子叢書
□4.教師充電系列 □5.其他

8.您覺得本書的價格：□1.偏高 □2.合理 □3.偏低

9.讀完本書後您覺得：□1.很有收穫 □2.有收穫 □3.收穫不多 □4.沒收穫

10.敬請推薦親友，共同加入我們的閱讀計畫，我們將適時寄送相關書訊，以豐富書香與心靈的空間：

(1)姓名＿＿＿＿e-mail＿＿＿＿電話＿＿＿＿
(2)姓名＿＿＿＿e-mail＿＿＿＿電話＿＿＿＿
(3)姓名＿＿＿＿e-mail＿＿＿＿電話＿＿＿＿

11.您對本書或本公司的建議：

廣　告　回　信
台北郵局登記證
台北廣字第942號

請直接投郵　免貼郵票

10045　台北市重慶南路一段66-1號3樓

幼獅文化事業股份有限公司

請沿虛線對折寄回

客服專線：02-23112832分機208　傳真：02-23115368

e-mail：customer@youth.com.tw

幼獅樂讀網http：//www.youth.com.tw